Peter Müller • Leben spüren

Peter Müller

Leben spüren

Mein spiritueller Fastenbegleiter

Kösel

Gewidmet

Prof. Dr. Alfons Auer, Tübingen

Für seine Weltoffenheit und Ermutigung,
sich den Ansprüchen der Wirklichkeit auszusetzen,
sie zu entziffern und aus dem christlichen Sinnhorizont
heraus Erwachsenenbildung zu gestalten.

ISBN 3-466-36518-X
© 1999 by Kösel-Verlag GmbH & Co., München
Printed in Germany. Alle Rechte vorbehalten
Druck und Bindung: Kösel, Kempten
Umschlag: Elisabeth Petersen, München
Umschlagmotiv: Bavaria Bildagentur, Gauting

1 2 3 4 5 · 03 02 01 00 99

Gedruckt auf umweltfreundlich hergestelltem Werkdruckpapier
(säurefrei und chlorfrei gebleicht)

Inhalt

Vorwort	**9**
Für Sie – Einstimmung und Wegweiser	11

I. Teil
Fasten – Der Weg entsteht
im Gehen   15

**Informationen und Impulse für ein
spirituelles Fasten**

- Fastenwoche
- Spiritueller Weg durch die Fastenzeit

1. Damit Leben gelingt – Sinnsuche und Fasten   16

1.1 Unterwegs als Sinn-Suchende	16
1.2 Die Sinnfrage im normalen Leben	17
1.3 Sinn muss selbst gefunden werden	18
1.4 Hauptstraße der Sinnsuche	19
1.5 Fasten – gelingendem Leben auf der Spur	20

2. Fasten als Starthilfe – Aspekte einer religiös-ganzheitlichen Erneuerung   23

2.1 Gesünder leben durch Fasten	23
2.2 Aufmerksam für Werte und Beziehungen	23
2.3 Die Fastengesinnung Jesu und der frühchristlichen Mönche	24
2.4 Fasten ist ein freiwilliges Werk religiöser Lebensgestaltung	25

3. Fasten für Gesunde – Dimensionen und Grundregeln eines ganzheitlichen Fastens   28

3.1 Ganzheitliches Fasten	28
3.2 Dimensionen des Fastens	29
3.3 Grundregeln des Fastens	34

4. Fastenzeit(en) – umkehren und neu beginnen   38

4.1 Festzeiten als Lebenshilfe	38
4.2 Fastenzeit(en) – Chance zur Umkehr, Einkehr, Hinkehr	39
4.3 Fastenzeit als spiritueller Weg zur ganzheitlichen Gesundheit – Orientierungen und Impulse –	40

5. Bevor Sie beginnen – Was Sie wissen und beachten sollten   44

5.1 Einstimmen und entscheiden	44
5.2 Fasten-Tagebuch	47
5.3 Motivationsstützen	48
5.4 Fundgrube	50
5.5 Hilfestellungen	50

II. Teil
Fasten – »Auf-Brüche« zu gelingendem Leben   53

Gedanken und Anregungen mit Texten, Bildern, Sprüchen, Geschichten ... zur spirituellen Begleitung während

- einer »Fastenwoche« oder
- eines »Weges durch die Fastenzeit«

Überblick und Orientierung für Ihren Weg   54

- Wegweiser für eine Fastenwoche   55
- Orientierungen für einen spirituellen Weg durch die Fastenzeit   57
- Vorschläge und Orientierungen für andere Fastenwochen und Festvorbereitungszeiten   58

Zum Leitthema – Einstimmung und praktische Anregungen   60

Entlastungstag oder Aschermittwoch

Hinter die Maske schauen – Wer bin ich wirklich?   68

Donnerstag Das Risiko, die Maske zu lüften   73

Freitag Angst und ihre Masken   74

Samstag Mich ändern – Jetzt beginnen!   75

Erster Fastentag oder erster Fastensonntag

Adam, wo bist du? Selbstbesinnung als Lebenschance   76

Montag Lass dir Zeit!   80

Dienstag Im Moment leben   82

Mittwoch Zeit der Stille   83

Donnerstag Lebenszeit – Haben oder Sein?   84

Freitag Zeit teilen, Zeit für andere   85

Samstag Verzichten hat seine Zeit   86

Zweiter Fastentag oder zweiter Fastensonntag

Erstarrtes lösen, handlungsfähig werden   89

Montag Fixiert sein, sich verweigern   92

Dienstag Hände – die Fenster meiner Seele   93

Mittwoch Ich bin ein Original   94

Donnerstag Empfangen und geben   96

Freitag Er hat nur unsere Hände   97

Samstag Offen werden wie meine Hände   98

Dritter Fastentag oder dritter Fastensonntag

Die Sehnsucht neu entzünden – Gott mit uns –   **100**

Montag Gott im Alltag suchen   105

Dienstag Gott – abwesend und gegenwärtig   106

Mittwoch Gott in uns   107

Donnerstag Gott – dialogbereit und fordernd   108

Freitag Mach's wie Gott, werde Mensch   110

Samstag Verwurzelt sein in Gott   111

Vierter Fastentag oder vierter Fastensonntag

Klarer sehen lernen –
Sich dem Leben stellen 113

Montag Bei sich bleiben oder
flüchten? 117

Dienstag Achtsam leben 119

Mittwoch Gelassenheit einüben 120

Donnerstag Mutig leben 121

Freitag Wir leben von der
Versöhnung 122

Samstag Wovon wir leben können 123

Fünfter Fastentag oder fünfter Fastensonntag

Zum Vertrauen befreit 125

Montag Die dunkle Nacht der Seele 130

Dienstag Vertrauen und Zutrauen 131

Mittwoch Hoffnung leben 132

Donnerstag Die süße Frucht der
Geduld 133

Freitag Beten und arbeiten 134

Samstag Die Freude wiederfinden 135

Erster Aufbautag oder Palmsonntag

Heilende Kräfte nutzen –
Energiequellen des Alltags 137

Montag Die Kraft der Gedanken 142

Dienstag »Du hast meine Fesseln
gelöst« 143

Mittwoch Der Verwandlung trauen 145

Gründonnerstag Brot und Wein
werden 146

Karfreitag Baum des Todes, Baum
des Lebens 147

Karsamstag Aufbruch aus der
Nacht 148

Zweiter Entlastungstag oder Ostern

Unser täglicher Weg heißt
auferstehen 150

III. Teil
Fundgrube 153

**Unterstützende Anregungen und
Übungen**

• zu einer »Fastenwoche« und

• für einen »Weg durch die Fastenzeit«

**Fastenzeit und Fasten – unterstützende
Maßnahmen** 154

**Methodenbaustein: Bewegung und
Körperbewusstsein** 156

Methodenbaustein: Bewusst atmen 162

**Methodenbaustein: Wege zur Ruhe,
Wege zu sich selbst** 165

**Methodenbaustein: In den Spiegel schauen
– Tages- und Wochenrückblick –** 173

Methodenbaustein: Fasten und Essen 177

**Ausgewählte Literatur und Hinweise
zur praktischen Wegbegleitung** 180

Anmerkungen 181

Quellennachweis 182

Vorwort

Fasten ist Leben – von Natur her. Von Gott geprägtes Leben. Fasten, das Nichtessen, gehört zu unserer Natur wie das Essen. In unserer konsumorientierten Zeit ist dies meist nicht bewusst. Wer hat schon einen tage- bis wochenlangen Verzicht auf Nahrung und Genussmittel erlebt?

Hungern, ja, das mussten einige von uns Älteren noch kennenlernen. Hunger tut weh; und viele in unserer Welt hungern täglich. Sie befinden sich an der Grenze ihres Daseins, oft ist der Tod der einzige Ausweg.

Fasten ist nicht Hungern. Das erschließt sich dem, der es er-lebt. Es hat lebensbejahende Aspekte. Fasten erweist sich als Aufbruch zu neuem Leben, besonders wenn dies verkrustet und eingeengt oder krank war.

Wir Fastenärzte verstehen mit dem Wort »Fasten« die Fähigkeit ordentlich ernährter Menschen, zeitweilig aus ihren Nahrungsdepots zu leben. Sie werden automatisch in jedem Menschen angelegt, damit Leben fortgeführt werden kann, auch wenn Nahrung nicht zur Verfügung steht. Dies zu wissen bedeutet Sicherheit.

Der *freiwillige* Verzicht auf Nahrung und Genussmittel steht in der Entscheidung des Menschen; für Tiere gehört Fasten – für viele – zum natürlichen Ablauf ihres Lebens. Für uns öffnen sich höchst interessante Aspekte.

Längeres Fasten – z.B. von 14 bis 28 Tagen – wurde von Ärzten als großes Heilmittel erkannt (*Hippokrates, 400 v. Chr.*) und in unserem Jahrhundert wiederentdeckt. *Dr. Buchinger* nannte es »Heilfasten« und meinte das im doppelten Sinn: Fasten zur Gesundung und zum seelisch-geistigen Heil. Er dachte ganzheitlich. Es gehört zu den erstaunlichsten Erfahrungen eines Fastenarztes, zu beobachten, was die im Fasten wach werdenden Selbstheilungskräfte bewirken können. Sogar als unheilbar erscheinende Krankheiten können geheilt werden. Es gehört zu den Selbstverständlichkeiten eines richtigen Arztes, auch die Einstellung des Kranken zu seiner Krankheit mit ihm durchzusprechen. Fasten hilft, Einstellungen zu verändern.

Wegen gewisser Risiken eines »Eingriffs ohne Messer« muss Heilfasten der spezialisierten Fastenklinik vorbehalten bleiben.

»Fasten für Gesunde« – freiwillig und in eigener Verantwortung – steht jedem offen, der eine Lebenserfahrung machen möchte. Neben dem körperlichen Erlebnis eröffnet es Tore zur seelischen, geistigen, sozialen und religiösen Dimension. Darum geht es in der vorliegenden Veröffentlichung. Sie setzt voraus, dass die körperlichen Notwendigkeiten eines Fastens für Gesunde nach den Regeln erfahrener Fastenärzte geordnet und durch ausgebildete FastengruppenleiterInnen gesichert sind.

Auf dieser Basis greift Peter Müller das Interesse vieler FasterInnen nach spiritueller Vertiefung, Weitung und Verwurzelung auf. Er erinnert an die biblisch-christlichen Ursprünge des Fastens und die weit verbreitete Suche vieler Menschen nach dem Sinn ihres Lebens. Als Orientierungshilfe entfaltet er dazu wegweisende Impulse zu den spirituellen Anteilen des Fastens. Im Miteinander der verschiedenen Aspekte des Fastens gewinnt so das ganzheitliche Fasten für Gesunde seine ursprüngliche Bedeutung wieder.

Auch LeserInnen, die unabhängig vom körperlichen Fasten nach Orientierungen für die vorösterliche Fastenzeit suchen, finden hier einen spirituellen Wegbegleiter. Sie sind eingeladen, ihrem Leben nachzuspüren.

Wir Fastenärzte und FastengruppenleiterInnen sind froh, solchen Seelsorgern und geistlichen Begleitern durch die Fastenzeit und in Fastenwochen zu begegnen.

Möge das Buch viele Leser und Anwender finden.

Dr. med. Hellmut Lützner

Für Sie –
Einstimmung und Wegweiser

Dieses Lese- und Übungsbuch ist ein spiritueller Begleiter durch die 40-tägige Fastenzeit – von Aschermittwoch bis Ostern – oder während einer »Fastenwoche« (8-10 Tage mit Entlastungs- und Aufbautagen) mit vielfältigen Anregungen und praktischen Anleitungen zur persönlichen Lebens- und Glaubensorientierung. Daneben gibt es auch die Möglichkeit, sich außerhalb bestimmter Zeiten bzw. Formen ein individuell ausgesuchtes »spirituelles Programm« für die Adventszeit oder für eine Fastenwoche in einer anderen Jahreszeit zusammenzustellen.

Für die Zeit einer »Fastenwoche« oder für die »40 Tage durch die Fastenzeit« sind Sie eingeladen, sich auf das eigene Leben zu konzentrieren, sich zu verabschieden von unnötigen Belastungen und Verpflichtungen, sich einen Freiraum zu schaffen und einen lebbaren Tagesrhythmus zu finden.

40 Tage – eine seit dem 4. Jahrhundert in der Christenheit gelebte, wohl tuende Praxis vorösterlichen Fastens bzw. der Fastenzeit: Die Zahl »40« finden Sie in der Bibel. 40 Tage war Mose auf dem Berg Sinai, 40 Tage der Prophet Elija unterwegs durch die Wüste, nachdem er gescheitert war, 40 Jahre dauerte die Wüstenwanderung Israels und 40 Tage verweilte Jesus in der Wüste, bevor er begann, seine Botschaft öffentlich zu verkünden. 40 Tage Fastenzeit – oder eine intensive Fastenwoche – laden dazu ein, Zeit für sich zu finden und nachzuspüren, was Ihr Leben bewegt, antreibt und ihm Sinn gibt.

Fasten – sowohl das weniger Essen als auch für eine gewisse Zeit auf feste Nahrung zu verzichten – meint mehr, als auf eine natürliche Weise einige Pfunde zu verlieren, schlank zu werden und es vielleicht auch zu bleiben. Ganzheitliches Fasten, wie es hier auf neue Weise entfaltet wird, will den ganzen Menschen in seiner körperlichen, geistigen, psychischen und spirituellen Dimension ansprechen sowie den ursprünglichen Sinn und die Vielfalt des Fastens deutlich machen. Denn ganzheitliches Fasten ist »heilsam« für den *ganzen* Menschen, d.h. für Körper, Geist und Seele. Diese Erkenntnis gab es von alters her in allen Religionen. Dazu eine Erzählung aus einem anderen Kulturbereich:

> Khing, der Meisterschnitzer, schnitt einen Glockenständer aus kostbarem Holz. Als er fertig war, meinten alle, die ihn sahen, das sei das Werk der Geister, so Schönes könne einem Menschen nicht gelingen.
> Der Fürst von Lu fragte den Schnitzer: »Hast du ein Geheimnis?«
> Khing erwiderte: »Ich bin ein Handwerker und habe kein Geheimnis. Es ist einfach so: Als ich über das Werk nachzudenken anfing, das du mir aufgetragen hattest, sammelte ich meinen Geist, dachte nicht mehr an Kleinigkeiten, die am Rande liegen. Ich fastete, damit mein Inneres zur Ruhe käme. Nach drei Tagen strengen Fastens hatte ich Lohn und Erfolg vergessen. Nach fünf Tagen dachte ich nicht mehr an Lob und Tadel. Nach sieben Tagen spürte ich meinen Körper nicht mehr und keines meiner Glieder. Ich wusste nicht mehr, dass ich am Hofe Eurer Hoheit war. Alles, was mich von der Arbeit ablenken konnte, war fortgetilgt. Ich war auf den einen Punkt hin gesammelt: den Glockenständer. Dann ging ich in den Wald und sah mir die Bäume an, wie sie gewachsen waren. Als ich dann den einzig richtigen Stamm erblickte, war die Figur des Glockenständers schon in ihm, ganz klar und rein. Ich ging an die Arbeit, und die Form des Glockenständers schälte sich wie von selbst heraus. Hätte ich nicht jenen bestimmten Baum erblickt, gäbe es diesen Glockenständer nicht. Was eigentlich geschah? Mein einziger gesammelter Gedanke traf auf die verborgene Gestalt im Holz. Aus dieser Begegnung erwuchs das Werk, das ihr den Geistern zuschreibt.«

In den einfachen Worten des Handwerkers werden wesentliche – auch heute noch erlebbare – Voraussetzungen und Wirkungen des Fastens geschildert: freiwillig Fasten, geistig sammeln, innerlich zur Ruhe kommen ohne Lohn- und Erfolgsdenken, körperliche Beschwerden lassen nach oder verschwinden, frei von Ablenkungen und in neuer Weise sensibel für die Umwelt werden, für das, was in ihr lebt und so häufig übersehen wird, aufmerksam für den Sinn der Situation und des Lebens werden. Auch im Christentum finden wir eine breite Fastentradition: in der Bibel, der Urkirche sowie bei den alten Kirchenvätern und Mönchen. Sie orientierte sich am »ganzen Menschen«. Fasten war in der frühchristlichen Kirche ursprünglich kein in Geboten, Verboten und Bußordnungen erstarrtes Lehrgebäude für einige harte Asketen, das mit vielen Dispensen (Sonderregelungen) für den Christen gelockert wurde, sondern eine offene Einladung an den ganzen Menschen zur Umkehr mit Körper und Geist, Leib und Seele. Eine Einladung zur selbstverantworteten Besinnung auf sich, Lebensgewohnheiten, Beziehungen zu den Menschen und zu Gott. So wendet sich *Basilius der Große* (4. Jh.) in einer Fastenpredigt gegen ein gesetzlich geregeltes Fasten, denn »das Fasten ist älter als das Gesetz« und ein »altes Geschenk..., nicht veraltet und alternd, sondern immer sich verjüngend und frisch blühend«.

Sowohl im Judentum als auch im Christentum wurde zu verschiedenen Anlässen freiwillig gefastet. Doch immer wieder wehrten sich Propheten wie auch Jesus gegen ein rein äußerliches Fasten. Der Kritik am Fasten folgt immer die Forderung nach der rechten Gesinnung des Fastens. »Nennst du das ein Fasten...? Nein, das ist ein Fasten wie ich es liebe (Jesaja 58, 5f.). Zum Fasten gehören: Fesseln des Unrechts lösen, Hungrigen Brot austeilen, Güte und Erbarmen zeigen, im Herzen nichts Böses gegeneinander planen, untereinander die Wahrheit sagen... (Jesaja 58, 5-8, Sacharja 7, 1-10. 8,16-19). Fasten als sinnlose Erfüllung religiöser

Pflichten mit äußerlichen Demuts- und Klagegebärden oder zusätzliches Fasten, um die eigene Leistungsfähigkeit darzustellen, sind ohne innere Veränderung eine leere Hülle. Vielmehr darf mit dem Fasten allein die Umkehr nicht aufhören; sie muss sich im zwischenmenschlichen Lebensalltag immer neu bewähren. Fasten heißt nicht sich kasteien oder griesgrämig schauen; sondern Fasten soll zur Freiheit führen, soll das Joch bei sich und anderen Menschen lösen. Dort, wo Jesus vom Fasten sprach und es lebte (z .B. in der Wüste), bestätigte er diese Sicht der Propheten und aktualisierte sie auf seine Weise. Indem im Laufe der letzten Jahrhunderte Fasten durch Ge- und Verbote immer mehr reguliert wurde, verkümmerte damit die Gesinnung des Fastens. Erst in den letzten Jahrzehnten wurde es von einigen Ärzten (vor allem Otto Buchinger sen.) – auch für die Kirche – wieder entdeckt.

Freiwilliges und spirituell motiviertes Fasten kennt verschiedene Wege. Nicht jeder Mensch kann, zum Beispiel auch aus gesundheitlichen Gründen, sich auf ein Saft- und Gemüsebrühefasten in einer »Fastenwoche« einlassen, andere trauen es sich noch nicht zu oder es sprechen im Moment wichtige Gründe gegen diese Form des Fastens. Aus der älteren und jüngeren Geschichte sind Formen bekannt, wie ein wöchentlicher Fasten- oder Entlastungstag (Nahrungsreduzierung oder nur Flüssigkeit) oder die Aktion einer evangelischen Landeskirche »Sieben Wochen ohne«, d.h. freiwilliger Verzicht in der Fastenzeit zum Beispiel auf das tägliche Glas Wein, das Rauchen, Fernsehkonsum und anderes mehr. Im Programm des Katholischen Bildungswerkes, Kreis Rottweil, meinem Tätigkeitsbereich, gibt es zum Beispiel – neben den Fastenwochen in Rottweil und in vielen Kirchengemeinden des Landkreises – seit zwei Jahren einen Wegbegleiter durch die Fastenzeit in Form eines wöchentlichen Vormittagstreffs mit spirituellen Impulsen für die persönliche Gestaltung der jeweiligen Woche in der Fastenzeit. In ihnen geht es weniger um den Gedanken des Verzichtes als vielmehr um den Gedanken der Umkehr, d.h. der Verwandlung bisherigen Denkens, Handelns und Verhaltens im Sinne der frohmachenden Botschaft Jesu. Aus diesen Vormittagstreffs, der »Rottweiler Fastenwoche« – und einer nun schon 10-jährigen Erfahrung in der Ausbildung von FastengruppenleiterInnen, mit Fastenerfahrungswochen und Werkstattseminaren – entstand dieses Arbeitsbuch. Aus der Praxis für die Praxis – enthält es sowohl einen spirituellen Wegweiser zur Gestaltung einer »Fastenwoche« (nach der Methode Buchinger/Lützner) und einen »Wegbegleiter durch die Fastenzeit von Aschermittwoch bis Ostern«. Beide können sowohl vom Einzelnen genutzt als auch in Gruppen verwendet werden. Neben diesen zwei Grundformen sind weitere Variationen möglich, die an entsprechender Stelle (vgl. Seite 58f.) aufgezeigt werden.

Im **I. Teil** werden einige Grundaspekte zum Thema »Fasten als Weg erspüren zu einem gelingenden und sinnvollen Leben«, zum Verständnis des Fastens und der Fastenzeit aufgezeigt. Biblische, frühchristliche und andere Texte, Geschichten, Spruchweisheiten, Informationen zum ganzheitlichen Fasten und einige Grundregeln für das Fasten bzw. die Fastenzeit verweisen auf weitere Aspekte des Themas. Die praktischen Anregungen für Einzelne und Gruppen zu den hier angebotenen zwei Grundformen »Fastenwoche« oder »Wegbegleiter durch die Fastenzeit« sowie Entscheidungshilfen und Tipps zum Umgang mit den Materialien runden diesen Teil ab.

Im **II. Teil** finden Sie das Herzstück dieses »Lese- und Übungsbuches« sowohl für eine »Fastenwoche« als auch den »Wegbegleiter durch die Fastenzeit« mit jeweiligen Impulsen zu einem Wochenthema und zu den Tagesthemen (Texte, Bilder, Geschichten, Sprüche, Gebete, Übungen, ...) zum Lesen, Nachdenken und Besinnen. Es liegt an Ihnen

– in welcher Form auch immer – Sie welche Anregungen täglich aufgreifen und wie intensiv Sie sich darauf einlassen.

Der **III. Teil**, die Fundgrube, enthält eine Sammlung einfacher Atem-, Bewegungs-, Entspannungs-, Ruhe- und Zielübungen. Ergänzt mit Anregungen zum Tages- und Wochenspiegel. Diese Übungen sind zum einen in die täglichen Impulse (vgl. II. Teil) durch Hinweise integriert, zum anderen können sie unabhängig davon als Übungsprogramm verwendet werden.

Dieses »Lese- und Übungsbuch« ist Ihr »spiritueller Fastenbegleiter«. Damit wird seine Absicht, aber auch seine Grenze deutlich. Es lädt interessierte und suchende Menschen ein, das verkümmerte »alte Geschenk« ganzheitlichen Fastens für sich neu zu entdecken, sich auf biblische und christlich motivierte Impulse einzulassen, sich Zeit zu nehmen, über den Sinn der eigenen Lebensgestaltung nachzudenken und Folgerungen daraus zu ziehen. Die Grenze besteht darin, dass dieses Arbeitsbuch *keinen* medizinischen Fastenführer mit Anleitungen zum körperlichen Fasten im Rahmen einer »Fastenwoche für Gesunde« in Form eines Saft- und Gemüsebrühefastens ersetzt. Dazu gibt es Literatur von kompetenten Medizinern, zum Beispiel dem Fastenarzt Dr. Hellmut Lützner (vgl. Literaturangaben, Seite 180). Insofern ergänzen sich medizinischer Fastenführer und spiritueller Fastenbegleiter. Mit beiden zusammen kann jede(r) fasten, *wenn er/sie gesund ist.* Für die Form »Weg durch die Fastenzeit« dagegen genügt dieses Arbeitsbuch.

Was bedeutet mir Fasten? Eine zusammenfassende Antwort fällt mir schwer. Hilfreich jedoch ist mir eine Grundthese der Logotherapie, die behauptet, der Mensch ist ein »vom Leben her Befragter, der dem Leben zu antworten« (Viktor E. Frankl) hat, sich aber gleichzeitig dem Anspruch seines Gewissens stellen muss. Im Fasten – so meine Erfahrung – werde ich aufmerksamer und offener für äußere und innere Ansprüche und Herausforderungen, sensibler für wertorientiertes verantwortliches Handeln. Ich entdecke, dass dabei weitere Möglichkeiten sinnvoller Lebensgestaltung entstehen können. Doch auch hier gilt: »Es gibt nichts Gutes, außer man tut es« (Erich Kästner). Mit dem Text auf dieser Seite lade ich Sie ein, sich einzustimmen und sich der ständig neuen Herausforderung zu einem gelingenden Leben zu stellen.

Peter Müller
Rottweil, August 1998

Fasten / Fastenzeit

eine Einladung,
meine Masken abzunehmen
eine Chance,
in den Spiegel zu schauen
ein Weg,
innezuhalten und umzukehren.

Einladung
Chance
Weg

mich neu zu entdecken
mich neu zu orientieren
mein Leben zu ordnen

loslassen
aufbrechen
Zeit nehmen

tief durchatmen
entspannen
still werden

Distanz gewinnen
Bilanz ziehen
mich öffnen

aufmerksam werden
in mich hineinhören
anderen zuhören

Vertrautes verändern
Grenzen neu setzen
mich neu erleben

schauen und hören
tasten und fühlen
danken und beten

im Spiegel des Fastens
Masken abnehmen
Lebensmöglichkeiten entdecken
erkennen, was wesentlich ist,
mein wirkliches Gesicht zeigen.

Peter Müller

I. Teil

Fasten – Der Weg entsteht im Gehen

Informationen und Impulse für ein spirituelles Fasten:

- »Fastenwoche«

- »Spiritueller Weg durch die Fastenzeit«

»Binde deinen Karren an einen Stern!«

Leonardo da Vinci

1. Damit Leben gelingt – Sinnsuche und Fasten

Gute Geschichten sind voller Weisheit. Sie bringen die Sache auf den Punkt. Sie erzählen hautnah vom Leben, halten uns – wie alt sie auch sein mögen – einen Spiegel vor Augen und fordern dazu auf: Schau in diesen Spiegel! Wie steht es mit dir? Wie gestaltest du dein Leben im Blick auf das hier angesprochene Thema? Gleichzeitig machen sie uns darauf aufmerksam, wie Leben gelingen und sinnvoll gestaltet werden kann. Die in diesem Buch verstreuten Geschichten – mit oder ohne Erläuterungen – laden zum Nachdenken über uns selbst und mögliche Wege gelingenden Lebens ein. So auch die folgende Erzählung:

1.1 Unterwegs als Sinn-Suchende

Drei Studierende wurden Mönche, und jeder von ihnen nahm sich ein gutes Werk vor. Der Erste erwählte dies: Er wollte Streitende zum Frieden zurückführen, nach dem Wort der Schrift: Selig sind die Friedfertigen (Matthäus 5,9). Der Zweite wollte Kranke besuchen. Der Dritte ging in die Wüste, um dort in Ruhe zu leben. Der Erste, der sich um die Streitenden mühte, konnte doch nicht alle heilen. Und von Verzagtheit übermannt, ging er zum Zweiten, der den Kranken diente, und fand auch den in gedrückter Stimmung; denn auch er konnte sein Vorhaben nicht ganz ausführen. Sie kamen daher beide überein, den Dritten aufzusuchen, der in die Wüste gegangen war, und sie erzählten ihm ihre Nöte und baten ihn, er möge ihnen aufrichtig sagen, was er gewonnen habe. Er schwieg eine Weile, dann goss er Wasser in ein Gefäß und sagte ihnen, sie soll-

ten hineinschauen. Das Wasser war aber noch ganz unruhig. Nach einiger Zeit ließ er sie wieder hineinschauen und sprach: »Betrachtet nun, wie ruhig das Wasser jetzt geworden ist.« Und sie schauten hinein und erblickten ihr Angesicht wie in einem Spiegel. Darauf sagte er weiter: »So geht es dem, der unter den Menschen weilt: Wegen der Unruhe und Verwirrung kann er seine Sünden nicht sehen. Wer sich aber ruhig hält und besonders in der Einsamkeit, der wird bald seine Fehler einsehen«.

Die drei Mönche hatten sich, jeder auf seine Weise, in ihrer Lebenswelt eingerichtet. Die ersten beiden lebten ein normales Leben und hatten sich einer wichtigen Aufgabe zugewendet. Sie leisteten für ihre Mitmenschen einen wertvollen Beitrag, indem der eine half, »Konflikte zu bewältigen und Frieden zu stiften« und der andere »Kranke besuchte«. Doch gerade im Blick auf diese Aufgabe wurden sie unzufrieden, sie stießen auf ihre Grenzen: Lohnt sich für uns der Einsatz? Sinnvoll und damit motivierend ist eine Aufgabe, ist mein Leben nur, wenn ich erkenne: Wozu tue ich das? Die Anforderungen, ihre Aufgabe und vielleicht auch ihre äußere Not hatte die beiden Mönche vereinnahmt. Sie sahen vor lauter Bäumen den Wald nicht mehr, gerieten über ihre Aktivitäten in »Unruhe und Verwirrung«, fanden keine Zeit ruhig zu werden, innezuhalten und die eigenen Fehler (»Sünden«) zu erkennen. Sie verdrängten lange die Frage: Wozu lebe ich als Mönch, der nach damaligem Verständnis in der Einsamkeit (in der Wüste) und allein leben sollte, unter Menschen und für diese Aufgabe?

Unabhängig von unserer Antwort, die Frage nach dem »Wozu?« lässt die beiden aufbrechen. Sie werden »Sinn-Sucher« bzw. Gott-Sucher. Indem sie ihrem Freund in der »Wüste« von ihren »Nöten« erzählen, wird ihnen an seinem symbolhaften Handeln deutlich, was ein alter Spruch der Mönchsväter prägnant zusammenfasst: »Willst du Gott erkennen, lerne vorher dich selber kennen«. Der Weg des Menschen zu Gott führt danach weniger über große Ideale, sondern über die Realitäten meines Lebens, über Leib und Seele, Gedanken und Gefühle, Schwächen und Stärken, Gelingen und Scheitern, Freude und Enttäuschung. Dies wahrzunehmen ist eine immer neue und wichtige Aufgabe. Dazu ist es notwendig, der menschlichen Sehnsucht in mir nachzugehen, auch Zeiten des Alleinseins zu haben, diese Zeit zu nutzen, um in den »Spiegel eines ruhigen Wassers« zu schauen, um immer neu nach dem »Wozu?« einer konkreten Situation und den Sinn des Lebens zu fragen. Eine »Fastenwoche« oder ein bewusster Weg durch die Fastenzeit, aber auch die Adventszeit können solche »Spiegel-Zeiten der Selbsterkenntnis« sein, in denen der »Sinn« einer konkreten Situation immer wieder aufscheint und in der Realität des Alltags mit Leib, Geist und Seele neu gelebt werden darf.

Wie Wasser ein Spiegel ist
für das Gesicht,
so ist das Herz des Menschen
ein Spiegel für den Menschen.«

Spruchweisheit 27,19

1.2 Die Sinnfrage im normalen Leben

Bevor wir uns mit konkreten Wegen sinnvollen und gelingenden Lebens beschäftigen, fragen wir: Ist diese Erzählung auch ein Spiegelbild unseres Lebens? – Das Gefühl der Sinnlosigkeit ist in unserer Gesellschaft weit verbreitet. Andererseits ist die Sehnsucht nach Sinn ein grundlegendes und vitales menschliches Bedürfnis. Findet ein Mensch auf seine Frage »Wozu?« – in einer konkreten Situation oder in seinem Leben – keine »sinn-volle« Antwort, dann kann er am Sinnmangel erkranken. Dieser wirkt sich auf den ganzen Menschen aus: Körper, Seele und Geist sind betroffen.

Viktor E. Frankl, der Begründer der Logotherapie, bezeichnet die weit verbreitete und wachsende Orientierungslosigkeit und Sinnleere als »existenzielle Frustration«. Der frustrierte Mensch wirkt kraftlos und matt, unzufrieden, versteht sich und andere nicht, beklagt einen Mangel an Interessen und Initiativen, ist ratlos, ängstlich, niedergeschlagen, wehrt häufig ab, hat wenig Hoffnung auf Veränderung, denkt eher negativ, fühlt sich leer und ausgelaugt, wirkt unsicher, sieht keinen Sinn in bestimmten Situationen oder in seinem Leben, sein Welt- und Werteverständnis ist sehr eingeschränkt – er lebt gleichsam in einem »inhaltslosen Vakuum« (E. Lukas), sein Sinnbedürfnis ist frustriert.

Der Mensch hat genug,
»wovon« er leben,
aber zu wenig,
»wofür« er leben kann.

Viktor E. Frankl

Jeder kennt Zeiten, in denen er diese oder ähnliche der genannten Kennzeichen selbst erlebt hat und dennoch nicht in eine totale Sinnkrise geraten ist. Das ist richtig und gut so. Wir machen es uns aber zu einfach, wenn wir diese Kennzeichnungen nur psychisch kranken Menschen zuordnen würden. Die Sinnfrage bricht wohl in Konfliktzeiten (Pflicht und Neigung, Partner...) oder in schweren Lebensphasen (schwere Krankheit, Tod, Abschied...) oder in Wendezeiten des Lebens (Berufswechsel, Umzug, Familienzuwachs...) besonders häufig und stark auf, aber sie bricht immer mehr ins »normale

Leben« ein bzw. wird dadurch provoziert. Wir leben so dahin in unserer »Durchschnittszufriedenheit« und merken kaum, wie wir in ein inhaltsloses Vakuum hineinschlittern, ohne Ziel, keine Notwendigkeit, intensiv um etwas zu kämpfen, wir klagen über zu wenig Zeit und stürzen uns in nervenkitzelnde »Langeweile-Füll-Angebote«.

Das »normale Leben« wird von gesellschaftlichen Einflüssen wesentlich mitbestimmt, zum Beispiel dass staatliche, kirchliche und private Einrichtungen ihren Mitgliedern möglichst viel Unangenehmes ersparen wollen und sollen. Daraus erwächst ein Vorsorge- und Anspruchsdenken. Leistungsorientierung, technische Sicherungen, Wachstum und Wohlstand sollen den bequemen Lebensstandard sichern. Religion in traditioneller Form ist wenig gefragt oder wird reduziert auf Anlässe zu Familienfesten. Bisher gültige Wertvorstellungen dörren aus, der Alltag wird von immer mehr medial vermittelten Wert- und Wunschvorstellungen beeinflusst, überzogene Erlebniswerte statt Sinn- und Gebrauchswerte bestimmen den Alltag. »Verwirkliche dich selbst!« wird zur unreflektierten Zielvorstellung. Freiheit ist gut und wichtig, doch andererseits werden gegenseitig hohe Ansprüche gestellt und keiner will auf seine Bedürfnisbefriedigung verzichten. Das Gute am normalen Leben und den Lebensbedingungen wird zum Selbstverständlichen, es wird nicht mehr gewürdigt und hat einfach zu sein, wie es ist. Gleichgültigkeit, Anspruchsdenken und Beziehungslosigkeit sind häufige Folgen. Das normale Leben hat keine Würze, keinen Geschmack – so als wäre es ohne Sinn. Und dennoch – oder gerade deshalb – fragen heute immer mehr Menschen: Wie kann ich sinnvoll leben? Wie kann mein Leben gelingen?

> Wir Menschen, und wir Menschen allein, sind sinnsuchende Wesen. Einen tieferen Lebenssinn gewinnen wir aber nur dadurch, dass wir unser Leben auf eine Tiefendimension hin öffnen. Dadurch dass wir bei allem Leben und Erleben und, bei allem Arbeiten und Verarbeiten in erster und letzter Instanz uns doch auf etwas verlassen, dessen Quelle wir nicht selber sind. Einen alles übergreifenden, alles umgreifenden Sinn im Leben gewinnen wir nur, indem wir inmitten aller Arbeit, inmitten allen Erlebens mit guten Gründen ein Vertrauen auf diese verborgene Wirklichkeit setzen: ein durchaus vernünftiges Vertrauen auf jenen allerersten-allerletzten Sinn-Grund, der uns zu tragen, zu durchdringen, zu geleiten vermag, und den wir mit dem viel missbrauchten und geschändeten Namen Gott bezeichnen.
>
> Hans Küng

1.3 Sinn muss selbst gefunden werden

Ob in Krisenzeiten oder im normalen Leben, die Frage nach dem Sinn stellt sich zunächst in konkreten Situationen. Es geht nicht immer um den Sinn des Lebens überhaupt, sondern meist um den »Sinn in einer Lebenssituation«. In jeder Situation stehen wir wie an einer Kreuzung. Wir sind zur »Freiheit verurteilt«, müssen bewerten und entscheiden. Jede situative Entscheidung wirkt auf meinen »Sinn des Lebens«, ohne dass es mir immer bewusst ist. Andererseits, wenn ich mich nur um den »letzten« Sinn sorge, laufe ich Gefahr, die Orientierung im Jetzt und damit auch den »Sinn des Lebens« zu verlieren. Darum konzentrieren wir uns hier auf konkrete Situationen des Lebens. Sie befragen uns und fordern eine Antwort. Als Befragter und Antwortgebender bin ich verantwortlich für meine Entscheidung und mein Handeln. In einer konkreten Alltagssituation wird wohl mein »Sinn des Lebens« bzw. »mein Sinnhorizont« mir eine motivierende Hilfe sein bzw. mein Gewissen mir Signale senden, doch den aktuellen (Teil-)Sinn der Situation hier und jetzt muss ich selbst entdekken, denn »Sinn kann nicht gegeben, sondern muss gefunden werden«[1] von dem, der ihn sucht. Was wir mit »Sinn« bezeichnen, ist daher immer mit einer konkreten Situation und den in ihr steckenden »Sinn-Möglichkeiten« verbunden.

Sinnvoll leben könnte dann heißen, dass ich mich mit meinen Anlagen und Fähigkeiten, meinem Wollen und Fühlen, mit Leib, Geist und Seele auf die Herausforderung der Situation einlasse, mich mit ihr kreativ auseinander setze, sowohl meine Grenzen (»nicht frei von...«) als auch Spielräume und Änderungsmöglichkeiten (»frei sein für...«) erkenne und die darin enthaltenen Werte wahrnehme und bewerte, mich entscheide und danach handle. Sinnvoll leben heißt »nicht mehr, aber auch nicht weniger, als das Bestmöglichste aus den Umständen und Möglichkeiten einer Situation zu machen«[2], damit aus möglichem Sinn ein wirklicher Sinn wird. Das gilt auch für das Fasten, wie folgende Erzählung zeigt:

Der Altvater Kassian erzählte: »Ich und der heilige Germanos kamen einmal nach Ägypten zu einem Altvater. Er erwies uns Gastfreundschaft, und wir fragten ihn: › Warum haltet ihr zurzeit der Aufnahme von Gästen, die Brüder sind, die Regel eures Fastens nicht, wie wir sie in Palästina übernommen haben?‹ Er antwortete: › Das Fasten ist allezeit bei mir, euch jedoch kann ich nicht mehr bei mir haben. Das Fasten ist eine nützliche und notwendige Sache. Es hängt aber von unserer Entscheidung ab. Die Erfül-

lung der Liebe aber verlangt mit Notwendigkeit das Gesetz Gottes. In euch nun nehmen wir Christus auf. Darum muss ich mit allem Eifer darauf bedacht sein. Wenn ich euch dann entlasse, kann ich die Regel des Fastens wieder aufnehmen‹ «

1.4 Hauptstraße der Sinnsuche

So unvorhersehbar unser Leben auch ist, die Logotherapie wagt die ungeheure Aussage, dass jede Situation eine oder mehrere Sinnmöglichkeiten bereit hält. Sinn gewinnt eine Sache, eine Situation nur, wenn sie mir etwas bedeutet, wenn ich in Beziehung zur ihr stehe, sie mir wertvoll ist. Wertvoll kann vieles sein, daher gibt Viktor Frankl drei »Hauptstraßen zum Sinn« (A. Längle) als Hilfe zu einem sinnvollen und gelingenden Leben an:

- **Schöpferische Werte**, d.h. der Mensch erlebt sein Leben sinnvoll, indem er kreativ-schöpferisch in die Welt hineinwirkt, die Situation mit etwas Wertvollem bereichert, aktiv seine Beziehung gestaltet, mit seiner Entscheidung und Tat eine Idee, einen Wert unterstützt und verwirklicht. »Es geht mich etwas an«, daher führt dieser Sinnweg von innen nach außen.

- **Erlebniswerte**, d.h. der Mensch nimmt das Leben in seiner Vielfalt und Buntheit wahr, ist offen für Menschen, Natur, Kunst, Musik, Sport, Wissenschaft, ... erfährt in den Begegnungen damit Freude, kann sie genießen und im Erleben aktiv mitgestalten. »Es spricht mich an«, dieser Sinnweg führt von außen nach innen.

- **Einstellungswerte** betreffen die innere Haltung (Dankbarkeit, Offenheit, Versöhnungsbereitschaft, Mut, ...) eines Menschen, der in eine schwierige oder schicksalschwere Lage gerät oder gar von unabänderbaren Situationen betroffen ist, zum Beispiel Tod des Partners oder schwere Krankheit, ... Wir tun uns schwer, gerade in solchen Situationen noch Sinn zu erkennen. Konfrontiert mit dem Schicksal und der Tatsache, es nicht ändern zu können, zählt weniger das, woran ich leide. Entscheidend ist, ob der Mensch das Leiden auf sich nehmen will oder versucht, sich ihm zu entziehen (verleugnen, Sucht, ...). Wichtig wird die Art, wie er leidet und wofür, d.h. welche Werte ihm trotz des Leidens das Leben lebenswert machen und in den neu entstandenen Lebensbedingungen seine Sehnsucht nach gelingendem Leben wach halten und verwirklichen lassen. »Es fordert mich total«, dieser Sinnweg ist nach Frankl die höchste Form der Sinnverwirklichung. Gleichzeitig wird hier auch die unterstützende oder gar tragende Bedeutung eines Lebenssinns bzw. »Sinnhorizont des Glaubens« spürbar.

1.5 Fasten – gelingendem Leben auf der Spur

Immer mehr Menschen spüren heute, dass sie aus »zweiter Hand« leben, d.h. sie leben das Leben, das »man« von ihnen erwartet und versuchen zu wenig, ihr Leben eigenverantwortlich zu leben. Viele suchen daher nach Möglichkeiten, sich aus verfestigten inneren und äußeren Zwängen zu befreien. Einen Weg dazu bietet das wieder entdeckte Fasten. Vor ca. 20 Jahren noch bei nur wenigen Fastenärzten und in Fastenkliniken bekannt, wurde »Fasten« in den letzten Jahren als »Fasten für Gesunde« bekannt. Vor allem in der so genannten Fastenzeit ist das »Fasten« in unterschiedlichen Formen im Gespräch und das Angebot an Fastenwochen wächst. Wohl sind auch zahlreiche Fehlentwicklungen im Trend eines Schlankheitsideals (Abspecken, sportlich sein...) oder einer Gesundheitsideologie (Aussehen, Fitness...) zu beobachten, doch die TeilnehmerInnen an qualifizierten »Fastenwochen« erlebten diese Zeiten in der Regel als eine Art »ganzheitliche Erneuerung«. Warum?

> Siehe da, was das Fasten wirkt! Es heilt die Krankheiten, trocknet die überschüssigen Säfte im Körper aus, vertreibt die bösen Geister, verscheucht verkehrte Gedanken, gibt dem Geist größere Klarheit, macht das Herz rein, heiligt den Leib und führt schließlich den Menschen vor den Thron Gottes... eine große Kraft ist das Fasten und verschafft große Erfolge.«
>
> Athanasius (4. Jh.)

Wir müssen nicht gleich in solche Lobeshymnen über das Fasten ausbrechen wie zum Beispiel *Athanasius*, der Bischof von Alexandrien (4. Jh.); doch wer einmal gefastet hat oder Menschen während einer Fastenwoche oder durch die Fastenzeit begleitete und beobachtete, erlebt und hört ähnliche Erfahrungen. Menschen werden aufmerksamer für ihre eingeschliffenen Denk- und Verhaltensweisen im »normalen Leben«, sensibler für die inneren Zusammenhänge zwischen körperlichem Wohlbefinden und seelischem Erleben, fassen Mut, Konflikte anzusprechen, sich aus inneren oder äußeren Fesseln zu lösen und neue Schritte zu erproben, entdecken verkümmerte oder neue lebenswerte Ziele, d.h. sie öffnen sich auch für Werte im Lebensalltag, für das Transzendente, für Gott und damit für die Fragen: Was ist der Sinn dieser oder jener Situation? Was ist der Sinn meines Lebens? Was trägt mich auch in schwierigen Lebenssituationen? Wie kann mein Leben gelingen? Voraussetzung dazu ist ein Fastenverständnis und eine praktische Gestaltung einer Fastenwoche bzw. eines Wegs durch die Fastenzeit, die vier grundlegende Einstellungen berücksichtigen, denn Fasten ist mehr als »Nicht-Essen« oder Verzicht auf ein Suchtmittel (Rauchen, Fernsehen, Alkohol...):

- »**Inne-zu-halten**« – um den Alltag bewusst zu unterbrechen, sich Zeit nehmen für sich, um nachzudenken über sein Leben, die Beziehungen zu den Mitmenschen und zu Gott.

- »Los-zu-Lassen« – während einer Fastenwoche zunächst vom Essen und seinen Genüssen, bei anderen Formen von ganz konkreten Genüssen, die mir auch etwas abverlangen. Dann aber auch von manchen Verpflichtungen, angeblichen Erfordernissen, lieb gewonnenen Gewohnheiten, von der Hektik des Alltags, eingefahrenen Verhaltensweisen... und von meinem Drang »Was-ich-noch-alles-tun-muss«, von schneller Befriedigung und Erledigung. »Fasten« verlangt dieses Loslassen, doch es erleichtert auch, manches in unserem Lebensalltag leichter loszulassen.

- »Fest-zu-halten« – an bestimmten und für jede Art des Fastens hilfreichen Regeln und Anregungen für ein körperliches, psychisch-seelisches, religiös-spirituelles und soziales Fasten.

- »Sich-einlassen« – auf die Form des Fastens, für die ich mich entschieden habe, auf die notwendigen Regeln, die Herausforderung körperlicher und seelischer Veränderungen, die lebensorientierten und religiösen Textimpulse, die Entspannungsübungen, meine Erfahrungen, meine MitfasterInnen in der Gruppe und schließlich auf meine Beziehungen zu Gott.

Fasten und Fastenzeiten – so wie sie in meiner vorangegangenen Veröffentlichung (Fasten – dem Leben Richtung geben, München 1990) und in dem hier vorliegenden spirituellen Wegbegleiter beschrieben werden – laden Einzelne und Gruppen ein, die Chancen einer »ganzheitlichen Erneuerung« mit Leib, Geist und Seele eigenverantwortlich wahrzunehmen. Fasten – in welcher Form auch immer – ist der Beginn eines Reinigungsprozesses für den *ganzen* Menschen, körperlich, seelisch, geistig, religiös und sozial. Reinigen bedeutet auch entlasten, freier werden »für etwas«, z. B. für das, was mir wertvoll ist, was meinem Leben Sinn gibt. Das Leben stellt an jeden Menschen mit oder ohne »Fasten« seine Fragen. Die Antworten muss jeder

für sich finden. Er findet sie jedoch nur, wenn er aufbricht und den Weg selbst geht; denn die Wege gelingenden Lebens entstehen im Gehen.

Dass Leben gelingt, könnte heißen: Im Gehen eines Weges verschüttete Fähigkeiten neu aufdecken, sich mit Grenzen versöhnen, mehr den eigenen Kompetenzen vertrauen als über Schwächen zu klagen, festgefahrene Einseitigkeiten, Zwänge und Gewohnheiten aufzuheben, lernen aus der eigenen Mitte heraus zu leben, die Fähigkeit schulen, Sinnantworten zu suchen und zu entdecken sowie die Faszination und Freude am Leben in den Alltag zu integrieren. Fasten ist dazu eine Starthilfe und ein wirkungsvoller Schritt zu Umkehr und innerer Verwandlung.

Lesen Sie zum Abschluss dieses Abschnittes – bevor sie sich näher mit dem Fasten als Starthilfe, seinen verschiedenen Dimensionen und Regeln beschäftigen – die folgende Geschichte. Welche Bereitschaft spüren Sie, sich auf einen Weg einzulassen?

> Von einer Anhöhe aus schaute ein Mann in die Weite der vor ihm liegenden Landschaft, über die sich ein leuchtender Regenbogen spannte. Er konnte sich nicht satt sehen an den Farben und herrlichen Bildern. Er begann zu träumen. Plötzlich erschrak er, denn ihm wurde bewusst, dass er weder einen Weg noch ein Ziel in der Landschaft sah. So sehr er sich auch bemühte, alles erschien eintönig, Weg und Ziel – er fand sie nicht. Da hörte er eine Stimme, die zu ihm sprach: »Den Weg für dich wirst du nur finden, wenn du ihn suchst. Dein Ziel wirst du nur sehen, wenn du dich auf den Weg machst.« Dann war es still. Der Träumer dachte über die Worte nach. Da hörte er die Stimme erneut: »Es gibt einen Weg für dich. Niemand kann ihn gehen außer dir. Frag nicht, wohin er führt. Geh ihn, denn dein Weg entsteht im Gehen.«[3]

2. Fasten als Starthilfe –
Aspekte einer religiös-ganzheitlichen Erneuerung

2.1 Gesünder leben durch Fasten

Immer mehr Menschen merken heute, dass an unserer Art zu leben, zu arbeiten, sich zu ernähren und die Freizeit zu gestalten, vieles nicht mehr stimmt. Sie beobachten es bei anderen und erleben es – je nach Situation – auch selbst: ständige Anspannung, verstärkte Verspannungen, das Gefühl der Überforderung, Stress erleben, häufig auftretende innere Leere und Hilflosigkeit des Einzelnen, vermehrt auftretend die Frage nach dem Sinn des Ganzen, verharmloster Leistungsdruck, einseitige Orientierung an Wachstum, konformes Verhalten, Ausdünnen religiöser Orientierungen und sozialer Bindungen, die Definition der Persönlichkeit durch Merkmale wie Aussehen, Fitness und Ausdauer; das Bemühen, möglichst alle Gesundheitsrisiken zu vermeiden... Das sind nur einige Stichworte für eine gefährliche Verengung menschlichen Bewusstseins, reduzierter Lebensmöglichkeiten, eingeschränkter Entwicklung der Persönlichkeit und schwindendem Wertbewusstsein. Das, was das Leben lebenswert macht – zum Beispiel die Entfaltung der Gefühlskräfte, die auf Gesundheit und Wohlbefinden, Liebe und Zuwendung, Zufriedenheit und Ausgefülltsein hinwirken oder die Gestaltung tragender zwischenmenschlicher Beziehungen, aber auch das Wahrnehmen von Grenzen wie Krankheit und Tod – wird immer weniger beachtet, unterdrückt oder nur in oberflächlicher »Außen-Befriedigung« gesucht. Dagegen rebellieren Menschen: Sie reagieren mit Leib und Seele in Form von körperlichen und psychischen Leiden. Vielen werden die Zusammenhänge von körperlichen Leiden und seelischen Ursachen immer stärker bewusst.

Im Gefolge dieses neuen Bewusstseins begegneten in den letzten Jahren viele Menschen dem Fasten als Angebot zur ganzheitlichen Erneuerung. Hier sammelten sie körperlich und geistig, seelisch und spirituell neue Erfahrungen, sie wurden aufmerksamer für ihren Lebensalltag, begannen sich neu zu orientieren und Schritte zur Veränderung einzuleiten, zum Beispiel bei der Ernährung, den Essgewohnheiten, hin zu mehr Bewegung. Fasten wurde für sie zum Einstieg in den Umstieg, zur Starthilfe »gesünder zu leben« (vgl. zu den weiteren medizinischen Wirkungen des Fastens, zum Beispiel Entlastung des Körpers, Stärkung des Immunsystems, entgiften, ... die angegebenen medizinischen Fastenführer, vor allem von Hellmut Lützner).

Im Fasten verwendet nun der Organismus die sonst für die Verdauung tätigen Energien sofort zur Abheilung der jeweils erkrankten Bezirke unter »sachverständiger« Leitung des »Inneren Arztes«, den der alte Paracelsus den »Archaeus«, den Urarzt, nannte.

Otto Buchinger sen.

2.2 Aufmerksam für Werte und Beziehungen

Fasten ist mehr als »gesund leben« – vor allem, wenn damit werbewirksam das Abspecken und die Entschlackung herausgestellt wird. Beim Fasten geht es um den ganzen Menschen mit Leib, Geist und Seele. Gesund leben heißt dann: Bewusstsein und Fähigkeiten fördern, ungesunde Lebensformen abzubauen bzw. zu verhüten sowie dazu anzuregen, die in uns schlummernden Kräfte des Leibes, des Geistes und der Seele neu zu entdecken, zu aktivieren und das tägliche Leben danach auszurichten. Damit aber steckt in dem Bemühen um das Lebensziel »Gesundheit« die tiefer gehende Frage nach einer sinnstiftenden und sinntragenden Lebensorientierung. (vgl. S. 17). Neben den in der Regel bald spürbaren und heilsamen Wirkungen körperlichen Fastens (entgiften, entschlacken, Risikofaktoren reduzieren, entlasten, regenerieren...) erkennen viele schon während des Fastens: Hier geht es um mich, um meine Person, um mein Erleben, um meine Erfahrungen, Bedürfnisse, Hoffnungen, Erkenntnisse und Einsichten, um meine Lebensgestaltung, meine tragenden Werte, um mein Dasein.

Körperliches Fasten löst körperliche Verspannungen und Verkrustungen. Das gilt auch bei reduzierter und bewusst vollwertiger Nahrungsaufnahme. Nur dauert es hier länger. Ein Aufweichen oder Auflösen körperlicher Verfestigungen wird häufig begleitet von befreienden Wirkungen hinsichtlich seelischer Belastungen. Der bekannte psychosomatische Entstehungszusammenhang wird hier umgedreht und in positiver Weise spürbar. Fasten unterstützt Bemühungen, unser Leben bewusster wahrzunehmen, darüber nachzudenken, nach Werten zu fragen und einen Sinn darin zu finden. Genügsamer, zufriedener, offener, gelöster, freier, einfühlsamer und intensiver leben – das sind vielfältige positive Auswirkungen. Fasten ist daher auch eine Starthilfe, sensibler und aufnahmebereiter für die tragenden Werte des Lebens und damit auch für mein natürliches familiäres und berufliches Beziehungsfeld zu werden.

Ein Altvater sprach: Wenn unser äußerer Mensch sich nicht nüchtern beträgt, ist es unmöglich, den inneren zu bewahren.

Lebenshilfe aus der Wüste

2.3 Die Fastengesinnung Jesu und der frühchristlichen Mönche

Fasten und die Fastenzeit – das ist aber für viele Menschen auch ein mit negativen Gefühlen besetzter Teil ihrer religiösen Lebensgeschichte und damit ihrer Beziehungen zu Religion, Gott und Kirche. Fasten – das erinnert sie an bloßen Verzicht (auf Süßigkeiten und Fleisch), an kirchliche Bußvorschriften in Form von Geboten und Verboten, an Askese, an frühere Bräuche und Gepflogenheiten während der Vorbereitungen in der Fasten- und Adventszeit u.a.m. Nicht wenige meinen noch heute: Fasten sei gleichzusetzen mit »Buße tun«; fastende Menschen würden mit hungrigem Magen und traurigem Gesicht herumlaufen. Die Gründe für diese negativen Erfahrungen und solche Missverständnisse sind vielfältig und sollen hier nicht aufgezählt werden.

Vom Fasten

Wenn ihr fastet, macht kein finsteres Gesicht wie die Heuchler. Sie geben sich ein trübseliges Aussehen, damit die Leute merken, dass sie fasten. Amen, das sage ich euch: Sie haben ihren Lohn bereits erhalten. Du aber salbe dein Haar, wenn du fastest, und wasche dein Gesicht, damit die Leute nicht merken, dass du fastest, sondern nur dein Vater, der auch das Verborgene sieht; und dein Vater, der das Verborgene sieht, wird es dir vergelten.

Matthäus 6, 10-18

Am Fastenverständnis Jesu kann es nicht liegen, wie der vorangegangene Text und die anderen wenigen neutestamentlichen Texte zeigen, in denen vom Fasten die Rede ist. Jesus geht es nicht um ein am Gesetz orientiertes Fasten, sondern um die rechte Gesinnung eines freiwilligen Fastens. Verbunden wird damit immer auch das Gebet und die Zuwendung (Barmherzigkeit) zu anderen Menschen, vor allem den Schwächeren, Kranken oder Ausgestoßenen. So war für ihn sein 40-tägiges Fasten in der Wüste (Matthäus 4, 1-11) eine Vorbereitungszeit und eine wichtige Selbstfindungsphase mit allen Gefühlen, Anfechtungen, Schwächeanfällen, Gefährdungen, Chancen und Ermutigungen, die solch eine Krisenzeit mit sich bringt. In dieser biblischen Erzählung (vgl. zum biblischen Verständnis insgesamt: Müller, Handreichung, S. 25-29, hier S. 180) wird ein tiefer Sinn christlichen Fastens sichtbar: Es ist eine Zeit, in welcher der Mensch mit sich selbst konfrontiert wird, sich prüft, sich entdeckt, neu orientiert und seinen Weg geht – zum Beispiel als Christ in der Fastenzeit in Erwartung der Feier des Osterereignisses oder in der Adventszeit im Blick auf die Menschwerdung Gottes oder im Blick auf eine weichenstellende Lebensentscheidung oder einfach, weil der Einzelne nach sinntragenden neuen Möglichkeiten sucht, seine Gottesbeziehungen neu zu gestalten.

Die verbreiteten Missverständnisse christlichen Fastens können auch nicht aus der Fastenpraxis der frühchristlichen Kirche und der Mönchstradition abgeleitet werden. Hoch geschätzt war immer ein freiwilliges Fasten, denn »das Fasten ist älter als das Gesetz« und ein »altes Geschenk..., nicht veraltet und alternd, sondern immer sich verjüngend und frisch blühend« (Basilius der Große, 4.Jh.). Dieses alte, in allen Religionen lebendige Geschenk mit seinen heilenden Wirkungen auf Körper und Geist, Leib und Seele (vgl. dazu einige in diesem Arbeitsbuch abgedruckten Texte aus dieser Zeit und bei Müller, Handreichungen 1990, S. 33-36) praktizierten sie unter folgenden Kriterien: Geschieht das Fasten freiwillig, orientiert sich der Fastende an der Botschaft Jesu und seiner Fastengesinnung, ist er bereit sich einer Selbsterkenntnis zu öffnen, wächst dadurch seine Liebe zu den Mitmenschen und zu Gott?

Das Fasten ist Friede für den Körper, die Zierde der Glieder, der Schmuck des Lebens. Es ist die Kraft des Geistes, die Stärke der Seelen... Das Fasten ist die Schule der Tugenden, ... das Heilmittel auf dem Lebensweg des Christen...«

Petrus Chrysologus, Bischof von Ravenna (etwa 433-450)

Fasten und Fastenzeit – also auch eine Starthilfe, um meine religiös-spirituelle Lebenseinstellung zu befragen und in jesuanischer Gesinnung mich zu öffnen für neue Erfahrungen mit Mitmenschen und mit Gott.

2.4 Fasten ist ein freiwilliges Werk religiöser Lebensgestaltung

Von Beginn an gab es auch Bemühungen, Fasten durch Anweisungen und Gesetze zu regeln. Zunächst entstanden bestimmte gemeinsame Formen des Fastens, die aus entsprechenden Anlässen ohne große Vorschriften das Leben in den christlichen Gemeinden mitgestalteten, zum Beispiel das Tauffasten (nicht nur der Täuflinge, sondern auch der Christen, die ihn begleiten wollten) u.a. Je mehr sich das Christentum ausbreitete, umso mehr verstärkte sich die Tendenz, bestimmte »Fastenzeiten« einheitlich zu regeln: zum Beispiel Fastentage in der Woche, vor dem Osterfest, vor der Taufe, zur Buße... Was letztlich ab dem 4. Jh. zu ersten kirchlichen Regelungen, zum Beispiel für die »40 Tage Fastenzeit«, vor allem im Bereich der Ostkirche (im Westen ab 6./7. Jh.) führte. Unabhängig von der Tendenz einer einheitlichen Regelung, fasteten die Christen auch aus anderen Anlässen und Gründen: zum Beispiel für andere, für den Frieden, im Kampf gegen Fehler und Leidenschaften... Ihr Ziel, nämlich das Mühen um ein »gottgefälliges« Leben, blieb jedoch gleich. Die dabei gesammelten Erfahrungen gingen im Laufe der Jahrhunderte (vor allem ab Gregor dem Großen, Papst von 590-604) in die lateinische Liturgie ein.

Im Fasten wirkt Gott

Durch das leibliche Fasten unterdrückst du die bösen Leidenschaften, erhebst du den Geist und spendest Tugendkraft und Lohn.

Fastenpräfation (ca 7. Jh.)

Obwohl Thomas von Aquin noch im 13. Jh. deutlich hervorhob, dass das Fasten ein »freiwilliges Werk« sei, breitete sich das Gesetzesdenken immer mehr aus. Dies und andere Gründe, zum Beispiel das Verständnis, Fasten sei ein geistiges Kampfmittel gegen »die Sünde des Fleisches«, trugen wesentlich zum Zerfall des altchristlichen Fastenverständnisses bei. Gebete, Verbote und Bestrafungen wurden zur Regelung christlichen Lebens immer wichtiger. Dabei taten sich im Laufe der Jahrhunderte die Moralisten im Dienste der Kirche immer mehr hervor. »Sie stellen einerseits einen langen Katalog von Fastenforderungen auf, andererseits entwickelten sie ein ausgeklügeltes System (Dispens, P.M.), diesen Forderungen nicht entsprechen zu müssen. Die Verlogenheit ist offenkundig und wird schließlich entlarvt«[4]. Doch dabei ging das Verständnis für den Sinn und Wert des Fastens verloren, auch wenn die Kirche bis heute an der »vierzigtägigen Fastenzeit« sowie am Aschermittwoch und Karfreitag als »strenge Fasttage« (genauer: Abstinenztage mit einmaliger Sättigung) festgehalten hat (vgl. auch »Weisungen zur kirchlichen Bußpraxis«). Schon diese wenigen Hinweise genügen, um zu dem Urteil zu kommen: »Das Fasten als allgemeine Pflichtübung ist gestorben und man darf hinzufügen: es ist nicht schade darum«[5]. Aber: Fasten als freiwillige und eigenverantwortliche Entscheidung ist heute gefragt. Ob Abstinenz oder »volles Fasten«, freiwillig und eigenverantwortlich begonnen, gestaltet und beendet – es ist eine Chance, sich mit Körper, Leib, Geist und Seele zu erleben und zu erneuern. Darin liegt für Christen ein tieferer Sinn des freiwilligen und ganzheitlichen Fastens, nämlich aus dem Glauben heraus zu fasten und »durch Fasten glauben lernen«. Wie nah oder fern der Einzelne der Kirche steht oder wie gläubig er sich einschätzt, alle sind eingeladen, diese Chance aufzugreifen und mit dem Fasten auch Schritte des Glaubens (wieder) zu versuchen.

Ist Fasten geboten?

Gebote werden nicht für freiwillige Werke gegeben; diese fallen vielmehr unter den Rat. Das Fasten ist ein freiwilliges Werk; denn sonst müsste es überall und immer gleichmäßig beachtet werden. Also fällt Fasten nicht unter ein Gebot.

Thomas von Aquin (13. Jh.)

Fasten – eine Starthilfe zur Erneuerung einer spirituell-christlichen Lebensgestaltung, aber auch zur Wiederbelebung einer biblischen und frühchristlichen, freiwilligen und kirchlich geförderten Fastenpraxis? Beides wäre eine Antwort auf die Frage des Fastenarztes Otto Buchinger (sen.) im Blick auf die Amtsträger in der Kirche. »Ist nicht unsere Kirche die eigentliche Hüterin des echten Fastens, welches auch das Heilende in sich schließt?«[6] Seiner Meinung nach habe die Kirche in den letzten Jahrhunderten dieses »urchristliche Heilmittel« wie ein Schatz im Acker vergraben und vergessen. Ärzte, Vertreter der Naturheilkunde und Sportler hätten diesen Schatz heute neu im alten Acker der Kirche entdeckt. Doch er gehöre der Kirche und »sie muss nunmehr Anspruch auf ihn erheben«[7]. Denn, so sein Bekenntnis im »Gutachten über das Heilfasten« (1959 für die Deutschen Bischöfe): »Ich kenne keinen kürzeren, besseren Weg, die vermeidbaren Schäden der modernen Lebens- und Ernährungsweisen kennen zu lernen und zu verhindern, als das urchristliche Heilmittel, das Lieblingsmittel der Großen in Welt- und Kirchengeschichte, das richtige, vollgültige Fasten«[8]. Diese Aussagen beinhalten Kritik und Hoffnung. Kritik an einer Kirche, die Sinn und Praxis des Fastens im

Laufe der Jahrhunderte vergessen bzw. auf ein Minimum reduziert hat. Aber auch Hoffnung, dass die Kirche dieses »urchristliche Heilmittel« neu belebt und seine Bedeutung nicht nur als Heilmittel, sondern auch als »ein Vorbeugemittel, ja sogar eine Lebensschule«[9] wieder erkennt und fördert. Wer sich für ein Fasten, in welcher Form auch immer, entscheidet, hat ein oder mehrere Motive. Solche Beweggründe können sehr unterschiedlich sein und reichen von Neugierde über »selber erproben wollen«, »abnehmen« oder »einfach gesünder leben lernen« bis zu Wünschen, wie zum Beispiel »Ich will die Hetze des Alltags unterbrechen, mir Gutes tun, erkennen was sinnvoll leben heißt« oder »neu mein Leben aus dem Glauben gestalten«. Welches Motiv auch immer zunächst im Vordergrund steht, eine »Fastenwoche« und ein »Weg durch die Fastenzeit« sind eine Einladung, die vielfältigen Chancen dieser Starthilfe zu einer ganzheitlichen Erneuerung allein oder in einer Gruppe – so weit möglich unter fachkundiger Anleitung – zu nutzen. Persönliche Motive und ein Ziel sind dabei sehr hilfreich, doch ebenso wichtig ist es, sich ausreichend zu informieren, sich einzustimmen, sich zu öffnen und im Vertrauen auf die eigenen Kräfte zu beginnen. Dann entsteht im Gehen der jeweils persönliche Weg einer spirituell-christlich motivierten Erneuerung.

»Wo kämen wir hin,
wenn alle sagten,
wo kämen wir hin
und niemand ginge,
um einmal zu schauen
wohin man käme,
wenn man ginge.«

Hans A. Pestalozzi

3. Fasten für Gesunde – Dimensionen und Grundregeln eines ganzheitlichen Fastens

3.1 Ganzheitliches Fasten

Im Gleichnis von der »verlorenen Drachme« stellt Jesus die Frage: »Wenn eine Frau zehn Drachmen hat und eine davon verliert, zündet sie dann nicht eine Lampe an, fegt das ganze Haus und sucht unermüdlich, bis sie das Geldstück findet?« (Lukas 15, 8). Es fällt uns heute angesichts eines übervollen Warenangebotes schwer, diese Frage auf unser Leben zu übertragen. Eine Drachme wurde verloren, doch was ist das gegenüber der noch vorhandenen neun. Warum dieser Aufwand, diese Hektik? Die Zahl zehn ist hier nicht arithmetisch von Bedeutung. Sie ist im Menschen angelegt (vgl. 10 Finger) und vor allem ein Bild für die Ganzheit. Die Frau hat mit der Drachme sich selbst, ihre Ganzheit, »ihre eigentliche Mitte verloren«[10]. Geht es uns nicht ähnlich? Vor lauter Sorgen und Problemen, Angeboten und Nachfragen in unserer Gesellschaft, durch unser »Dahinleben« und die Unachtsamkeit... verlieren wir unsere Mitte. Die Mitte, welche die Vielfalt unseres Lebens durchdringt und das Ganze zusammenhält. Die Frage Jesu ist daher eine Herausforderung an uns. Ein Angebot wird erwartet: Eine Lampe zu nehmen, ein Licht anzuzünden, uns auf die Suche zu machen, unser Lebenshaus zu entrümpeln und neu zu ordnen.

Fasten kann so ein Licht sein, die Zimmer meines Lebenshauses zu durchleuchten, meine Mitte zu suchen und Ganzheit wieder herzustellen. Denn Fasten ist nicht nur eine Angelegenheit von Körper und Organismus, sondern zielt auf den Menschen als »ganzheitliches Wesen«. Diese Ganzheit des Menschen ist mehr als eine Zusammensetzung von Leib, Geist und Seele oder deren Summe. Sie ist »eine leib-seelisch-geistige Einheit« (Viktor E. Frankl). Ganzheit addiert nicht, sondern verbindet. Der Mensch als unteilbares Ganzes steht im Mittelpunkt eines »ganzheitlichen Fastens«. Das bedeutet dann konkret: nichts ausklammern, mehr integrieren; nicht nur das Detail sehen, sondern auch das Ganze; weniger trennen, mehr verbinden; nicht einfach in paradiesische Harmonie verfallen, sondern eigene und fremde Schattenseiten wahrnehmen und ernsthaft an ihnen arbeiten; bisher verkümmerte Kräfte entdecken, mobilisieren und sie integrieren; Verkrustungen lösen und sich öffnen für lebenswertes Leben für mich, in der Beziehung zur natürlichen Umwelt, zu den Mitmenschen und zu Gott. Die Wiederentdeckung der »Ganzheit«, der Hausputz, die Suche nach der »Drachme« kann für den Einzelnen ein langer und schmerzhafter Prozess sein. »Ganzheitliches Fasten«, das alle wesentlichen Dimensionen (vgl. 3.2) wie in den ersten Jahrhunderten des Christentums in ihrer Eigenständigkeit und Wechselwirkung gestaltend berücksichtigt, kann dazu – je nach Ausgangssituation der Fastenden – Anstoß geben, Richtung weisen, vertiefende Erfahrungen ermöglichen und begleitend unterstützen.

Leiblichkeit

Oben wie unten,
außen wie innen,
überall existiert
der Mensch als Leiblichkeit.
Und das ist das Wesen des Menschen.

Hildegard von Bingen

3.2 Dimensionen des Fastens

Für die Kirchenväter und Mönche der ersten christlichen Jahrhunderte war freiwilliges Fasten ein »christliches Heilmittel« für den ganzen Menschen. Sie praktizierten damit eine »Spiritualität von unten« (Anselm Grün), indem sie sich mit ihren körperlichen Erfahrungen, ihren Schwächen und Stärken, ihren Gedanken und Gefühlen sowie ihren seelischen Kräften und Wunden auseinander setzten. Sie begannen mit der Selbsterkenntnis also bei sich, umso zur wahren Gottesbegegnung zu gelangen. Während eine »Spiritualität von oben« uns häufig Ideale und Vorbilder vorsetzt, die wir durch bestimmte Werte, Handlungen oder Gebete erfüllen oder denen wir nacheifern sollen, führt der Weg einer *Spiritualität von unten* durch uns selbst. Die Aufmerksamkeit für leib-geistig-seelische Erfahrungen führt zur Frage: Wie steht's mit meinem bisherigen Leben? Was kann, was soll daraus Neues entstehen, in meiner Lebensgestaltung, in meinen zwischenmenschlichen Beziehungen und persönlichen Gottesbeziehungen?[11]

»Spirituelles Fasten« war daher für die ersten christlichen Mönche immer ein »ganzheitliches Fasten« mit heilenden gesundheitlichen Wirkungen für Leib, Geist und Seele (vgl. Text Athanasius, 4. Jh., Seite 20). Sie entwickelten dazu keine systematische Theologie des Fastens, aber sie begründeten auf der Basis jüdischer Fastenerfahrungen und biblischen Fastenverständnisses eine reichhaltige Fastenpraxis. Diese zeichnete sich aus: durch die Berücksichtigung des ganzen Menschen mit Leib, Geist und Seele, einige wenige Fastengebote, geringe Ermahnungen, die Hochschätzung eines freiwilligen Fastens vor allem als Erinnerung an das Kreuz und die Auferweckung Jesu, die Vertiefung ihrer Beziehung durch das Fasten zu den Mitmenschen und zu Gott sowie die Integration von Gebet und Werken der Barmherzigkeit in den Lebensalltag. Schon in dieser Zeit bildeten für Christen – wie übrigens in allen anderen Religionen

– die vier zentralen Dimensionen des körperlichen, seelisch-psychischen, geistig-religiösen und sozialen Fastens die natürlich Einheit eines ganzheitlichen Fastens. Sie sind eng miteinander verbunden und beeinflussen sich wechselseitig. Im Folgenden werden zunächst die Dimensionen einzeln (bei aller Problematik dieser Aufteilung) umschrieben.

Körperliche Dimension

Hier wird vom einzelnen Verzicht auf feste Nahrung gefordert, gleichzeitig aber viel zu trinken (geeignetes Mineralwasser, verschiedene Tees, Obstsäfte) und das Beachten medizinischer Erkennt- nisse, Regeln und Anregungen, wie sie in Fastenführern (vgl. zum Beispiel den des Fastenarztes Dr. Hellmut Lützner) ausführlich beschrieben sind. Besondere Aufmerksamkeit ist dabei zu richten auf den (die) Entlastungstag(e), die Darmreinigung (am 1. Fastentag und dann jeden 2. Tag), das Fasten (körperliche Veränderungen spüren, verstehen und damit umgehen lernen), das Fastenbrechen mit seinen wichtigen Regeln und die Veränderungen festgefahrener Ernährungs- und Essge- wohnheiten. Gerade diese und manche andere Lebensgewohnheiten führen zu zahlreichen körperlichen und psychosomatischen Krankheiten.

Fasten dient zunächst der körperlichen Gesundheit, das wussten schon die alten Kirchenväter und Mönche. Fasten animiert den Organismus, sich zu reinigen, zu entgiften, zu entschlacken, sich von dem zu befreien, was ihn belastet. Da der Körper keine neue Nahrung verdauen, umbauen und im Stoffwechsel verarbeiten muss, kann er sich ganz der Reinigung und ihren heilsamen Wirkungen widmen. Dabei schaltet der Körper um und ernährt sich aus körpereigenen Vorräten. Fasten zielt aus medizinischer Sicht darauf ab, den »inneren Arzt« (*Paracelsus*), das natürliche Abwehrsystem des Menschen auf möglichst natürlichem Weg zu aktivieren, d.h. sowohl durch Verzicht auf feste Nahrung als auch durch viel Bewegung, frische Luft,

Entspannung und Ruhe. Das weckt seine Selbstheilungskräfte und wirkt somit nicht nur heilend, sondern auch vorbeugend. Diese gesundheitsfördernden Folgen für den Körper (Abbau von Spannungen, von belastenden Fettdepots, Ablagerungen, Giften u.a. sowie über den Bedarf angesammelter Wohlstandsprodukte) haben, entsprechend der bekannten Zusammenhänge von körperlichen und seelischen Krankheiten, Auswirkungen auf den ganzen Menschen.

Fasten fördert die Gesundheit

Frage die Ärzte... Daher entfernen ... (sie) das Überflüssige durch Fasten, damit nicht die Kraft unter der Last der Wohlbeleibtheit zusammenbricht. Indem sie nämlich absichtlich durch eine karge Lebensweise das Überschüssige wegnehmen, geben sie der ernährenden Kraft einen gewissen Spielraum, neue Nahrung und Anfang zu einem frischen Wachstum. – ...Nehmt das Fasten auf, – ihr Kranken als Mutter der Gesundheit, ihr Gesunden als Erhalter eures Wohlbefindens.

Basilius der Große, Predigt über das Fasten 1/ 2

Seelisch-psychische Dimension

Fasten betrifft Leib und Seele in gleicher Weise. Der Begriff »Seele« zur Kennzeichnung der Mitte und Unverwechselbarkeit des Menschen, wird in religiöser Bedeutung und zur Beschreibung psychischer Befindlichkeit verwendet. Religiös können wir sagen, weil Gott sich dem Menschen »atmend« zuwendete und ihm das Leben (vgl. in der biblischen Schöpfungserzählung »Atem« als Zeichen der Lebendigkeit) einhauchte, ist die »lebendige Seele«, ist der Mensch, gekennzeichnet durch eine »Offenheit für Gott«. Die psychische Deutung benennt »Seele« als Zentrum unserer Empfindungen und Gefühle. Auf diese psychische Befindlichkeit wirkt zunächst das Fasten.

Bekanntlich können wir durch zu viel Essen seelische Probleme, Frustration, Ärger, innere Leere oder Unzufriedenheit »hinunterschlucken« und zudecken. Durch zu viel Essen schaden wir zunächst unserem Körper, er wird dick, formlos, langsamer und ermüdet schnell. Wir schädigen aber auch die Seele, deren wahre Empfindungen und Wünsche, Fragen und Bedürfnisse, Ängste und Sorgen wir nicht beachten und zudecken. Die Tiefenpsychologie hat uns die Zusammenhänge von körperlichen Krankheiten und deren seelische Ursachen offen gelegt. In vielen Redensarten unseres Alltags werden sie sichtbar. Wer Ärger oder Ängste »in sich hineinfrisst« oder »hinunterschluckt«, der wird »sauer«. Belastungen »schlagen auf den Magen« und er bekommt Magenschmerzen. Einem anderen »läuft die Galle über« und der Nächste hat »einen Kloß im Hals«. Die alten Mönche formulierten diese Zusammenhänge noch deutlicher: »Wenn der Leib fett wird, wird auch die Seele fett und stumpf« (vgl. *Johannes Cassian*, 4./5.Jh).

Das Fasten ist die Speise der Seele. Wie die körperliche Speise stärkt, so macht das Fasten die Seele kräftiger und verschafft ihr beweglichere Flügel, hebt sie empor und lässt sie über himmlische Dinge nachdenken, indem es sie über die Lüste und die Freuden des gegenwärtigen Lebens erhaben macht.

Johannes Chrysostomus (4. Jh.)

Durch Fasten beginnen wir, seelische Müllhalden abzubauen und manche seelische Blockade aufzulösen. Bedürfnisse und Wünsche nach Gelassenheit steigen auf und können befriedigt werden. Das setzt psychische Energien frei, baut Gefühle des Gehetzt- und Überfordertseins ab... und öffnet den Blick für manche Sucht oder Maßlosigkeit meines Alltags. Fasten ist ein Angebot, die hinter jeder Sucht steckenden und verdrängten Sehnsüchte, zum Beispiel nach Geborgenheit, Anerkennung, Einssein, Liebe..., neu zu entdecken und Wege zu suchen, diese zu leben. Im Fasten hören wir auf, unsere wahren Sehnsüchte mit Konsum, Stress und ständigen Belastungen zu betäuben. Neben den wahren Bedürfnissen bezüglich meiner Lebensgestaltung, einer Beziehung zu den Mitmenschen u.a.m. kann hier auch die Sehnsucht nach einer neuen bzw. tieferen Gottesbeziehung hochkommen. Beides, Abbauen seelischen Mülls und Bewusstwerden unserer Sehnsüchte, fördert seelische Gesundheit, Ausgeglichenheit und Selbstvertrauen. Wir werden aufmerksamer für den Teufelskreis unserer Abhängigkeiten und für unsere Umwelt sowie den Sinn unseres Daseins. Fasten »als Speise der Seele« bringt uns so in Berührung mit dem Kern unseres ganzen Menschseins, mit unserer Seele, d.h. mit unserem Zentrum der Gefühle, unserer Offenheit für Gott und mit dem Sinn des Lebens.

Fasten ist notwendig, denn die Seele wird durch zu viel Blut und Fett erstickt und ist dann nicht fähig, göttliche und himmlische Dinge einzusehen und zu beurteilen.

Galenos (129-199), Arzt am römischen Kaiserhof

Geistig-religiöse Dimension

Ausgehend vom Verzicht auf Nahrung – so die Erfahrungen vieler Fastenden – wird der Geist freier, fühliger und fähiger für geistige Entscheidungen. Fasten reinigt den Geist und macht ihn so offener und empfänglicher für die Fragen nach dem Sinn meines Lebens, nach Zielen meiner Existenz, sinnvollen Aufgaben... Wir werden offen für die geistige Wirklichkeit hinter der Wirklichkeit des Alltags.

Zuerst wird nur der Mangel gefühlt; dann verschwindet das Verlangen nach Nahrung...
Zugleich geht beim Fasten etwas Innerliches vor sich. Der Körper wird gleichsam aufgelockert. Der
Geist wird freier. Alles löst sich, wird leichter, Last und Hemmung der Schwere werden weniger empfunden. Die Grenzen der Wirklichkeit kommen in Bewegung; der Raum des Möglichen wird weiter... Der Geist wird fühliger. Das Gewissen wird hellsichtiger, feiner und mächtiger. Das Gefühl für geistige Entscheidungen wächst...

Romano Guardini (1943)

Fasten als geistig-spirituelle Reinigung, zum Zweck körperlicher Heilung und aus kultisch-religiösen Motiven, zum Beispiel Fasten als Vorbereitung zur Gottesbegegnung, finden wir in allen Religionen und Kulturen. Fasten aus christlichen Motiven hat seine Ursprünge im jüdischen Verständnis, dessen Akzentuierung durch Jesus von Nazareth und in der von den alten Kirchen- und Mönchsvätern in den ersten Jahrhunderten entwickelten Fastenpraxis mit den schon genannten Kriterien (vgl. Seite 29).
Christlich orientiertes Fasten lädt dazu ein, die »fettmachenden Speisen des Geistes« (*Johannes Cassian, 4./5. Jh.*) loszulassen und umzukehren. Zu einer Umkehr, die sich im Lebensalltag immer neu bewähren muss (vgl. soziale Dimension). Jesus betont diese Gesinnung des Fastens gegenüber dem verbreiteten religiösen Leistungsdenken seiner jüdischen Glaubensbrüder und erinnert sie damit an die auch im Judentum bekannten Forderungen: »Es ist gut, ... zu fasten... Lieber wenig, aber gerecht, als viel und ungerecht (Tobias 12,8). Fasten, orientiert an der Botschaft Jesu, ist im Kern ein freiwilliges Angebot zur Umkehr, zur Vorbereitung und Selbstfindung der Menschen. Es ist ein Fasten in Erwartung und muss zur rechten Zeit geschehen, es steht in engem Zusammenspiel mit dem Gebet und den Werken der Barmherzigkeit und lädt ein zur persönlichen Standortbestimmung. Letztlich geht es in einem christlich motivierten Fasten um das richtige Verhältnis zur Welt und zu Gott. Denn Fasten »deckt mit auf, wer ich

31

bin« (A. Grün), wo ich »in-der-Welt« bezüglich der »Mitmenschen« und »vor Gott« stehe. Die Bereitschaft und Offenheit, sich auf diese spirituell-religiöse Dimension des Fastens einzulassen, ist daher eine wesentliche Voraussetzung für das Gelingen der im Fasten angestrebten Erneuerung an Leib und Seele. Sie ist immer dort gefährdet und aus falscher Gesinnung gespeist, wo das Fasten zur religiösen Pflichterfüllung, zur Erhabenheit angesichts der eigenen »Fasten-Leistung« wird und sich gegen natürliche Gesetze des Leibes richtet – zum Beispiel als Kampf des Geistes gegen das »sündige Fleisch«.

Mit dem Fasten des Leibes muss das Fasten des Geistes verbunden sein. Denn auch der Geist hat seine schädlichen Speisen, und ist er durch diese fett geworden, dann kugelt er, auch ohne Überfluss an körperlichen Speisen, in den Abgrund der Üppigkeit.

Fettmachende Speisen des Geistes sind:

- *Zerstreuung (sehr angenehm zu essen)*

- *Zorn (bereitet für Augenblicke eine höchst verhängnisvolle Befriedigung)*

- *Neid und Eifersucht (das sind vergiftende Säfte)*

- *Eitle Ruhmsucht (ist eine Zeitlang ein ergötzlicher Genuss, macht aber auf die Dauer arm und steril).*

Jede Neugier und alles unstete Umherschweifen des Geistes füttert die Seele mit Schadstoffen. Wenn wir uns, so viel an uns liegt, dieser Speisen durch ein besonders geheiligtes Fasten enthalten, werden wir mit Nutzen und sogar mühelos das körperliche Fasten beobachten können. Denn nicht so sehr das verwesliche Fleisch als vielmehr ein reines Herz wird zur Wohnung Gottes und zum Tempel des Heiligen Geistes.

Johannes Cassian (4./5. Jh.)

Soziale Dimension

Fasten ist ein »Sich-Bewegen« auf die Mitmenschen. Es hat somit eine soziale Dimension, die für viele fastende Menschen zunehmend wichtiger wird: Fasten und Teilen. Angesichts der zunehmenden Armut und Arbeitslosigkeit im eigenen Land und der Situation in der so genannten »Dritten Welt« ist ein Über- und Umdenken notwendig, zum Beispiel bezüglich unseres Konsumverhaltens, unserer Essgewohnheiten, der Formen des Welthandels zu Lasten der Schwächeren, des Umgangs mit den Ressourcen der Schöpfung, ... aber auch hinsichtlich des Anstiegs seelischer Belastungen, verbreiteter Ängste, wachsender Erschöpfungsgefühle, ständiger Gereiztheit, zunehmenden, ichzentrierten Denkens und Handelns und der Störungen zwischenmenschlichen Zusammenlebens.

Fasten – genügsamer leben lernen

Fasten heißt lernen, genügsam zu sein; sich weigern, in Materie zu ersticken; sich von allem Überflüssigen lächelnd verabschieden.

Phil Bosmann

Für den Propheten Jesaja (58, 5-7) ist Fasten ohne die soziale Seite undenkbar:

> Ist das ein Fasten, wie ich es liebe, / ein Tag, an dem man sich der Buße unterzieht: wenn man den Kopf hängen lässt, so wie eine Binse sich neigt, / wenn man sich mit Sack und Asche bedeckt?
> Nennst du das ein Fasten / und einen Tag, der dem Herrn gefällt?
> Nein, das ist ein Fasten, wie ich es liebe: / die Fesseln des Unrechts zu lösen, / die Stricke des Jochs zu entfernen,

die Versklavten freizulassen, / jedes Joch zu zerbrechen,
an die Hungrigen dein Brot auszuteilen, / die obdachlosen Armen ins Haus aufzunehmen, wenn du einen Nackten siehst, ihn zu bekleiden / und dich deinen Verwandten nicht zu entziehen.

Fasten ist nicht nur Umkehr des Körpers, des Geistes und der Seele, sondern auch Umkehr des Herzens. Es muss im täglichen Umgang mit den Menschen, im Teilen, im solidarischen Leben, im Mit-Leiden, im Dienst am Nächsten verwirklicht werden. Fasten steht nie allein, sondern gehört in der jüdischen Frömmigkeitsgeschichte und christlichen Tradition zu den drei Grundpfeilern gottgefälligen Lebens: »Fasten – Gebet – Almosen geben«. Der Begriff »Almosen« gefällt uns heute nicht mehr. Wir sprechen lieber vom »Teilen«, vom »Engagement für andere« oder von »Nächstenliebe«. Das jedoch ist in den alten christlichen Texten gemeint: Keine milde Gabe, sondern der Einsatz des ganzen Menschen für den anderen, konkretes und hilfreiches Handeln.

Die soziale Dimension des Fastens kann für viele Menschen ein wichtiges Motiv für ein ganzheitliches Fasten sein. Immer mehr Fastengruppen sammeln daher auch den »Geld-Wert« für nicht aufgewendete Nahrungsmittel während des Fastens ein und verwenden ihn für konkrete Projekte in ihrem Umfeld, in anderen Ländern oder für andere Notlagen.

Dies ist eine gute Möglichkeit; doch die Aufmerksamkeit für das soziale Fasten ist zunächst nicht sehr hoch. Denn anfangs konzentriert sich der Fastende normalerweise überwiegend auf sich selbst: die körperlichen Vorgänge, seine psychische Befindlichkeit und religiöse Nachdenklichkeit. Das bringt einen gewissen Rückzug vom sozialen Umfeld mit sich. Wir spüren den Drang nach Ruhe und Stille, steigendes Interesse zu lesen, Musik zu hören und über uns nachzudenken. Das alles schafft zunächst eher Distanz als Nähe, ist aber gleichzeitig eine Form des Auftankens und Bereitwerdens für die soziale Dimension. Sensibilität und Offenheit, Unabhängigkeit und Selbstbewusstsein wachsen. Das wiederum wirkt sich, zusammen mit manchen gelösten psychischen Belastungen, befreiend aus, zum Beispiel auf den Umgang mit dem Partner, den Kindern, den Freunden, am Arbeitsplatz... Beziehungen werden eindeutiger erkannt, können angesprochen und bereinigt werden. Manche Menschen oder Belastungen kann ich gelassener annehmen, mich damit auseinander setzen... Es fällt mir leichter, mit anderen Zeit und Gespräche, Interesse und Engagement, Geld und materielle Güter zu teilen. Nach christlichem Verständnis sind das Folgen eines Fastens, »wie ich es liebe« (Jesaja 58,5).

Nächstenliebe steht über dem Fasten

Barmherzigkeit, Geduld, Nächstenliebe und die Tugenden, von denen der Prophet spricht (Isaias 58) und die wesentlich gut sind, dürfen nicht dem Fasten untergeordnet werden. Im Gegenteil muss das Fasten sich ihnen unterordnen und nur dazu dienen, sie zu erwerben. Es ist das Werkzeug und nicht das Ziel. Die Abtötung des Fleisches, die Härten der Enthaltsamkeit sind nur ein Mittel, um zur Nächstenliebe zu gelangen, die unter allen Umständen das unverrückbare und unabhängige Gut ist.

Johannes Cassian (Mönch des 4./5. Jh.)

Die Fastendimensionen und ihre Wechselwirkung

Wir wissen aus eigenen Erfahrungen, dass die aufgezeigten Dimensionen sich wechselseitig beeinflussen und daher nicht isoliert betrachtet werden dürfen. Wenn wir körperlich krank sind, fühlen wir uns auch psychisch nicht wohl und unser Verhalten gegenüber den Mitmenschen verändert sich. Oder: Störungen in einer mir wichtigen Beziehung, zum Beispiel in der Ehe, »drücken« meine Stimmung (*psychische Dimension*), ja können mir »im Magen liegen« (*körperliche Dimension*). Oder: Finde ich keine Antwort auf die Frage: Was ist der Sinn einer Krankheit, einer schwierigen Situation oder gar eines Schicksalsschlages? (*geistig-religiöse Dimension*), dann schlägt sich das nieder auf meine Stimmung (*psychische Dimension*). Resignation, Pessimismus oder Angst bestimmen meinen Alltag und schließlich meinen Umgang mit Mitmenschen, Konsum, Umwelt und meinem Körper. Oder:..

Wenn Sie sich Zeit nehmen für einen Blick in Ihr Leben, dann entdecken Sie dort selbst genügend Beispiele, in denen diese oder ähnliche Zusammenhänge und Wechselbezüge spürbar waren. Damit wird nochmals sichtbar, dass wir die skizzierten Dimensionen nicht isolieren, sondern sie integrieren und als »ganzheitliches Fasten« verstehen und praktizieren müssen. Solch ein »ganzheitliches Fasten«, das den ganzen Menschen einbezieht, ist nach Meinung vieler Fastenärzte eine »ganzheitliche Lebenshilfe«.

Fasten – in Dankbarkeit genießen

Fasten heißt lernen, mit einfachen Dingen glücklich zu sein. Fasten heißt, sich frei machen von den tausend Fesseln der tausend toten Dinge, die man dir angepriesen und aufgedrängt hat, als seien sie unerlässlich für das Leben. Fasten heißt die einfachen, kleinen Freuden in Dankbarkeit genießen.

Phil Bosmann

3.3 Grundregeln des Fastens

Im Wort »Fasten« steckt auch das Wort »fest« im Sinne von »festhalten«. Gemeint ist damit ein »Festhalten« an freiwillig übernommenen Regeln und Wegweisern. Sie wollen dem Fastenden helfen, sich zu orientieren, sein Fasten zu organisieren und inhaltlich zu gestalten. Es geht hier also nicht um Fastengebote und -vorschriften, wie sie uns vielleicht aus unseren religiös-kirchlichen Erfahrungen bekannt sind, sondern um wegweisende Regeln, die den Prozess einer Gesamterneuerung an Leib, Geist und Seele wesentlich mittragen. Sie gelten sowohl für Einzelfastende als auch für Fastengruppen. Sie gelten in der hier beschriebenen Form vor allem für ein »ganzheitliches Fasten·für Gesunde während einer Fastenwoche«. Für einen »spirituellen Weg durch die Fastenzeit« werden in diesem Wegbegleiter eigene Orientierungsimpulse vorgestellt (vgl. Seite 41). Die folgenden »Grundregeln ganzheitlichen Fastens mit Leib, Geist und Seele« greifen die medizinischen Anweisungen der Fastenärzte (vgl. Lützner) auf und erweitern sie aus der Perspektive eines christlich motivierten spirituell-ganzheitlichen Fastens.

(1) Freiwillig fasten in eigener Verantwortung

Fasten soll freiwillig geschehen: Für den Einstieg in ein erstmaliges Fasten braucht man etwas Neugier, Mut, Lust am Entdecken und die Bereitschaft, für eine bestimmte Zeit auf das Essen zu verzichten. Freiwillig und in eigener Verantwortung fasten heißt auch, ich informiere mich, lasse mich beraten und prüfe die Formen des Fastens, zum Beispiel Fasten am Wohnort mit abendlichen Treffen oder Fasten in einem Kloster bzw. Tagungshaus mit ganztägigem Programmangebot oder »Fasten in einer Klinik«. Heißt, auch mit der Familie oder mir wichtigen Menschen über meine Absicht sprechen, damit sie mich unterstützen. Schließlich heißt das, sich selber ein Ziel zu setzen (vgl. dazu Seite 45f.) und nach Hilfen zu suchen, die meinen Fastenweg unterstützen.

(2) Nicht essen – nur trinken, mehr als der Durst verlangt

Der Mensch kann aus seinen Reserven leben. Die täglich nötige Energie gewinnt der Organismus während des Fastens aus seinen körpereigenen Depots. Solange sie reichen, vermag er ohne Zufuhr von außen zu leben. Der Körper baut in weiser Reihenfolge Ballast ab: alles, was ihn belastet, was er nicht braucht, was ihn stört, was ihn krank macht. Nie aber Brauchbares, Funktionierendes, Lebensnotwendiges. Es genügt daher, in dieser Zeit nur zu trinken: Tee, Gemüsebrühe, Obst- und Gemüsesäfte und Wasser, so viel der Körper verlangt.

(3) Verzicht auf entbehrliche Gewohnheiten

Wir verzichten auf lieb gewonnene Gewohnheiten, die vor allem beim Fasten dem Körper schaden, wie zum Beispiel: Nikotin, Alkohol, Kaffee, Süßigkeiten, Medikamente (so weit sie entbehrlich sind), auf jeden Fall aber auf Entwässerungstabletten, Appetitzügler und Abführmittel.

(4) Sich natürlich verhalten

Das tun, was der Körper fordert und was ihm gut tut: frische Luft und dabei immer wieder Phasen bewussten Atmens; viel Bewegung, zum Beispiel Spaziergänge, Gymnastik, schwimmen; viel trinken (vgl. oben 2); Sonne tanken, so weit die Jahreszeit und das Wetter es ermöglichen; Ruhe, Schlaf und Entspannung. Und dies alles je nach Bedürfnis und Wohlbefinden. Dazu gehört auch, dass wir alle Ausscheidungen fördern: den Darm regelmäßig entleeren, die Nieren durchspülen, schwitzen, abatmen, Haut und Schleimhäute pflegen.

(5) Sich lösen vom Alltag

Verzichten auf Ablenkung, sich der äußeren Reizüberflutung entziehen und für die Zeit des Fastens sich lösen vom Alltäglichen. So weit es möglich ist, verzichten auf Fernsehen, Radio und Illustrierte; Hetze, Termine und Stress, Ärger ... vermeiden. Das tun, was Spaß macht: Musik genießen, lesen, über Geschichten nachdenken, bummeln, Hobbies pflegen, spielen..., umso anderen und sich selbst begegnen zu können.

(6) Schweigen und in die Stille gehen

Sich Zeit nehmen für mich selbst und für Gott: Wer bin ich? Was will ich? Was hilft mir? Nach innen horchen, Veränderungen wahrnehmen und damit umgehen lernen. Mit Hilfe von Bildern, Geschichten, Sprüchen, Musik, Texten ..., meditieren und beten. Es ist hilfreich, sich jeden Tag möglichst zur gleichen Zeit oder/und am gleichen Ort zu sammeln, zu schweigen, zu meditieren. Das gibt dem Tagesablauf eine Struktur und zusammen mit den anderen Tätigkeiten des Tages einen Rhythmus, zum Beispiel jetzt nehme mich mir Zeit für mich. (Vgl. Rituale, Seite 48f.).

(7) Bereitschaft zum Gespräch über Lebens- und Glaubensfragen

Sich auf das Leitthema der Fastenwoche, der Fastenzeit oder den täglichen Impuls zum Thema und verschiedene Dimensionen des Fastens einlassen und damit auseinander setzen; selbst eventuell an einer Fastengruppe teilnehmen; mit anderen Erfahrungen austauschen, einander zuhören, nachdenken, meditieren, sich miteinander in der Gruppe erleben.

(8) Neue Essgewohnheiten lernen

Diese Regel gehört eigentlich nicht zum Fasten und ist dennoch bedeutsam. Im Fastenbrechen und Verhalten danach entscheidet sich, ob wirklich ein Bewusstseinswandel vollzogen wurde. Jetzt bietet sich die Chance, von fehlerhaften Essgewohnheiten wegzukommen, zum Beispiel zu einer vitalstoffreichen Vollwerternährung, langsamer und bewusster zu essen, aber auch Zeiten für sich mit Bewegung, Stille oder Entspannung weiterhin zu praktizieren...

Fasten – orientiert an diesen Grundregeln – bedeutet, die eigenen »Antennen« auszufahren und sensibel zu werden für alte Gewohnheiten, sie aufzubrechen, Raum für neue Lebensmöglichkeiten zu schaffen und mein Leben neu zu entfalten. Damit einher geht eine Gesundung, eine Erneuerung an Leib und Seele. Fasten wird als Weg zu sich, zum Mitmenschen und zu Gott erlebt.

4. Fastenzeit(en) –
umkehren und neu beginnen

4.1 Festzeiten als Lebenshilfe

Alles hat seine Stunde, alles seine Zeit – geboren werden und sterben, säen und pflanzen ..., (vgl. Kohelet 3,2 ff.) Ebenso trauern und feiern, fasten und essen, Buße tun und sich freuen... Das Kirchenjahr macht sich – im Einklang mit dem Rhythmus der Natur – diese Weisheit zu Eigen, indem es menschliches Leben im »Kirchenjahr-Kreislauf« ordnet. Im Vorbereiten, Feiern und Ausklingen wird in den jeweiligen Festen unser Leben – bei aller Verschiedenheit (Trauer, Leid und Freude; Angst, Aggression und Vertrauen; Schwächen, Versagen, aber auch Umkehr und Versöhnung; Tod und neues Leben ...) – zur Sprache gebracht und gedeutet. Diese Lebensnähe und Lebensbejahung der Zeiten, Rhythmen und Feste des Kirchenjahres ist uns heute weitgehend verloren gegangen bzw. wird meist nur an den Festtagen, zum Beispiel Weihnachten, Ostern ..., mehr unbewusst als bewusst spürbar.

Andererseits erkennen Theologen, Psychologen und Therapeuten wieder verstärkt, welche »Lebenshilfen« im »Kirchenjahr-Kreislauf« enthalten sind. Kein Thema wird ausgelassen, keines wird tabuisiert, jedes kann aufgegriffen und bearbeitet oder im nächsten Jahr neu angegangen werden. Im Kirchenjahr begegnen wir in Bildern, Riten, Gebärden, Bräuchen und Symbolen den eigentlichen Fragen und Themen unseres Lebens, die wir in der Geschäftigkeit des Alltags verdrängen und die nur ab und zu aus der Tiefe unserer Seele auftauchen, zum Beispiel: Wer bin ich? Wozu lebe ich? Wie lebe ich? Warum lebe ich so und nicht anders? Wozu dieses Leid, die Freude anderer? Gibt es ein »Leben« danach?...

Das Kirchenjahr hält uns keine psychologischen Vorlesungen über unser Unbewusstes und andere Fragen, aber im Jahresrhythmus lädt es uns ein, im Dreischritt des jeweiligen Festes – vorbereiten, feiern, nachklingen – uns im Miterleben und Erinnern auf dessen Sinn neu einzulassen. Damit bekommt das Leben eine thematische Struktur und Fülle. Es gibt Zeiten der Ruhe und der Spannung, der Vorbereitung auf ein Fest und dessen Feier, der schmerzhaften Umkehr und der befreienden Freude. Wenn der Sonntag zum Alltag, das Fest zur Feiertagsetikette wird, dann bleibt auch der Alltag leer und verliert Sinn. Festzeiten laden uns dazu ein – so wie wir uns gerade fühlen und in möglichster Offenheit – uns auf ihr zu feierndes Geheimnis einzulassen. Nur im Vorbereiten, Miterleben und Nachklingen können wir Deutungshilfen auf unsere Sinnfragen entdecken, die auch unserem Alltag neue Qualitäten geben. Letztlich aber bleibt die dabei zu erfahrende Lebenshilfe ein Geschenk[12].

Zu jedem Fest gehört wesentlich – wie zu anderen Situationen in unserem Leben, zum Beispiel Beruf, Autofahren, Hochzeit ... – eine Vorbereitungszeit. Doch getrieben von unserem Schnelllebigkeitsdenken vergessen wir das, möchten alles schnell noch erledigen und geraten in Hetze: Zum Beispiel im Advent predigen alle Ruhe, Warten-Können, Besinnlichkeit – und eilen von einer Adventsfeier zur anderen. Ausgelaugt und müde schlittern wir »ins Fest« und können es nicht genießen, d.h. aber auch, die in ihm steckenden heilenden Kräfte nicht wahrnehmen. Wir sind körperlich anwesend, aber Geist und Seele sind mit anderen Gedanken und Gefühlen besetzt, uns fehlt eine »ganzheitliche Offenheit« für das Festgeheimnis. Die Enttäuschung danach oder mancher »Familien-Fest-Konflikt«

38

hat hier seine Ursachen. Die Vorbereitungszeiten – vor allem an Weihnachten und Ostern – sind daher lebenswirksame Vorlaufzeiten, in denen wir uns einüben ins Warten, in Geduld und ins Zeitnehmen, aber auch einstimmen in und öffnen für die Feier und den Sinn des Festes. Jede Vorbereitung hat dabei ihre spezifischen Aspekte.

Die Fastenzeiten sind ein Teil meines Wesens. Ich kann auf sie ebenso wenig verzichten wie auf meine Augen. Was die Augen für die äußere Welt sind, das ist das Fasten für die innere.

Mahatma Gandhi

4.2 Fastenzeit(en) – Chance zur Umkehr, Einkehr, Hinkehr

Die Fastenzeit ist Vorbereitungszeit auf das Osterfest und Zeit der Buße. Als Vorbereitungszeit fügt sie sich ein in den Jahreskreis der Natur, den beginnenden Frühling, in dem neues Leben erwacht. Die Natur braucht dazu Zeit; wir brauchen dazu Zeit, um uns von der vorausgegangenen Fastnacht (= die Nacht vor dem Fasten) abzuwenden, innezuhalten, uns auf den ernsthaften Charakter der Fastenzeit zu besinnen und auf Ostern als Zeit der Freude vorzubereiten. In dieser Zeit sind wir aufgefordert, unsere Schwächen und Fehler, falsche Gewohnheiten und Abhängigkeiten zu erkennen, sie nicht nur zu meiden, sondern auch umzudenken und neue Lebensmöglichkeiten, zum Beispiel Verzicht auf... zu erproben. Verbunden mit dem Bemühen, einfacher und aufmerksamer zu leben, ehrlicher sich selbst gegenüber zu sein und sich dem Leben mit seinen Anfragen zu stellen, wird die Fastenzeit zu einer »Übungszeit« für eine am Menschen orientierte christliche Lebensgestaltung. Die Haltung des Umdenkens, die in dieser Zeit gefordert ist, muss sich nach christlichem

Verständnis auch in Handlungen und Werken ausdrücken. Denn zu einem gottgefälligen Leben gehören: »Fasten, Beten, Almosen geben und gerecht sein« (vgl. Tobias 12,8 und Matthäus 6,1-18).

Bereits im 2. Jahrhundert bereiteten sich die Christen durch ein zweitägiges Trauerfasten auf Ostern vor. Später wurde dieses Fasten auf die Karwoche ausgedehnt. Seit dem Konzil von Nicäa (325) wurden die 40 Tage vorösterlichen Fastens zum festen Brauch zunächst für den östlichen, dann für den westlichen (ab 7. Jh.) Teil der Christenheit. Die Zahl 40 ist ein biblisches Zeitmaß. Mose weilte 40 Tage fastend auf dem Berge Sinai (Exodus 34,28); 40 Jahre dauerte die Wüstenwanderung des Volkes Israel, bevor es das gelobte Land erreichte; der Prophet Elija wanderte fastend 40 Tage zum Gottesberg Horeb; 40 Tage zog sich Jesus in die Wüste zurück, um zu beten und zu fasten. Vierzig – das ist eine von Gott bemessene gute Zeit, eine Zeit des Heils, über die Gott bestimmt.

Fastenzeit – es gibt viele Möglichkeiten, diese 40 Tage mit Fasten und/oder Abstinenz (Verzicht auf...) zu gestalten (vgl. dazu Orientierungen und Impulse, Seite 41f.). Auf welche Weise auch immer Sie auf etwas verzichten, sich einsetzen, Zeit investieren oder fasten, immer geht es darum, diese »Zeit des Heils« zu nutzen zur Umkehr, Einkehr und Hinkehr. An diesen drei Begriffen möchte ich den Sinn der Fastenzeit als Vorbereitungszeit kurz andeuten.

Umkehr – An Fasnacht/Karneval tragen wir eine Larve/Maske und verkleiden uns. Verkleidet spielen wir andere Rollen und zeigen: Ich kann, ich will einmal anders sein als ihr denkt oder mich seht. In der Fastenzeit legen wir Larve/Maske und Verkleidung ab. Wir kehren um von der Ausgelassenheit der Fasnacht, weil wir nichts zu verbergen haben oder andere sowieso hinter unsere tägliche »Maske« schauen. Vor Gott brauche ich sie ebenfalls nicht. Im Gegenteil: In der Bibel finden wir viele

Beispiele, in denen der »entlarvte Sünder« zur Umkehr eingeladen wird.

Einkehr – Wenn wir in der Fastenzeit Maske/Larve ablegen, spielen wir keine »Rolle« mehr, sondern sind nur noch wir selbst. Die Verkleidung ablegen kann bedeuten: Wir lassen ein Stück Welt los. Deutlich wird das im Verzicht auf etwas, im Engagement für etwas... und im Fasten. Abstinenz und Fasten machen uns offener und freier für uns selbst, für andere, für Gott. Sie »entschlacken« (das eine schneller, das andere langsamer) uns an Leib, Geist und Seele. Sie fördern unsere Sensibilität, um neu nach dem Sinn unseres Daseins und alltäglichen Handelns zu fragen.

Hinkehr – In der Fastenzeit kehren wir nicht nur um von der Ausgelassenheit der Fasnacht und kehren bei uns selbst ein. Zur Fastenzeit gehört auch die Hinkehr, der Blick auf Kreuz und Auferweckung. Doch nicht nur in der Erinnerung an Jesus von Nazareth, sondern in der konkreten Hinkehr zum Leid der Menschen im näheren oder weiteren Umfeld, im Einsatz für Gerechtigkeit oder indem wir lernen, eigenes Leid anzunehmen und sinnvolle Lebensperspektiven zu entdecken. Im Verzichten, Engagement für andere und/oder Fasten üben und stimmen wir uns ein auf die Feier des Osterereignisses. Nach alter kirchlicher Lehre wird dadurch der Mensch »durchlässig für Gott« (A. Grün) und bereiter für das Ostergeschehen.

Fastenzeit – sie ist also nicht nur Bußzeit oder »Geldspende-Zeit« für gute Zwecke. Für Christen ist sie Vorbereitungszeit und Übungsfeld vor allem zur Umkehr, Einkehr und Hinkehr, an deren Höhepunkt das Gedenken an das Kreuz und die Feier der befreienden Botschaft von der Auferweckung Jesu durch Gott steht.
Fasten und Abstinenz werden herkömmlicherweise zur Neuorientierung in der Fastenzeit praktiziert, doch sie sind auch zu anderen Zeiten des Jahres bzw. Kirchenjahres hilfreich. Der Advent – früher stärker als heute – ist solch eine Vorbereitungszeit. Fasten oder Verzicht auf etwas oder..., das wäre eine Möglichkeit, uns wartend und aufmerksam auf das Erinnerungsfest der Ankunft Gottes in dieser Welt im Kind von Bethlehem einzustimmen[13].
Fasten und Verzicht sind nicht an die Advents- oder Fastenzeit gebunden. Die Erfahrungen der kirchlichen Tradition mit diesen Zeiten, deren Verbindung mit dem Jahreskreislauf der Natur und als Vorbereitung auf Weihnachten und Ostern motivieren aber viele Christen zu fasten. Daneben kann der/die *Einzelne* mit Leib und Seele fasten vor einer wichtigen Lebensentscheidung, im Urlaub während einer Fastenwanderung oder an so genannten »Wüstentagen«. Weitere Anlässe, *gemeinsam* zu fasten, können sein: Pfingsten, eine ökumenische Woche, Jubiläum der Ortsgemeinde, im Rahmen einer Gemeindewoche... Letztlich jedoch kommt es immer auf die Gesinnung an, aus der heraus ich mich für einen Weg des Fastens, des Engagements für andere oder des Verzichts entscheide und dann bei mir selbst anfange.

4.3 Fastenzeit als spiritueller Weg zur ganzheitlichen Gesundheit
– Orientierungen und Impulse –

Gesundheit ist wesentlich mehr als die Abwesenheit von Krankheit, nämlich ein Zustand sowohl körperlichen, sozialen, geistig-seelischen und religiösen Wohlbefindens und damit auch eine ganzheitliche Aufgabe für jeden Menschen. Diese Erkenntnis ist uralt. Wir finden sie schon in der so genannten Diätetik (die Lehre vom gesunden Leben) des Hippokrates und seinen Nachfolgern. Sie wird in den letzten Jahren auch durch die Psychologen wieder entdeckt. Fast widerstrebend nehmen sie in ihren Untersuchungen die positiven und heilenden Wechselwirkungen zwischen Religion/Gläubigkeit und leiblicher Gesundheit zur Kenntnis. Wer an einen gütigen Gott oder an einen tieferen Sinn des Lebens glaubt, bewältigt Lebenskrisen leichter, ist weniger anfällig für stressbedingte Krankheiten, bringt mehr Vertrauen in einen Heilungsprozess ein[14]. Die Fastenzeit(en) des Kirchenjahres ist (sind) daher auch eine Chance und Herausforderung, durch Fasten oder verschiedene Weisen der Abstinenz neue Lebensmöglichkeiten in allen Dimensionen (vgl. Seite 29ff.) einer ganzheitlichen Gesundheit zu entdecken, zu erproben und in seinen Lebensalltag zu integrieren. Der Weg führt dabei häufig über eine körperliche Erfahrung – wie beim Saft- und Gemüsebrühefasten – oder einen spürbaren Verzicht oder eine einschneidende Veränderung. Der Weg dauert länger und Wirkungen an Leib, Geist und Seele sind nicht nach 2-3 Tagen spürbar. Wir brauchen dafür Geduld und Durchhaltevermögen.

Auch der längste Weg auf der Erde beginnt mit dem ersten Schritt.

Chinesische Spruchweisheit

Im Folgenden werden – analog zu den Grundregeln des Fastens – einige Orientierungen, verbunden mit praktischen Gestaltungsimpulsen, vorgestellt. Jede Lebenssituation verlangt andere Antworten. Sie sind eingeladen, sich für Ihren Weg durch die Fastenzeit solche Orientierungen und Impulse auszuwählen, die jetzt für Sie bedeutsam und hilfreich sein können. Es gilt dabei das Prinzip der kleinen Schritte bzw. »Weniger und ernsthaftes Tun ist oft mehr!«

Orientierungen und praktische Impulse

(1) Freiwillig und in eigener Verantwortung

Voraussetzung dafür ist es, dass Sie sich informieren (z.B. in diesem Buch) und die verschiedenen Formen des Fastens oder der Abstinenz prüfen. Sprechen Sie mit vertrauten Personen darüber und bedenken Sie die Folgen einer Veränderung, zum Beispiel für die Familie. Setzen Sie sich ein Ziel (vgl. Seite 45f.) und entscheiden Sie über praktische Handlungsweisen.

(2) Leben durch Verzicht auf...

Viele verbinden mit Verzicht eine finstere Askese. Warum verzichten? Hier gilt das Gleiche wie beim »Fasten für Gesunde«. Freiwillig auf etwas verzichten (– was mir normalerweise Spaß macht und dessen Verzicht mir schwer fällt –) ist ein Weg der Einübung in eine innere Freiheit. Erproben Sie sich im Bereich eigener Schwächen oder Vorlieben, um für eine bestimmte Zeit auf etwas zu verzichten, zum Beispiel Fernsehen, Alkohol, kostspielige Freizeitbetätigung, bestimmte Speisen, Genussmittel, u.a. Durchbrechen Sie erstarrte Lebensgewohnheiten, werden Sie innerlich frei von ihnen und erproben so neue Lebensweisen. Weitere Möglichkeiten dazu sind: Jede Woche in der Fastenzeit einen Entlastungstag (Vorschläge »Fundgrube«, Seite 177f.) oder einen Fastentag mit Tee und entsprechenden Säften einlegen oder immer wieder einen Tag mit nur einer Mahlzeit und sonst nur Flüssigkeit zu sich nehmen.

(3) Leben in Beziehung zu sich selbst

Viele Faktoren beeinflussen unseren Lebensalltag und bestimmen damit uns selbst. Wir sind in Gefahr zu funktionieren und kümmern uns zu wenig um die geistige und religiöse »Nahrung« unserer Seele. Alleinsein fällt uns schwer, so als hätten wir Angst vor der Begegnung mit uns selbst. Fastenzeiten laden uns ein, Zeiten der Stille und des Alleinseins zu wählen, sich zu entspannen und mit den eigenen Fragen, Gedanken und Gefühlen zu beschäftigen. Nur wer sich körperlich bewusster erlebt und nur wer bei sich selbst gewesen ist, schöpft daraus die Energie für den Weg zu den anderen.

(4) Leben in Beziehung zum Nächsten

Zum christlichen Fastenverständnis gehört wesentlich das Teilen. Das bedeutet mehr als Geldspende und meint die konkrete Hinwendung zum Menschen. Jeder ist Mit-Mensch. Nach *Martin Buber* wird der Mensch erst in der Begegnung mit dem anderen Du zum Ich. Das zu erkennen und neu einzuüben, wird gerade in unserer Zeit der Individualisierung zunehmend wichtiger. »Solidarität« wäre daher der zeitgemäßere Begriff für »Almosen geben«. Begegnung muss jedoch gestaltet werden, damit daraus Beziehung entsteht. Was könnte ich dafür tun? Beispiele: Zeit mit dem anderen teilen, einfach zuhören, in Gesprächen den anderen verstehen; die Würde und Einmaligkeit des Gegenübers achten, mehr mit, weniger über andere reden; sich für andere einsetzen und ihnen konkret helfen in praktischen Alltagsfragen; einladen zum Spaziergang oder anderen Aktivitäten; einfach anrufen und zeigen, dass ich an diesen Menschen denke; erspüren, womit kann ich anderen eine Freude bereiten und sie ermutigen; Kranke besuchen, Leidenden und Trauernden zuhören und sie ein Stück begleiten; mich versöhnen bzw. anderen verzeihen... Solidarität ist heute sicher auch weltumspannend notwendig. Daher sind die bekannten Spendenaufrufe kirchlicher Einrichtungen und der vielen kirchlichen Aktionsgruppen auch eine Möglichkeit, vom eigenen Überfluss abzugeben, doch es kommt auf die Gesinnung an.

Wenn ich mich dadurch »loskaufe« von konkretem Handeln im Alltag, dann »ist das nicht das Fasten, wie ich es liebe« (vgl. Seite 32f.).

(5) Natürlich leben mit der Schöpfung

Wieder mehr auf körperliche Signale achten, bewusster atmen, mehr Bewegung, zum Beispiel Spaziergänge, das Auto in der Garage lassen, schwimmen, Entspannungsübungen lernen, regelmäßige Gymnastik, Sport... Aufmerksamer werden für die kleinen Dinge des Alltags und in der Natur, zum Beispiel für eine Knospe, die sich langsam öffnet, Wurzeln im Felsen, einen See, Sonnenaufgang oder Baum, eine Quelle... Und bewusst alle Sinne schulen, denn »ein Zauber liegt in allen Dingen« (V. Friebel). Ihn zu entdecken, ist heilsam für Leib und Seele.

(6) Zeit nehmen, Zeit haben

Ein erster Schritt könnte sein: Lassen wir die Klage, dass wir keine Zeit haben. Dann fragen wir uns: Wofür möchte ich Zeit haben, zum Beispiel zum Lesen oder Musik hören, für eine Entspannungsübung oder Meditation, für die Kinder, den Partner/ die Partnerin oder einen Besuch...? Was ist mir sehr wertvoll? Auf welche anderen zeitintensiven Tätigkeiten kann ich verzichten? – Wir müssen wieder lernen, unser Leben so zu führen, dass wir Zeit haben für uns, für Zeiten der Stille, der Muße, des Nachdenkens, des Gesprächs, ...damit wir *erfüllte* Zeit erleben.

(7) Die Beziehung zu Gott neu gestalten

Überprüfen Sie, welche Spuren religiöse Erziehung, Glaube und Kirche bei Ihnen hinterlassen haben. Welche Verletzungen und Geschenke haben Sie dabei erfahren? Sie dürfen sich auf Ihre Zweifel und Fragen einlassen, können biblische Texte lesen und bedenken, neu oder anders beten, Zeit mit anderen teilen und meditieren, neue religiöse Formen erproben... dies ist eine Einladung und He-rausforderung. Die Antworten darauf sind nicht einfach, jede(r) muss seine suchen und finden, doch schon das Unterwegssein kann sehr befreiend sein.

Fastenzeit(en) – gestaltet mit Hilfe dieser Orientierungen und Impulse bedeutet, achtsamer zu werden für uns selbst, die Mitmenschen, die Schöpfung und unsere Gottesbeziehung. Indem wir ausgewählte Impulse verwirklichen, tun wir uns Gutes und sind damit unterwegs zu einer ganzheitlichen Erneuerung. Indem wir uns und andere besser kennen lernen, werden sich auch unsere Gottesbeziehungen verändern.

Verzicht nimmt nicht.
Verzicht gibt.
Er gibt die unerschöpfliche Kraft
des Einfachen.

Martin Heidegger

5. Bevor Sie beginnen – Was Sie wissen und beachten sollten

5.1 Einstimmen und entscheiden

Das vorliegende Arbeitsbuch wurde konzipiert als spiritueller Wegbegleiter für Einzelne oder Gruppen während einer »Fastenwoche« (1-2 Entlastungstage, 5 Fastentage, 2-3 Aufbautage) und/oder für den längeren Weg durch die Fastenzeit von Aschermittwoch bis Ostern. Sie sollten sich daher zunächst für die eine *oder* andere Form entscheiden. Will ich eine Fastenwoche (ohne feste Nahrung) *oder* die Fastenzeit auf neue Weise gestalten und erleben? Für beide Formen finden Sie in diesem spirituellen Wegbegleiter Tag für Tag Texte, Bilder, Geschichten, Gebete, Anregungen und Übungen als Impulse für ihr persönliches Leben, zum Nachdenken und Meditieren. Täglich können Sie daraus auswählen und sich orientieren.

Dieser Begleiter durch eine Fastenwoche und die Fastenzeit hat natürlich Grenzen – er beschränkt sich auf die religiös-spirituelle Dimension, gibt Impulse zum sozialen Fasten und Sie entdecken wertvolle Übungen, um über Ihre seelisch-psychische Situation nachzudenken. Doch nicht jede Frage, jedes Problem oder Interesse lässt sich im Voraus erahnen. Auch allgemein gültige Antworten gibt es in der Regel nicht. Das ist gut so, denn ein ganzheitliches Fasten während einer Fastenwoche, aber auch ein bewusst spirituell gestalteter Weg durch die Fastenzeit bringt immer neue Erfahrungen. Ihr persönliches Erleben wird wesentlich bestimmt von der Intensität, mit der Sie innehalten, verschiedene Dinge des Alltags loslassen und sich auf die von Ihnen gewählte Form des Fastens bzw. der Fastenzeit einlassen können. Damit Ihnen das besser gelingt, stelle ich Ihnen zunächst einige Entscheidungshilfen und anschließende Anregungen zu einem Fastentagebuch, einige Motivationsstützen und inhaltliche Übersichten zur Orientierung vor.

Sich informieren und einstimmen

Bevor Sie sich für eine Fastenwoche oder den Weg durch die Fastenzeit entscheiden, sollten Sie sich – wie gesagt –informieren und einstimmen. Dazu finden Sie grundsätzliche Anregungen in den vorangegangenen Abschnitten. Nehmen Sie sich Zeit für folgende Fragen: Was will ich erreichen? Was spricht für, was gegen eine »Fastenwoche« bzw. den »Weg durch die Fastenzeit«? Welches sind meine Motive? Was kommt auf mich zu, welcher zeitliche Umfang zum Beispiel? Um sich für oder gegen eine Fastenwoche entscheiden zu können, müssen Sie sich auch über die Voraussetzungen und Wirkungen des körperlichen Fastens aus medizinischer Sicht informieren. Sie finden diese und viele wichtige Informationen zum Entlastungstag, zum Einkauf oder über die Arten der Darmentleerung u.a.m. in *H. Lützner, Wie neugeboren durch Fasten, München 5/1998.* Es gibt auch andere medizinische Fastenführer, doch wir haben mit Lützner die besten Erfahrungen gesammelt. Weitere hilfreiche Informationen zur Praxis körperlichen Fastens erhalten Sie später in einer Fastengruppe durch erfahrene FastengruppenleiterInnen. Doch in dieser Phase der Einstimmung geht es zunächst nur um die Vorbereitung Ihrer Entscheidung. Informieren Sie sich also, beschäftigen Sie sich mit den Fragen, aber achten Sie auch auf Ihre Empfindungen, Widerstände, Ängste und Sehnsüchte. Vor allem aber: Beraten Sie sich gegebenenfalls hinsichtlich der gesundheitlichen Voraussetzungen für Ihren Fastenweg.

Allein oder in einer Gruppe?

Beides ist möglich, doch viele Menschen möchten auf die Gruppe nicht mehr verzichten. Die täglichen Treffen während einer Fastenwoche (8-10 Tage) oder die wöchentlichen Begegnungen von Aschermittwoch bis Ostern mit Thema, Gespräch, Meditation, Bewegung, Gebet und Erfahrungsaustausch entwickeln sich zu einem gemeinsamen Weg. Die TeilnehmerInnen werden miteinander vertrauter, sie öffnen sich, das schafft Bindungen und Solidarität. Die Gruppe ist für viele ein Schutzraum gegen Anfechtungen der Umwelt, eine Stütze im Umgang mit Fastenschwierigkeiten und schließlich eine Chance, Teilaspekte sozialen Fastens im täglichen Umgang miteinander zu leben, sei es inner- oder außerhalb der Gruppentreffen. Allein sind zwar beide Formen gut möglich, in einer Gruppe aber interessanter, herausfordernder, motivierender und vielfältiger.

Soziales Umfeld

Ob Sie sich nun für eine Fastenwoche oder den Weg durch die Fastenzeit entscheiden, Sie brauchen Zeit für sich und die Gruppentreffen. Damit einher gehen Veränderungen für Sie und Ihr soziales Umfeld. Diese sollten Sie vorher mit bedenken und sich emotional auf mögliche Widerstände Ihres Umfeldes einstellen. Das gilt vor allem, wenn Sie sich für eine Fastenwoche entscheiden. Schon der Wunsch zu fasten, noch mehr aber das konkrete Fasten, weckt – neben Bewunderung und Unterstützung – in Ihrem Lebensumfeld (Partner, Kinder, Freunde, Nachbarschaft, Arbeitsplatz...) auch Unverständnis, Skepsis und Widerstände, zum Beispiel kritische oder gar herabsetzende Fragen, spitze Bemerkungen... Sie müssen sogar mit Ablehnung rechnen. Sollte das nicht der Fall sein, umso erfreulicher. Daher ist es hilfreich, vor Beginn einer Fastenwoche mögliche Problembereiche zu klären, zum Beispiel:

- Den Fastenwunsch (evtl. auch die Zeit) mit dem/der Partner/in und der Familie besprechen, sie informieren, was sich ändert in dieser Zeit; welche Hilfen Sie brauchen; auf was die Familienmitglieder evtl. verzichten müssen; welche Hoffnungen Sie damit verbinden...

- Gesellschaftliche Verpflichtungen, Einladungen zu Festen, Geburtstage ... – Liegt etwas vor? Absagen? Oder können Sie auch mit Tee und Mineralwasser an einer unaufschiebbaren Geburtstagsfeier teilnehmen?

- Wenn Sie fasten und im Beruf stehen, dann sollten Sie manch außergewöhnliche Belastung (z.B. lange Dienstreise...) verschieben oder insgesamt Ihre Fastenwoche auf einen günstigeren Zeitpunkt legen. Berufstätige, bei denen es auf die Reaktionsfähigkeit ankommt, sollten nicht fasten, vor allem, wenn davon die Gesundheit anderer abhängt, zum Beispiel Busfahrer, Kranführer..., denn die Reaktionsfähigkeit kann in dieser Zeit etwas langsamer sein.

- Wenn Sie allein fasten oder eine Fastenwoche in Ihrer Gemeinde oder im Freundeskreis anregen, dann achten Sie bitte darauf, dass der 2. und 3. Fastentag auf dem Wochenende liegt. Das ist vor allem für berufstätige Faster wichtig. Gerade an diesen Tagen ist die körperliche Belastung wegen der Umstellung des Organismus auf Reinigung und Ausscheidung am stärksten spürbar. Am Wochenende können Sie sich und Ihrem Körper mehr Ruhezeiten zugestehen. Die Umstellung gelingt leichter, das weitere Fasten macht mehr Spaß.

Sich ein Ziel setzen

Wenn wir uns keine Ziele setzen, werden das andere für uns tun. Dazu eine Geschichte aus »Alice im Wunderland«:

> Alice fällt in den Brunnen und ist in einer anderen Welt. Es gefällt ihr und sie schaut sich neugierig um. Sie kommt zu einer Wegkreuzung. Sie weiß nicht, wohin sie gehen soll und fragt den Bären, der dort sitzt: »Welches ist der richtige Weg?« Der Bär fragt: »Wohin willst du gehen?« Und Alice antwortet: »Das weiß ich nicht.« »Dann«, sagt der Bär, »wird jeder Weg der richtige sein«.

Wie oft ist es uns schon wie Alice ergangen? Aber auch: Wie oft haben wir uns Ziele gesetzt und sie nicht erreicht? Waren sie vielleicht zu hoch gesteckt, zu allgemein, zu diffus ...? Die Geschichte will Sie anregen, Ihr Ziel konkret zu formulieren und einen Weg oder Wege zu finden, um es zu erreichen. Ich lade Sie ein zu einer Ziel-Setzungs-Übung.

a) Problembeschreibung

Was ist Ihr Problem, das Sie mit einer Fastenwoche oder einem spirituellen »Weg durch die Fastenzeit« angehen wollen? Ein Problem ist der Unterschied zwischen dem gegenwärtigen und erwünschten (Ziel-) Zustand. Dazwischen liegt ein Weg mit Schritten, Anregungen und Barrieren. Notieren Sie Ihr Problem. Wer/was ist der Auslöser dieses Problems? Welche Gefühle verbinden Sie damit? Was bedeutet es für Sie? Jedes Problem können Sie in ein Ziel verwandeln, indem Sie sich klar werden, was Sie möchten, wünschen und anstreben.
Hinweis: Eine Problembeschreibung ist sehr hilfreich für die folgende Zielfindung, doch einige Leser haben vielleicht auch schon eine vage Zielvorstellung ohne spezielle Problemlage. Sie können dann gleich mit den Schritten zu einer konkreten Zielentscheidung beginnen. Sie gehen dabei schon von einer Vorentscheidung für eine Möglichkeit (Fastenwoche oder Fastenzeit) aus oder sind für beide noch offen.

b) Schritte zu einem Ziel

- Was ist mein Ziel? Was möchte ich erreichen durch eine Fastenwoche oder während der Fastenzeit? Formulieren Sie Ihr Ziel: positiv, in der Gegenwart und so, dass es innerhalb Ihres eigenen Einflussbereiches liegt. Schreiben Sie Ihr Ziel auf. Nun sollten Sie sich mit dem Ziel weiter beschäftigen und es sprachlich verbessern, kürzer fassen, vereinfachen oder ganz neu formulieren. Denn klare Ziele setzen Energien frei für deren Verwirklichung.

- Stellen Sie sich zunächst vor, Sie haben das Ziel erreicht. Was sehen Sie? Was hören Sie, zum Beispiel was andere zu Ihnen sagen? Wie fühlen Sie sich? Wie geht es Ihnen?

- Wann und mit wem möchten Sie das Ziel erreicht haben? Wer ist durch Ihr Ziel mitbetroffen? Wie?

- Jede Veränderung hat Konsequenzen, daher sollten Sie sich fragen: Was verändert sich in meinem Lebensalltag, wenn ich das Ziel erreicht habe? Wie werden die anderen möglicherweise auf diese Veränderungen reagieren? Um das Ziel zu erreichen und zu erleben: Was ist der Preis? Was bekomme ich, auf was muss ich verzichten?

- Wenn wir ein Verhalten ändern wollen, dann sollten wir auch bedenken, dass dieses Verhalten zu bestimmten Zeiten oder Anlässen auch nützlich war oder teilweise noch ist. Welchen Nutzen hat(te) das bisherige Verhalten? Ist er im neuen Ziel enthalten oder bin ich bereit, ihn für dieses Ziel aufzugeben?

- Wege entstehen im Gehen. Fragen Sie sich: Was hindert mich, mein Ziel zu erreichen? Was sollte ich noch klären? Was und wer könnte mich unterstützen? Wie stärke ich meine Motive für das Ziel?

- So weit notwendig, überarbeiten und vereinfachen Sie nochmals Ihre Zielformulierung.

Schreiben Sie dann diese Formulierung auf einen Zettel oder in Ihr Fastentagebuch oder hier in den Wegbegleiter.

Mein Ziel:

- In Ihrem spirituellen Wegbegleiter werden Ihnen zwei Möglichkeiten vorgeschlagen. Spätestens jetzt müssen Sie sich entscheiden (falls Sie es nicht schon vorher getan haben). Welche Möglichkeit – Fastenwoche oder Fastenzeit – ist am besten geeignet, um mein Ziel zu erreichen? Was spricht für die eine oder andere Möglichkeit, was dagegen? Dabei sollten Sie immer auf die Sprache des Verstandes und des Gefühls, von Kopf und Herz, achten.

Es sagte der Kopf zum Herzen:
»Da ich an höchster Stelle liege,
kann ich besser als du die Welt überblicken.«
Da antwortete das Herz:
»Da ich von meinem Ort aus die Mitte sehe,
vermute ich,
dass wir einander brauchen.«

- Nach dieser Entscheidung fragen Sie sich: Welche konkreten Schritte muss ich jetzt tun? Sammeln Sie solche und ordnen Sie diese in eine konkrete Reihenfolge. Welches sind die ersten drei Aufgaben? Wann werden sie erledigt?

(1) _____ am _____

(2) _____ am _____

(3) _____ am _____

5.2 Fasten-Tagebuch

Sowohl für eine »Fastenwoche« als auch für den »Weg durch die Fastenzeit« empfehle ich Ihnen, ein Fastentagebuch zu schreiben. Es kann zu einem wichtigen Begleiter Ihres persönlichen Wachsens in dieser Zeit werden, in dem Sie vor allem Ihre persönlichen Gedanken und Gefühle, Träume und Fragen, Ängste und Hoffnungen, Zweifel und Fortschritte notieren. Wenn Sie sich täglich dazu entschließen, das niederzuschreiben, was Sie erfreut, beschäftigt oder bedrückt, dann erleichtert das Ihnen die Auseinandersetzung damit. Sie zwingen sich, Ihre Gedanken und Gefühle in Worte zu fassen und sich »von der Seele« zu schreiben. Das allein hat befreiende Wirkungen. Aufrichtigkeit zu sich selbst ist dazu jedoch unerlässlich. Wir sind es nicht mehr gewohnt, unsere persönlichsten Gedanken, Einsichten und Hoffnungen schriftlich festzuhalten. Vielleicht ist das Fasten oder die Fastenzeit auch für Sie eine Gelegenheit, damit einen Versuch zu wagen. Dazu folgende praktische Anregungen[15]:

- Besorgen Sie sich ein unliniertes und gebundenes Heft/Buch. Ein unliniertes Buch ermöglicht Ihnen ohne Einengung Ihren Stil (auch mit Skizzen, Symbolen) zu entwickeln. Ein gebundenes Buch ermuntert Sie, unangenehme Niederschriften oder Fehler einfach zuzulassen. Sie sind wichtig. Sie sind hilfreiche Lernquellen.

- Das Fastentagebuch bezieht sich auf alle Dimensionen des Fastens (körperliche, spirituelle, psychische und soziale). Es ist wie ein Spiegel, in dem Sie sich selbst betrachten und daher wesent-

47

lich ein persönliches Tagebuch, das Sie für sich schreiben und einzelne Beiträge auch wiederholt lesen (z.B. nach einer Woche).

- Was können Sie schreiben? Für Sie wichtige Begegnungen und Erfahrungen, persönliche Gefühle und Erkenntnisse. Schreiben Sie direkt, in der Ichform und in der Gegenwart, möglichst keine Interpretationen oder gar Vermutungen. Notieren Sie Ihre Träume (auch Tagträume) mit so viel Einzelheiten, an die Sie sich noch erinnern können.

- Die Impulse zum Tages-Spiegel bzw. Wochen-Spiegel in diesem Fastenbegleiter bieten weitere Möglichkeiten, persönliche Gedanken und Gefühle zu notieren. Gleiches gilt für Bildmeditationen, Gebeten und Aufmerksamkeitsanregungen für den Tag.

- Wann können Sie schreiben? Manche schreiben während des Tages-Spiegels, gleichsam als Rückblick, andere tragen das Fastentagebuch bei sich und notieren begleitend, solange die Erfahrungen und Gefühle noch lebendig sind, die Dritten brauchen dazu Stille, Musik und/ oder stimmen sich mit einer Meditation ein und andere schließlich notieren ihre Gedanken schon während einer morgendlichen Besinnung. Suchen Sie Ihren Weg, erproben Sie verschiedene Möglichkeiten, aber schreiben Sie jeden Tag. Auch wenn es nur zwei bis drei konkrete Sätze sind. Es kommt nicht auf die Länge an. Im Gegenteil – wählen Sie lieber *einen* Gedanken, *ein* Empfinden, *eine* Ihnen bedeutsame Erfahrung oder Begegnung und bringen Sie diese offen, konkret und aufrichtig zu Papier. Es lohnt sich.

5.3 Motivationsstützen

Sich selbst während einer Fastenwoche oder gar während der langen Fastenzeit immer wieder neu zu motivieren, ist sehr wichtig. Die Begeisterung für das selbst gestellte Ziel kann nachlassen, die Mitmenschen bringen wenig Sensibilität für den begonnenen Weg auf, die Umweltbedingungen stören, die eigene innere Nachlässigkeit wird stärker, ... Daher im Folgenden einige motivierende Stützen zur Vorbeugung und in aktuellen Situationen.

Zielvisualisierung

In der Zielvisualisierung nehmen wir in unseren Vorstellungen das angestrebte Ziel vorweg, d.h. stellen uns vor, dass wir unser Ziel erreicht haben, in welcher Situation, wie wir uns dabei fühlen, was wir sehen und hören, wie andere auf uns reagieren, ... Diese Vorstellung vom Ziel verstärkt unsere Motivation und stimmt uns ein, während des Tages bewusste und unbewusste Schritte zum Ziel zu gehen. Ich schlage Ihnen vor, sich mit den Phasen 1-3 der Übung Nr. 11 »Ruhe« (S. 166) einzustimmen. Stellen Sie sich dann Ihr oben notiertes Ziel (= 4.Phase) vor, wie Sie es erreicht haben, was Sie sehen, hören, riechen und fühlen. Genießen Sie diesen vorweggenommenen Erfolg. Beenden Sie dann die Übung wie in Nr. 11 angegeben (vgl. 5. Phase). Sie können diese Übung an den Beginn Ihres Tages stellen und dann mit neuem Mut Ihr Tagesprogramm annehmen. Nach einiger Übung brauchen Sie die Vorphasen 1-3 nicht mehr. Es genügt eine 2-4 Minuten dauernde Visualisierung Ihres Ziels. Den Zielsatz können Sie aber auch während des Tages zum Beispiel in Pausen für sich leise wiedeß holen, die Vorstellungsbilder kurz ansehen und sich somit neu motivieren. Denn Gedanken, mit denen wir uns beschäftigen, drängen zur Verwirklichung.

Rituale

Jeder Mensch lebt seine Rituale, manche nennen dies auch Gewohnheiten. Jede Gemeinschaft braucht Rituale. Rituale – auch wenn wir sie nicht immer bemerken oder bewusst leben – gehören zu unserem Alltag, mit ihren krank- und gesundmachenden Wirkungen. Der Benediktinermönch Anselm Grün hat in seinem lesenswerten Buch »Geborgenheit finden, Rituale feiern« auf die zwanghafte, manipulierende und krankmachende Gefahr von Ritualen hingewiesen. Aber noch eindeutiger entfaltet er die belebende, heilende und sinngebende Kraft von Ritualen. Sie ermöglichen, einen Tag oder eine Woche zu ordnen. Sie lassen mich den Tagesbeginn oder den Abend in bestimmter Weise erleben, vermitteln ein Gespür für die Jahreszeiten, ermöglichen mir Zeiten des Nachdenkens und Feierns. »Die äußere Ordnung der Rituale bringt mich innerlich in Ordnung« (A. Grün). Rituale befreien mich aber auch von ständiger Reflexion, sie unterbrechen den Alltag und eröffnen mir die Möglichkeit still zu werden, mit mir und Gott in Kontakt zu kommen. Sie verbinden aber auch im gemeinsamen Ritual Menschen miteinander, schaffen Klarheit im gemeinsamen Tun und haben damit sinnstiftende Wirkung.

Daher finden Sie in diesem Wegbegleiter immer wieder Impulse für solche Rituale. Beispiel: Mit Bewegungsübungen beginnen und den Körper erspüren. Sich an einen Ort zurückziehen, an dem Sie sich ungestört mit dem Tagesthema beschäftigen können. Tages- und Wochenspiegel (vgl. Übung 18 und 20), formulierte und freie Gebete, Anregungen zur Tageseinteilung ...

Ich lade Sie ein, Ihre bisherigen Rituale und Gewohnheiten im Tagesablauf näher anzuschauen, sie zu prüfen und die Chance in dieser Fastenwoche bzw. Fastenzeit zu nutzen, leere und zwanghafte Rituale/Gewohnheiten abzulegen sowie neue, ordnende und heilende Rituale zu erproben und einzuüben.

Ermutigungen für den Alltag

Manchmal genügt eine Begegnung, eine hilfreiche Geste oder ein treffender Spruch, um mit einer gedrückten Stimmung, einem Fehlverhalten oder einer schwierigen Situation besser umgehen zu können. Mit einem anregenden Sinnspruch können wir uns manchmal selbst aus der misslichen Stimmungslage herausziehen oder uns neu motivieren. Im Folgenden werden einige Sinnsprüche zur Auswahl vorgestellt. Sie finden aber in diesem Buch – verteilt an den verschiedensten Stellen – weitere Sprüche. Wählen Sie sich für einen Tag, für eine Woche oder die ganze Fastenzeit einen Spruch aus, der Sie ganz persönlich jetzt anspricht und motiviert, Ihr Ziel Schritt für Schritt zu verwirklichen. Sinnen Sie über ihn nach, was er für Sie bedeutet und erinnern Sie sich während des Tages immer wieder an Ihren Spruch, so als wollten Sie ihn »wiederkauen« (vgl. Fundgrube, Nr.14/2). Sie können sich auch eine »Sinn-Spruch-Sammlung« anlegen, d.h. Sprüche, die Sie gut finden, schreiben Sie auf eine A6- oder A7-Karte. Je nach Situation oder zu Beginn des Tages suchen Sie sich Ihre Spruchkarte und vertiefen sich in den Sinn für Ihre Lebensgestaltung.

Wann immer ihr die Aussage hört oder denkt: »Es ist unmöglich« – dann reagiert in eurem Kopf mit der inneren Stimme: »NOCH!«

Richard Bandler

Ein Fehler begehen und sich nicht bessern, das erst heißt, einen Fehler begehen.

Konfutse

> *Es gehört oft mehr Mut dazu,*
> *seine Meinung zu ändern,*
> *als ihr treu zu bleiben.*
>
> *Friedrich Hebbel*
>
>
> *Wenn ich es jetzt nicht tue,*
> *wann denn soll ich es tun?*
>
> *Hillel*
>
>
> *Es sind die kleinen Dinge,*
> *auf die es ankommt.*
>
> *George Bernhard Shaw*
>
>
> *Wenn die Seele hungert,*
> *kann man sie nicht mit Wohlstand füttern.*
>
> *Sprichwort*

5.4 Fundgrube

Im III. Teil, der Fundgrube, finden Sie eine Sammlung von Atem-, Bewegungs-, Entspannungs-, Ruhe- und Zielübungen. Hinzu kommen Impulse zu einem täglichen bzw. wöchentlichen »Rückblick«, Gebetsanregungen und ausgewählte Rezepte für Entlastungstage. Auf diese Übungen und Impulse wird in den »Tages-Themen« (vgl. II. Teil) immer wieder hingewiesen; teils sind sie dort Bestandteil oder sie dienen der Vertiefung. Sie können auch unabhängig davon persönlich oder in Gruppen verwendet werden.

5.5 Hilfestellungen

Übe dich nur Tag für Tag,
und du wirst sehen,
was das vermag.

J. W. von Goethe

Diese Lebensweisheit will Sie einerseits ermutigen, regelmäßig zu üben, andererseits ist es notwendig, dabei auch konkrete Hilfestellungen zu beachten. Wenn Sie allein mit diesem Fastenzeit-Begleiter fasten oder diese Übungen und Besinnungen für sich ergänzend zu denen in einer Gruppe durchführen wollen, dann sollten Sie einige Anhaltspunkte beachten:

- Nehmen Sie sich täglich eine feste Zeit vor, in der Sie Ihren Fastenbegleiter lesen und sich mit den Anregungen beschäftigen.

- Wählen Sie sich eine ruhige und angenehme Umgebung, in der Sie in dieser Zeit nicht gestört werden (z.B. Telefon abstellen...).

- Suchen Sie die Ihnen genehme bzw. der Übung entsprechende äußere Haltung. Sie können z.B. sich entspannen im Liegen, Sitzen oder Stehen.

- Nicht nach dem Essen üben. Das gilt während des Fastens, aber ebenso für später.

- Ihre Kleidung sollte bequem und nicht einengend sein. Für liegende Übungen ist ein Teppichboden, eine Decke oder feste Matratze vorteilhaft.

- Lesen Sie die Anleitung zur jeweiligen Übung vorher genau durch. Verschaffen Sie sich einen Überblick und spielen Sie die Übung kurz in Gedanken durch. Beginnen Sie dann erst mit der Übung.

- Bewegung ist die Grundlage allen Lebens. Sie sorgt für den Aufbau von Muskelanspannung und bereitet Freude. Bewegen Sie sich vor jeder Konzentrations- und Entspannungsphase wenigstens 5 Minuten.

- Nach den Bewegungsübungen ist es hilfreich, sich zu konzentrieren, z.B. durch Beobachtung des Atems, Fixieren eines Punktes im Raum, Ansehen eines Mandalas (vgl. S. 169) oder eines Signalwortes wie »Ruhe«. Viele Menschen erleben es auch als hilfreich, wenn Sie bei solchen Übungen meditative oder klassische Musik leise im Hintergrund spielen lassen.

Sie werden auch auf Schwierigkeiten stoßen, z.B. beim Entspannen auf die Gefahr der Ablenkung und des Einschlafens. Ablenkung erfolgt in zwei Formen: von *außen* (Lärm, Temperatur u.a.). Durch entsprechende Vorsorge können Sie aber manches vermeiden. Von *innen* (körperliches Empfinden, Schmerz, gedankliches Abschweifen...). Nehmen Sie in beiden Fällen die Ablenkung bewusst auf, setzen Sie ihr möglichst geringen Widerstand entgegen. Holen Sie Ihre Gedanken sanft zurück, erlauben Sie sich keinen inneren Kommentar zum Vorgang der Ablenkung und üben Sie einfach weiter.

Spüren Sie die Gefahr des Einschlafens, dann empfiehlt es sich, die Körperhaltung zu überprüfen, einige Male tief durchzuatmen oder durch kurze körperliche Anspannung (Hand, Beine...) sich zu behelfen.

- Setzen Sie sich nicht unter Erfolgszwang. Nichts erzwingen, sondern geschehen lassen und auf die inneren Kräfte vertrauen.

- Jede(r) von uns ist jedoch auch in Gefahr »Ausreden« (müde, keine Lust, geht heute nicht, einmal ist nicht so schlimm...) vorzuschieben. Erstellen Sie sich eine Liste Ihrer Ausreden, warum Sie heute keine Übung machen. Durch solch eine Liste – vorausgesetzt, Sie gehen ehrlich mit sich um – erkennen Sie schnell Ihre Schwächen und können leichter etwas dagegen tun.

- Ziel aller Übungen ist es, bewusste Erfahrungen mit sich selbst zu machen und neue Gewohnheiten aufzubauen. Neue Gewohnheiten wachsen aber nur durch regelmäßiges Tun. Die Übungen während des Fastens bzw. in der Fastenzeit können daher nur der Anfang sein.
Seien Sie geduldig mit sich selbst! Die wahre Übung besteht darin, immer mehr Mensch zu sein.

»Deine Medizin ist in dir, du bemerkst sie nicht. Dein Leiden kommt aus dir, du registrierst es nicht.«

**Hadrat Ali
Sufi-Weisheit**

II. Teil

Fasten – »Auf-Brüche« zu gelingendem Leben

Gedanken und Anregungen mit Texten, Bildern, Sprüchen, Geschichten... zur spirituellen Begleitung während

- **einer »Fastenwoche«**

  oder

- **eines »Weges durch die Fastenzeit«**

»Man entdeckt keine neuen Erdteile,
ohne den Mut zu haben,
alte Küsten aus dem Auge zu verlieren«.

André Gide

Überblick und Orientierung für Ihren Weg

Wer aufbricht, braucht Orientierungshilfen und Wegweiser. Auf den nächsten Seiten stelle ich Ihnen Wegweiser für eine »Fastenwoche« (8-10 Tage) und einen »Wegbegleiter durch die Fastenzeit vor«. Hinzu kommen Vorschläge für Fastenwochen außerhalb der so genannten Fastenzeit und für andere Vorbereitungzeiten auf ein Fest. Ab dem Entlastungstag einer Fastenwoche und ab Aschermittwoch, dem Beginn der Fastenzeit, finden Sie täglich zu einem Thema Texte, Geschichten, Bilder, Übungen, Spruchweisheiten und Impulse. Wenn Sie allein fasten oder Ihren »Weg durch die Fastenzeit« gehen, dann schlage ich Ihnen vor, feste Zeiten einzuplanen, in denen Sie sich in aller Ruhe zurückziehen und konzentrieren können. Manchmal finden Sie mehr Impulse, als Sie an einem Tag vielleicht lesen und bedenken wollen. Zwingen Sie sich nicht dazu, sondern wählen Sie aus. Doch es gilt auch: Weichen Sie den Impulsen und ihren Anfragen nicht aus. Wählen Sie aus und beschäftigen Sie sich täglich mit einer Fragestellung umso intensiver. Das ist *Ihr* Fasten bzw. *Ihr* Weg durch die Fastenzeit. Sie sind für sich und damit auch für den »Erfolg« verantwortlich. Die Impulse wollen und können Sie nur anregen. Texte und Impulse, die Sie auslassen, können Sie kurz kennzeichnen. Vielleicht verwenden Sie diese später oder nehmen sich diese für andere stille Zeiten vor, zum Beispiel Advent. Wenn Sie sich in Gruppen treffen, gilt Ähnliches, nur dass die FastengruppenleiterInnen die einzelnen Treffen inhaltlich gestalten, Informationen vermitteln, Bewegungs-, Entspannungs- und Meditationsübungen anbieten, Gespräche initiieren, direkt auf Fragen eingehen...
Eine Fastengruppe trifft sich täglich zu einem bestimmten Zeitpunkt (vormittags oder abends) zum Erfahrungsaustausch und zum Gespräch über das Thema des Tages. Die Auswahl und didaktisch-methodische Gestaltung verantwortet die Fastengruppenleitung. Bei einem »Weg durch die Fastenzeit« trifft sich die Gruppe ein-, zweimal in der Woche. Auch hier liegt die gestalterische Verantwortung bei der Leitung, die in den Wegweisern einen Überblick für die eigene Vorbereitung erhält. Bei beiden Formen sind die TeilnehmerInnen eingeladen, das jeweilige Thema zu Hause zu vertiefen. Dieses Buch gibt dazu vielfältige Anregungen.

Brechen Sie auf, finden Sie Ihren Weg!
FastengruppenleiterInnen finden zur Planung und Gestaltung von Fastenwochen grundlegende Informationen in der Veröffentlichung:
Peter Müller, Fasten – Dem Leben Richtung geben. Handreichungen für Fastengruppenleiter, München 1990.
Diese Handreichungen sind – mit Ausnahme der wenigen Seiten 73-81 – noch heute aktuell, da dort neben dem biblisch-theologischen Hintergrund die Praxis in den Fastengruppen entfaltet wird.

Wegweiser für eine Fastenwoche

– Übersicht und Vorschläge –

Phase	Zeitpunkt	Vorsätze / Vorhaben	Religiös-geistiger Fastenbegleiter »Auf-Brüche« zu gelingendem Leben
Information	Einige Zeit vorher (1-2 Wochen oder mehr)	Vgl. im ärztlichen Fastenbegleiter: Grundsätzliche Informationen und »Fasten für Gesunde«	• Ausführung im Teil I dieses spirituellen Begleiters, Seite16ff. • Je nach Interesse: Weiterführende Informationen, auch zur Organisation von Fastenwochen, aus: *P. Müller, Fasten. Dem Leben Richtung geben. Handreichungen für Fastengruppenleiter, München 1990.*
Einstimmung	Dienstag ⇨ Mittwoch ⇨ Donnerstag ⇨	Wichtigste Informationen durchsehen in ärztlichem Fastenführer; Einkauf vorbereiten; Einkauf; evtl. mit Entlastung beginnen. Entlasten (Obst / Rohkost)	• Wichtiges noch erledigen. Reinen Tisch machen. Fastentagebuch besorgen. • Zum Leitthema lesen und mit den Übungen beginnen, Seite 60ff. • Einstimmung vom Vortag weiterführen: loslassen, innehalten, sich langsam auf das bevorstehende Fasten einlassen; verschiedene Dimensionen des Fastens vergegenwärtigen. • Hinter die Maske schauen – wer bin ich wirklich? Seite 68ff.

Fasten	Freitag ⇨	Fasten nach Anweisung des ärztlichen Fastenführers und/oder des erfahrenen Fastengruppenleiters (Darmreinigung, Tee, Obstsäfte, Gemüsesäfte, Mineralwasser, Leberwickel, Ruhe, viel trinken ...)	• Adam, wo bist du? Selbstbesinnung als Lebenschance, Seite 76ff.
	Samstag ⇨		• Erstarrtes lösen handlungsfähig werden, Seite 89ff.
	Sonntag ⇨		• Die Sehnsucht neu entzünden. Gott mit uns, Seite 100ff.
	Montag ⇨		• Klarer sehen lernen – sich dem Leben stellen, Seite 113ff.
	Dienstag ⇨		• Zum Vertrauen befreit, Seiteb 123ff.
Aufbau	Mittwoch ⇨	1. Aufbautag	• Heilende Kräfte nutzen, Energiequellen des Alltags, Seite 137ff.
	Donnerstag ⇨	2. Aufbautag	• Unser täglicher Weg heißt auferstehen, Seite 150ff.
	Freitag ⇨	3. Aufbautag (Vgl. ärztlicher Fastenführer)	• Vertiefung des vorangegangenen Themas.
			• Je nach Jahreszeit: Weiterführen mit Texten zu Kreuz und Ostern.
			• In Fastengruppen »Abschlussfest«.

Orientierungen für einen spirituellen Weg durch die Fastenzeit

– Übersicht und Vorschläge –

Phase	Zeitpunkt	Vorsätze / Vorhaben	Spiritueller Wegbegleiter »Auf-Brüche« zu gelingendem Leben
Information	Einige Zeit vorher (1-2 Wochen)	Was stört mich? Was will ich ändern? Ideen sammeln, notieren, Zeit lassen zur Entscheidung	• Ausführung im Teil I dieses spirituellen Begleiters, Seite 16ff.
Einstimmung	Vor der Fastnacht	Mein Ziel? (vgl. dazu 5.1, Seite 45f.) Fastenzeittagebuch besorgen	• Ausführungen zum Leitthema »Auf-Brüche« lesen, Seite 60ff.
Weg durch die Fastenzeit bis Ostern	• Zeitpunkt und eventuell Rituale für Tagesbesinnung und Tages-Spiegel festlegen. • Eventuell am Samstag (Wochenrückblick) und Sonntag (neue Thematik) eigene Formen entwickeln.	• Ziel wöchentlich überprüfen. • Kleine Schritte • Wöchentlichen Entlastungstag (vgl. Seite 177f.) festlegen. • Sich selbst ermutigen und zwischendurch selbst loben.	• Aschermittwoch, Seite 68ff. und Tagesthemen von Donnerstag bis Samstag. • 1. Fastensonntag, Seite 76f. und Tagesthemen von Montag bis Samstag. • 2. Fastensonntag, Seite 89 und Tagesthemen Montag bis Samstag. • 3. Fastensonntag, Seite 100ff. und Tagesthemen von Montag bis Samstag.

Weg durch die Fastenzeit bis Ostern			• 4. Fastensonntag, Seite 133ff. und Tagesthemen von Montag bis Samstag.
			• 5. Fastensonntag, Seite 125ff. und Tagesthemen von Montag bis Samstag.
			• Palmsonntag, Seite 137ff. und Tagesthemen von Montag bis Karsamstag
			• Ostersonntag, Seite 150ff. und einige Impulse zum Abschluss

Vorschläge und Orientierungen

- **für Fastenwochen außerhalb der Fastenzeit**
- **für andere Vorbereitungszeiten auf ein Fest**

1. Fastenwoche im Advent

Thema:	Selbstbesinnung als Lebenschance – Zeit für mich
Einstimmung:	Auf-Brüche? (Seite 60ff.)
Entlastungstag:	Adam, wo bist du? (Seite 68ff.)
1. Fastentag:	Lass dir Zeit! (Seite 80f.)
2. Fastentag:	Im Moment leben (Seite 82)
3. Fastentag:	Zeit der Stille (Seite 83)
4. Fastentag:	Zeit teilen, Zeit für andere (Seite 85f.)
5. Fastentag:	Gelassenheit einüben (Seite 120f.)
1. Aufbautag:	Mach's wie Gott, werde Mensch (Seite 110f.)
2. Aufbautag:	Empfangen und Geben (Seite 96)

2. Fastenwoche zu anderen Jahreszeiten

So wie bei der Fastenwoche im Advent beispielhaft gezeigt, kann jede(r) sich seine Themen für eine Fastenwoche individuell zusammenstellen. Orientierungskriterien dafür sind: die Jahreszeit, zum Beispiel Beginn des Jahres, Herbst oder November; Ihre Fragen und Interessen und die Form der Fastenwoche, zum Beispiel ob Sie arbeiten, Urlaub haben oder mit einer Gruppe in einem Bildungshaus feiern.

Anregungen zum thematischen Aufbau:

(1) Das Thema eines Fastentages bzw. eines Fastensonntags aus dem vorliegenden spirituellen Wegbegleiter als Leitthema und für den Entlastungstag.

(2) Die Themen vom Montag bis Samstag des gewählten Leitthemas als Tagesthemen vom 1. Fastentag bis zum 1. Aufbautag.

Oder Sie wählen aus den Tagesthemen der verschiedenen Wochentage (vgl. Inhaltsverzeichnis) Sie ansprechende bzw. für Sie bedeutsame Themen aus und erstellen sich Ihr spirituelles Begleitprogramm.

Wichtig: Sie sollten vorher die Themen für Ihre Fastenwoche zusammenstellen und nicht jeden Tag suchen. Das gibt Sicherheit für Ihren Weg durch die Fastenwoche (vergleichen Sie die Hilfestellungen Seite 50f.)

(3) Denken Sie an einen wöchentlichen Entlastungstag (vgl. Anregungen, Seite 177f.), für den Sie sich ein spezielles Thema wählen können. Aber auch mit Spaziergängen, Wanderungen und viel Ruhe können Sie ihn gestalten.

3. Spirituelle Wegbegleitung zu anderen »Fest-Zeiten«

Die Themen der Tagesimpulse sind zur spirituellen Einstimmung auch außerhalb von Fastenwochen oder der Fastenzeit für andere Fest-Vorbereitungs-Zeiten geeignet. Auch hier gibt es wieder mehrere Möglichkeiten, zum Beispiel im Advent:

(1) Wer sich jeweils an den Adventssonntagen mit einem spirituellen Impuls beschäftigen möchte, für den wäre folgendes Beispiel eine Möglichkeit:

1. Adventssonntag	»Zeit der Stille«(Seite 83)
2. Adventssonntag	Zeit teilen, Zeit für andere (Seite 85f.)
3. Adventssonntag	Gelassenheit einüben (Seite 120f.)
4. Adventssonntag	Mach's wie Gott, werde Mensch(Seite 110f.)
Weihnachten:	Offen werden wie meine Hände(Seite 98f.)

Die Impulse des jeweiligen Adventssonntages können mit den dort angegebenen Übungen und durch Übungen aus der »Fundgrube« an den Werktagen der entsprechenden Woche vertieft werden.

(2) In gleicher Weise kann jede(r) für sich, kann jede FastengruppenleiterIn für andere aktuelle Anlässe ein Themenprogramm zusammenstellen. Wichtig sind dabei Antworten auf die Fragen: Was ist der konkrete Anlass? Was will ich?

Ich wünsche Ihnen Spaß, Ihr Programm und Ihren Weg zu finden.

Zum Leitthema
Einstimmung und praktische Anregungen

1. Einsammeln und ankommen

Die Gegenwart ist der »Ort«, an dem wir leben. Aufmerksam für das, was wir im Moment tun, können wir aber nur sein, wenn wir uns ganz auf unser Vorhaben konzentrieren, wenn wir unsere Gedanken einsammeln, wenn wir nicht nur körperlich, sondern auch geistig und seelisch ankommen. Innehalten, die Stille suchen, an- und entspannen sind Möglichkeiten, von der Vergangenheit abzuschalten, seine Gedanken einzusammeln, in der Gegenwart anzukommen, um sich so auf deren Sache zu konzentrieren.

Bevor Sie sich mit dem Leitthema Ihrer Fastenwoche bzw. Fastenzeit beschäftigen, stelle ich Ihnen zwei kurze Ankommübungen vor. Bevor Sie den nächsten Abschnitt lesen, schlage ich Ihnen vor, eine oder beide Übungen zu erproben.

Loslassen

Vorbereitung: Zwei harte Gegenstände (Glaskugel, Hartgummiball oder ein Stab).

Sie setzen sich in aufrechter Rückenhaltung auf einen Stuhl, nehmen den Stab oder die Gegenstände in die Hände, legen diese in den Schoß und schließen dann die Augen. Richten Sie die Aufmerksamkeit auf Ihr Atmen – ein und aus – ein und aus – ... (ca. 1-2 Min.). Und nun drücken Sie beim Einatmen kräftig Stab oder Gegenstände mit den Händen zusammen, spannen sie an und ballen sie zu Fäusten... halten den Atem kurz an... dann lassen Sie die Spannung mit der Ausatmung wieder los. Achten Sie darauf, dass der Atem langsam ausströmt und das Ausatmen mindestens genauso lange wie das Einatmen dauert. Wiederholen Sie: Einatmen und anspannen! Ausatmen und loslassen (ca. 8- bis 10- mal).

Nun können Sie sich dem Text zuwenden oder noch die nächste Übung anschließen.

Assoziationsübung

Wenn Sie die folgende Übung ohne die vorangegangene durchführen, dann sollten Sie sich 3 Minuten Zeit nehmen, ruhig zu werden. Richten Sie die Aufmerksamkeit auf Ihr Ein- und Ausatmen. Dann stellen Sie sich eine große weiße Plakatwand vor. Auf ihr erscheint in der Mitte groß das Wort »aufbrechen«. Nun lassen Sie alle Gedanken zu, die Ihnen dazu kommen. Gedanken, Situationen, Bilder, Ideen.

Lassen Sie alles zu, schieben Sie Störenfriede nicht einfach weg. Vielleicht müssen Sie diese auch eine Zeitlang anschauen und dann erst loslassen oder einfach so stehen lassen. Blicken Sie immer wieder auf das Wort »aufbrechen«, denken Sie sich in das Wort hinein und lassen Sie alle Gedanken und spielerischen Verbindungen auf sich wirken.

Nach ca. 10 Min. nehmen Sie ein Blatt, schreiben den Begriff »aufbrechen« in die Mitte und notieren sich Ihre Gedanken, Stichworte und wichtigen Bilder dazu.

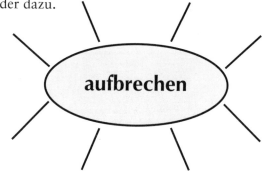

60

Nun lade ich Sie ein, meine Gedanken zu diesem Impulswort und zur weiteren Einstimmung in das Leitthema zu lesen. Diese können ganz andere sein als Ihre, doch beachten Sie bitte, Ihre Gedanken und Erfahrungen sind bedeutsam für Sie, meine können für Sie nur andere Aspekte aufzeigen oder weiterführende Impulse sein.

2. Auf-Brüche?

»Auf-Brüche«, das Wort ist schon eine Provokation. Was bricht auf? Was kann, soll, muss aufbrechen? Warum bricht etwas bzw. bricht jemand auf? Wohin wird aufgebrochen? Wer bricht auf? Diese Fragen richten die Aufmerksamkeit auf die verschiedenen Bedeutungsebenen dieses Wortes und seine pluralen Herausforderungen für den Lebensalltag.

Was bricht auf? Eine Knospe, eine reif gewordene Frucht, eine fast geschlossene Wunde ..., aber auch spontane Freude, verdrängte Erlebnisse oder bisher zurückgehaltener Ärger, an dem auch bei ständiger Wiederkehr z.B. eine Beziehung zerbrechen kann. In allen Beispielen geht es um eine innere Energie, die nach einem Ausweg sucht, deren Wirkungen vom Sich-Entfalten bis zum Sich-Entladen reichen kann. Und Weiteres kommt hinzu: So wie eine Knospe erst aufbricht, wenn die Zeit dafür reif ist, so braucht auch die Energie unserer Freude oder unseres Ärgers einen bestimmten Reifungsgrad um aufzubrechen.

Was kann, soll oder muss aufbrechen? Da gibt es feste Vorstellungen über eingeschliffene Gewohnheiten, einschränkende Beziehungen, unwürdige oder verletzende Abhängigkeiten, verkrustete Strukturen, fehlerhafte Verhaltensweisen ..., bis zum bekannten »Teufelskreis« einer Situation, die auf- bzw. durchbrochen werden sollte. Wenn wir die Erfahrung berücksichtigen, dass unser Leben sich ständig wandelt, dann können, sollen oder müssen bisherige Vorstellungen, Strukturen oder Gewohnheiten – die für eine bestimmte Situation und Zeit einmal sinnvoll waren – aufbrechen bzw. aufgebrochen werden. Nur dann hat Neues Platz, kann reifen, sich entfalten oder gestaltet werden. Für beide Schritte, aufbrechen und Neues entfalten, bedarf es Zeit, Geduld und zielstrebiges Einfühlungsvermögen.

Warum bricht etwas bzw. jemand auf? Die Gründe dafür liegen in der jeweiligen Situation, ihren Bedingungen und den beteiligten Personen. Eine Situation ist »reif«, darauf wurde schon verwiesen. Aber auch die Erkenntnis: »Es geht nicht mehr so weiter«, das Gefühl: ›Ich bin in einer Sackgasse‹, eine neue Situation, z.B. Kinder gehen aus dem Haus, neuer Arbeitsplatz, Angst vor etwas, Krankheit... oder eine Krisensituation, z.B. Trennung der Partner, Tod des Kindes oder der Eltern... Warum? – das ist in der Regel die Frage nach den Gründen, die uns motivieren, aufzubrechen, zu verändern, Neues zu wagen. Doch dabei darf es nicht bleiben.

Wohin aufbrechen? Dies ist die Frage nach dem Ziel, der Orientierung und dem Sinn. Sie ist heute besonders aktuell. Nach Viktor E. Frankl ist unsere Zeit dadurch gekennzeichnet, dass viele Menschen keine tragende Perspektive in ihrem Leben erkennen. Er bezeichnet das als »existenzielle Frustration«, das heißt, ein Gefühl der Sinnlosigkeit und Sinnleere, das sich äußert in Langweile, Initiativlosigkeit, Ausgelaugtsein, Haben-Orientierung u.a.m. Für Frankl sind das zunächst keine Anzeichen für körperliche oder seelische Krankheiten, aber gesunde Signale, die richtig verstanden werden wollen. Die Situation, das Leben selbst, sendet diese Botschaften und fordert dazu heraus, die Erfahrung der Sinnlosigkeit durch die Erfahrung von Sinn zu überwinden. Es ist ein Anruf aufzubrechen, sich zu orientieren und selbst den Sinn im Leben zu finden. Damit sind wir bei unserer letzten Frage.

Wer bricht auf? Sie, ich, wir alle sind eingeladen, immer wieder aufzubrechen, uns auf den Weg zu machen und mit den Fragen, die das Leben an uns stellt, auseinander zu setzen, z.B. Wer bin ich wirklich? Welche Masken trage ich? Kenne ich mein wirkliches Gesicht? Wo stehe ich bzw. verstecke ich mich? Wozu meine Sorgen und Freuden, mein Weinen und Lachen, Arbeiten und Faulenzen...? Was will ich? Wohin will ich? Wozu lebe ich? Fragen, Fragen... Irgendwann in meinem Leben, sicher nicht jeden Tag, vielleicht aber nach einem Lebensabschnitt, vor einer wichtigen Entscheidung, in einer Krisensituation oder nach einem eindrucksvollen Erlebnis... spüren wir, dass wir diesen Fragen nicht ständig ausweichen sollen, ja können. Diese Fragen fordern dazu auf, mich mit meiner Existenz auseinander zu setzen, mit meiner Lebensgestaltung, meinen Gewohnheiten, Wünschen, Bedürfnissen und Beziehungen zur Umwelt, mit Menschen und Gott. Sie laden mich ein, sinntragende Antworten und Lebensmöglichkeiten zu finden, indem ich suche und befrage, nachdenke und entdecke, erprobe und entwickle, scheitere und erneut weitermache, aber auch meine Schwächen und Stärken, Grenzen und Hoffnungen, Kontinuität und Veränderung erlebe.

Vielfältige Erfahrungen bestätigen es: Nur wer aufbricht und sich auf diesen Prozess des Unterwegsseins mit dem Auf und Ab von Erfolg und Rückschlägen, von Gefühlen und Erkenntnissen, Hoffnungen und Stolpersteinen, Begegnung und Blumen am Weg ..., einlässt, »der kommt auch heim«. Eine Fastenwoche und / oder die bewusste spirituelle Gestaltung eines »Weges durch die Fastenzeit«, aber auch »Fasten« aus anderen Anlässen, ist eine intensive Möglichkeit, mit Leib, Geist und Seele aufzubrechen und sich diesen Fragen zu stellen. Dabei eröffnen sich Chancen, nach dem Sinn meines Lebens im jetzigen Lebensabschnitt zu suchen, ihn zu finden, zu gestalten und mich selbstverantwortlich zu verwandeln.

3. Wirf deine Krücken weg!

Aufbrechen, sich auf etwas Neues einlassen, das hat immer etwas Faszinierendes an sich. Doch wir wissen aus Erfahrung, dass die Verheißungen des Neuen häufig auch skeptisch beurteilt werden und dass sie in der Realität des Lebensalltages auch versanden können. Diese Spannung zwischen Skepsis gegenüber allem Neuen und Verheißung des Neuen kann sehr hilfreich, aber auch sehr belastend sein. Letzteres vor allem dann, wenn die Skepsis gegenüber dem Neuen jede Bereitschaft aufzubrechen, sich in Frage zu stellen und auf neue Möglichkeiten einzulassen, unterdrückt. Solche Skepsis scheut das Risiko und gibt die Verantwortung an die Um- und Mitwelt ab. Ihr Kennzeichen ist die Angst vor dem Neuen und der Rückzug auf Bekanntes, auch wenn es Leben behindert. Der Wille, die Bereitschaft zur Veränderung wird durch die Angst zugedeckt.

Umgekehrt kennen wir auch Menschen, die sich von der Verheißung des Neuen überschwänglich begeistern lassen, dabei aber die Realität des Alltags vernachlässigen und dafür häufig umso schmerzhafter bzw. enttäuschter in bisherige Verhaltensweisen zurückfallen. Weder Angst noch überschäumende Begeisterung sind adäquate Voraussetzungen für die Beschäftigung mit den oben angesprochenen Fragen. Bevor wir aufbrechen, sollten wir uns eine zentrale Frage zumuten, die Jesus von Nazareth in verschiedenen Situationen einem Kranken oder Blinden oder anderen Menschen, denen er begegnete, immer wieder stellte: »Willst du...?« oder: »Willst du, dass...?« Dazu ein biblisches Beispiel aus dem Johannesevangelium (5, 1-9):

Einige Zeit später war ein Fest der Juden, und Jesus ging hinauf nach Jerusalem. In Jerusalem gibt es beim Schaftor einen Teich, zu dem fünf Säulenhallen gehören; dieser Teich heißt auf hebräisch Betesda. In diesen Hallen lagen viele Kranke, darunter Blinde, Lahme und Verkrüppelte. Dort lag auch ein Mann, der schon 38 Jahre krank war. Als Jesus ihn dort liegen sah und erkannte, dass er schon lange krank war, fragte er ihn: Willst du gesund werden? Der Kranke antwortete ihm: Herr, ich habe keinen Menschen, der mich, sobald das Wasser aufwallt, in den Teich trägt. Während ich mich hinschleppe, steigt schon ein anderer vor mir hinein. Da sagte Jesus zu ihm: Steh auf, nimm deine Bahre und geh! Sofort wurde der Mann gesund, nahm seine Bahre und ging.

Nur einen Aspekt dieser bekannten Wundererzählung aus dem Neuen Testament möchte ich hier herausgreifen. Der Mann ist 38 Jahre krank. Damit wird seine ausweglose Situation charakterisiert. Und Jesus fragt ihn: »Willst du gesund werden?« – Diese Frage ist eine Zumutung.

»Willst du...?« Jesus wendet sich ihm und seinem Willen zu. Er beansprucht ihn und fordert ihn heraus, zu erkennen und zu sagen, was er will. Das Wort »du« zeigt, dass Jesus ihn ganz persönlich anspricht. Umso erstaunlicher die Antwort des Gelähmten: »Ich habe keinen Menschen«. Er weicht aus und scheint nicht gesund werden zu wollen. Doch seine Antwort ist ein Teil seiner Krankheit. Er leidet darunter, dass hier am Teich gilt, immer der Erste sein zu müssen, er leidet unter der Konkurrenz untereinander, der fehlenden Achtsamkeit und Zuwendung... Das und manch anderes macht ihn bewegungsunfähig.

»Willst du gesund werden?« – Das Wort »werden« erinnert uns daran, dass dem Zustand des Seins der Prozess des Werdens vorausgeht. Zum Werden jedoch gehören Offenheit für Neues, Korrekturfähigkeit, Entscheidungsfähigkeit und die Risikobe-

reitschaft, neues Denken und Handeln zu erproben. Gesund wird nur, wer aktiv an seinem Gesundungsprozess mitarbeitet und den Willen hat, sich zu verändern. Die ausweichende Antwort des Gelähmten lässt diese Bereitschaft und diese Fähigkeiten vermissen. Sie offenbart auch seine Schwäche, die Lösung seiner Krankheit bei anderen zu suchen, nur nicht bei sich selbst. Vielleicht steckt dahinter auch die Ahnung, gesund werde ich nur, wenn ich mich verändere. Davor aber hat er Angst. Nichts jedoch lähmt so wie Angst.

Jesus lässt sich auf seine Antwort und mögliche weitere Klagen nicht ein. Er vertraut ihm einfach und mutet ihm zu, seine Krankheit, seine Lähmung selbst zu überwinden: »Steh auf, nimm dein Bett und geh!« Es stockt einem fast der Atem – und das Unfassbare geschieht, er stellt sich auf die eigenen Füße und geht.

Lähmungen – wir kennen das aus eigenen Erfahrungen und den Erkenntnissen der Psychotherapie – können vielerlei Gründe haben, z.B. Ängst verschiedener Ausprägung, fehlender Lebensmut, mangelnde Lebensenergie... Wir gewöhnen uns schnell an solch einen Zustand, richten uns damit ein, bis uns jemand begegnet und darauf stößt. Das folgende Gedicht von Bert Brecht »Die Krücken« spiegelt diese Erfahrung und die Botschaft der biblischen Erzählung auf seine Weise wider.

Sieben Jahre wollt kein Schritt mir glücken.
Als ich zu dem großen Arzte kam
Fragte er: Wozu die Krücken?
Und ich sagte: Ich bin lahm.

Sagte er: Das ist kein Wunder.
Sei so freundlich, zu probieren!
Was dich lähmt, ist dieser Plunder.
Geh, fall, kriech auf allen Vieren!

Lachend wie ein Ungeheuer
Nahm er mir die schönen Krücken
Brach sie durch auf meinem Rücken
Warf sie lachend in das Feuer.

Nun, ich bin kuriert: ich gehe.
Mich kurierte ein Gelächter.
Nur zuweilen, wenn ich Hölzer sehe
Gehe ich für Stunden etwas schlechter.

Bert Brecht

Wir sind häufig von unseren »Krücken«, wie immer sie auch aussehen mögen, fasziniert. Die Befreiung davon ist ein langer Prozess. Doch am Anfang steht immer das Wagnis und die Frage: Wie gehe ich mit meinen Krücken um? Loslassen, lernen mit ihnen anders umzugehen, wegwerfen, sie zerbrechen oder zerbrechen zu lassen? Fasten und Verzichten, Fastenwoche und Fastenzeit, aber auch die Adventszeit eröffnen Chancen, damit zu beginnen.

4. Spiel mit der Glaskugel!

Eine wesentliche Voraussetzung für das Loslassen von »Krücken« ist ein gesundes Maß an innerer Ruhe und Selbstvergessenheit. Oft halten wir gerade an unseren Lähmungen und Krücken mit viel Energieaufwand krampfhaft fest. Der Eifer dafür und das Streben nach Leistung raubt uns die innere

Ruhe und die Gelassenheit, loszulassen und alternative Lebensweisheiten und -möglichkeiten wahrzunehmen. Bekanntlich finden wir aber gerade in der inneren Ruhe die Kraft zu jeder erfolgreichen Veränderung.

Kein Mensch gleicht dem anderen. Dem einen hilft es, sich der Zumutung und Realität der Frage »Willst du gesund werden?« zu stellen, andere müssen sich an Augenblicke und Situationen in ihrem Leben erinnern, in denen sie die Erfahrung der inneren Ruhe, der Selbstvergessenheit und des Loslassens schon gemacht haben. Sie schöpfen daraus neue Energie um aufzubrechen und sich auf das Wagnis einer neuen Lebensorientierung einzulassen. Dazu folgende Geschichte:

Ein Kind war im Traum unterwegs. Seltsame Landschaften glitten vorüber. Manchmal schien die Gegend vertrauter, dann wieder völlig fremd, sodass das Kind bald von dem Gedanken geängstigt wurde, es könnte sich verirrt haben. Als es schließlich verwirrt stehenblieb, weil es nicht mehr wusste, welche Richtung es einschlagen sollte, begegnete ihm plötzlich ein uralter Mann. Aus seinem jugendlichen Gesicht, das in merkwürdigem Gegensatz zu seinem Alter stand, blickten zwei kluge, freundliche Augen. Er fragte: »Warum hast du solche Angst? Was bedrückt dich?« Das Kind erzählte ihm von seiner Not und fragte ihn, ob er ihm helfen könne, den rechten Weg zu finden. »Um dir den rechten Weg zeigen zu können«, antwortete der Mann, »musst du mir etwas mehr von dir erzählen; dazu muss ich dich besser kennen lernen. Sage mir also, was du bisher schon getan hast.«

Wie von selbst ergab es sich, dass das Kind anfing, aus seinem Leben zu erzählen. Von seinem Bemühen, alles richtig zu machen;

von seinem Eifer bei der Arbeit und von seiner großen Verzweiflung darüber, dass trotz alledem die Fehlschläge und Enttäuschungen immer zahlreicher würden. »Ich habe keine Zeit mit unnützem Spielen verloren«, sagte es, »und ich habe so manchen Nachmittag einsam über meinen Schularbeiten gesessen, während sich die Kameraden beim Baden oder Ballspielen vergnügten.« »Schön«, brummte der Alte, »schön, und sonst? Hast du sonst nichts getan?« Das Kind zögerte, denn es fiel im nicht leicht, davon zu erzählen, dass es hin und wieder der Versuchung erlegen war, mit einer wunderschönen Glaskugel zu spielen, die das Licht einfing und – in tausend und abertausend bunte Strahlen gebrochen – wieder zurückwarf. Endlich begann es stockend davon zu reden und sagte schließlich: »Immer, wenn ich diese Kugel in der Hand hielt und beim Spiel in das funkelnde Licht blickte, dann vergaß ich mich selbst, dann fühlte ich mich endlich leicht.« »Nun sage mir«, bekam es zur Antwort, »von allen Dingen, die du bisher getan hast, wobei empfandest du am meisten Freude?« Beim Spielen mit der Glaskugel, schoss es ihm durch den Kopf. Ganz beschämt berichtete es dem Alten darüber und hielt die Augen gesenkt, denn es wagte aus Angst vor seinem Urteil nicht, ihn anzublicken. Der aber meinte: »Das waren deine besten Augenblicke. Was es auch sein mag: ob es die Wolken am Himmel sind oder die Wellen im See, die bunten Steine am Fluss oder der Schmetterling, der über die Blumenwiese gaukelt – immer, wenn du dich ihnen so zuwendest wie deiner Glaskugel und dich selbst darüber ganz vergisst, wirst du völlig eins mit dir. Dann bis du auf dem rechten Weg.«

Diese Geschichte ruft uns zu: Bewahre das Spiel mit der Glaskugel, gewinne daraus die Energie loszulassen, aufzubrechen, unterwegs zu sein und zu lernen, mit deinen Krücken umzugehen. Fasten ist nicht Leistung, sondern befreit zur inneren Ruhe, aus der die Kraft zu sinnvollem Handel erwächst.

5. Weitere Anregungen zur Einstimmung

Es gibt zahlreiche Möglichkeiten, sich auf eine Fastenwoche oder das Unterwegssein in der Fastenzeit einzustimmen. Hier stelle ich Ihnen – ergänzend zu den vorangegangenen Gedanken – weitere Anregungen zur Auswahl vor.

5.1 Meine Motive für eine »Fastenwoche«

Es geht in einer Fastenwoche um ein ganzheitliches Fasten, das bedeutet für Leib, Geist und Seele eine Starthilfe zur Umkehr, eine Einkehr bei mir selbst, die Entdeckung gelingender Lebensmöglichkeiten, sich einlassen auf Mitmensch und Gott, um Schritte zur Orientierung. Körperliches, psychisch-seelisches, religiös-geistiges und soziales Fasten sind die wesentlichen Dimensionen, über deren Bedeutung Sie in den nächsten Tagen nachdenken können. Dazu folgende Anregungen:
Lesen Sie nochmals die Ausführungen zu den Dimensionen des Fastens durch (vgl. Seite 29ff.). Beschäftigen Sie sich mit der Frage: Warum will ich fasten? Sammeln und notieren Sie Ihre Gedanken, Beweggründe, Wünsche und Vorsätze.

(1) Was bewegt mich zu fasten in einer Fastenwoche?

- Körperliche Motive

_____

_____

- Psychisch-seelische Motive

_____

_____

- Soziale Motive

_____

_____

- Religiös-spirituelle Motive

_____

_____

(2) Was bewegt mich zu einem »Weg durch die Fastenzeit«?

Wenn Sie sich für den »Weg durch die Fastenzeit« entschlossen haben, können Sie dieser Frage entlang Ihre Motive mit dem gleichen Schema wie oben (1) sammeln.

Für beide »Motive-Sammlungen« (1) oder (2) gilt: Lassen Sie diese Gedanken zunächst einfach so stehen und greifen Sie in den nächsten Tagen wieder auf sie zurück, um sie zu ergänzen, zu konkretisieren oder zu überprüfen.

5.2 Ziele und Vorklärungen für Fastenwoche und/ oder Fastenzeit

Die folgende methodische Anregung gilt sowohl zur Einstimmung auf eine Fastenwoche als auch für die Fastenzeit. Faster lesen und bedenken dazu die »Grundregeln des Fastens« (Seite 34f.). Wenn Sie den »Weg durch die Fastenzeit« gehen wollen, dann lesen und bedenken Sie die »Orientierungen und Impulse« (Seite 41f.).

Machen Sie es sich bequem, entspannen Sie sich bei meditativer Musik und lesen Sie langsam Ihre Textimpulse durch. Legen Sie nach jedem Impuls eine kurze Pause ein und fragen Sie sich: Was wird voraussichtlich leicht oder schwer fallen? Welche Sorgen oder gar Ängste spüre ich? Auf was freue ich mich? Auf welche Schwierigkeiten muss ich mich einstellen?

Am besten, Sie notieren sich spontan Ihre Gedanken und Empfindungen, Fragen, Sorgen und Hoffnungen. Im nächsten Schritt treffen Sie mit sich konkrete Vereinbarungen:

⇨ Auf was will ich konkret in dieser Zeit achten, darauf verzichten oder mich dafür einsetzen?

⇨ Zu welcher Tageszeit und an welchem Ort beschäftige ich mich mit den Impulsen aus diesem spirituellen Begleiter?

⇨ Was muss ich vorher schon tun, um Ruhe zu haben, um Ablenkungen möglichst auszuschalten?

Notieren Sie Ihre Vorhaben, beginnen Sie damit und überprüfen Sie diese in einem der nächsten »Tages-Spiegel«.

5.3 Entdeckungen im Spiegel

Immer wieder wird Sie in den nächsten Tagen/Wochen das Symbol des Spiegels begleiten. Vor allem bei den Tages- bzw. Wochenreflexionen. Heute können Sie sich schon einmal mit ihm vertraut machen.

- Legen Sie sich einen Handspiegel bereit, setzen Sie sich bequem und entspannt hin und lesen Sie zur Einstimmung langsam die Spruchweisheit (vgl. Einführung, Seite 50) von George B. Shaw.

- Nehmen Sie nun den Spiegel und schauen Sie sich 5 Minuten in aller Ruhe an. Beobachten Sie sich selbst und fragen: Was sehe ich? Was stört mich? Was gefällt mir an mir? Wie geht's mir, wenn ich mir in die Augen schaue? Welche Gedanken und Empfindungen habe ich, während ich mich im Spiegel betrachte?

- Notieren Sie die Beobachtungen, Gedanken und Empfindungen.

- Schauen Sie nochmals 5 Minuten in den Spiegel und fragen sich: Was beschäftigt mich zurzeit? Sorgen, Ängste, Hoffnungen ...? Wie will ich in dieser Fastenwoche bzw. Fastenzeit damit umgehen? Um was mich bemühen?

- Notieren Sie die wichtigsten Gedanken, Empfindungen und Vorsätze.

Wichtiger Hinweis: Die Impulse für eine »Fastenwoche« und den »Weg durch die Fastenzeit« können Sie leicht auf den folgenden Seiten voneinander unterscheiden: Dem „Entlastungstag" einer Fastenwoche entspricht der Aschermittwoch (Seite 68), den einzelnen Tagen einer Fastenwoche entsprechen die Impulse für die Fastensonntage, Seite 76, 89, 100, 113, 125). Den zwei Aufbautagen einer Fastenwoche entsprechen die Impulse für Palmsonntag (Seite 137) und Ostersonntag (Seite 150).

6. Ermutigung

Sie haben nun einen wichtigen Schritt getan und sich auf diese Einstimmung zum Leitthema »Auf-Brüche zu gelingendem Leben« eingelassen. Der Weg liegt nun vor Ihnen, Sie müssen ihn selbst gehen. Der folgende Text will Sie dazu ermutigen.

Auf-Brüche

Brich auf,
vertraue
und wage es,
dich zu verändern.

Lasse los –
erstarrte Gewohnheiten,
lähmende Vorstellungen
einengende Forderungen.

Sei unterwegs
mit Leib, Geist und Seele,
mit allen Sinnen,
entdecke dich neu.
Sei aufmerksam
für Wahrnehmungen,
für Wesentliches,
für Lebensmöglichkeiten.

Sammle
auf dem Weg
zur Mitte
dich selbst ein.

Brich auf
und du wirst
verwandelt
ankommen.

Peter Müller

Entlastungstag oder Aschermittwoch

Hinter die Maske schauen – Wer bin ich wirklich?

Alles hat... eine bestimme Zeit (Kohelet, 3.1). Der Aschermittwoch als Beginn der Fastenzeit, aber auch der Einstieg in eine Fastenwoche mit einem Entlastungstag (besser wären zwei), ist solch eine bestimmte Zeit. Der Aschermittwoch trennt die Zeiten der Fasnacht und des Fastens, die Zeit der Narren und Masken von der Zeit der Demaskierung und Umkehr. So bietet er sich als Start an für die beiden Wege bewusster spiritueller Zeitgestaltung, zu denen in diesem spirituellen Begleiter eingeladen wird. Je nach Ihrer Entscheidung, finden Sie daher zu Beginn eines Themas kurze spezifische Hinweise für eine »Fastenwoche« und »Fastenzeit(en)«. Alle weiteren Anregungen gelten für beide spirituellen Wege.

Fastenwoche: Mit dem Entlastungstag beginnen Sie heute – sei es am Aschermittwoch oder zu einer anderen Jahreszeit – mit dem Fasten. Ihr Körper braucht etwas Zeit, um bereitzuwerden für die Umstellung der Ernährung von außen nach innen. So leben Sie heute nach dem Grundsatz: Weniger essen und mich einstimmen auf das Fasten! Damit beginnen Sie mit Veränderungen. Sie brechen mit bisherigen Essgewohnheiten. Doch damit nicht genug. Es ändern sich auch die Zeit des äußeren und inneren Maskentragens. Fasten wird zur neuen Chance, Schminke abzuwaschen, meine Maske zu lüften, sie abzunehmen, in den Spiegel zu schauen und mein wahres Gesicht zu erkennen.

Fastenzeit(en): Am Aschermittwoch räumen wir die Masken/Larven der Fasnachtszeit weg. Das Versteckspiel ist vorbei. Doch bekanntlich tragen wir Masken/Larven nicht nur an Fasnacht. Wie häufig wechseln wir im Alltag unsere »Gesichtsmaske«? Die Maske des guten Rufs, des Spaßvogels, des starken Mannes, der treu sorgenden Frau, der Termingeplagten, des Besserwissers, der Lässigkeit, der Frömmigkeit, der Enttäuschung, der Überheblichkeit, des Stolzes, des Anklägers...? Am Aschermittwoch beginnt die Zeit der Wende vom Versteckspiel zur Offenheit: Die Fastenzeit ist die Zeit, in der wir neu lernen können, uns ungeschminkt und unmaskiert einander ins Gesicht zu schauen und zu erleben: Wer bin ich wirklich? Welche Ängste und Grenzen, Verletzungen und Sehnsüchte werden sichtbar? Welche neuen Lebensmöglichkeiten tun sich auf? Wir sind eingeladen, die Larve abzunehmen und uns selbst zu »ent-larven«. Damit beginnt jede – auch die im Neuen Testament geforderte – Umkehr.

Wussten Sie schon?
Vor Gott brauchen wir keine Maske/Larve. Vor ihm sind wir »ent-larvt« und von ihm angenommen. Damit auch fähig zur Umkehr. Wir müssen nur selbst damit beginnen.

Masken tragen

Fasnacht – das ist die Zeit der Schminke, des Verkleidens und der Maskerade. Einmal im Jahr spielen wir – öffentlich und erlaubt – Versteck mit uns selbst und mit anderen. Wir setzen eine Maske/Larve auf und tarnen uns. Wir wollen einmal etwas oder jemand anderes sein und schlüpfen in diese Rolle. Diese Sehnsucht, einmal anders oder ein anderer sein zu wollen, steckt anscheinend tief im Menschen drin. Sind wir vielleicht mit uns selbst nicht zufrieden? Können wir im Alltag nicht so sein, wie wir sind und müssen »Masken« tragen?

»Vielleicht ist unter allen Masken, aus denen man wählen kann, das Ich die Beste!«

Alfred Andersch

Wenn wir an Fasnacht eine Maske oder Larve aufsetzen, dann geben wir dieser Sehnsucht einen Spielraum, sie zu erproben, sie zu leben. Ausgehend von diesen einstimmenden Impulsen lade ich Sie ein, über Ihr »Maskentragen« an Fasnacht und im Alltag nachzudenken. Mit dem Bild von Sieger Köder (nach Seite 72) wollen wir beginnen. Legen Sie es zusammen mit Ihrem Fastentagebuch oder einem Blatt Papier vor sich hin. Decken Sie den Text auf dieser Seite zunächst ab.

1 Beginnen Sie mit der Übung »Umschalten und Einstimmen« (Nr. 12, Seite 166f.).
Schauen Sie dann in aller Ruhe das Bild an. Lassen Sie es auf sich wirken. Nehmen Sie einfach wahr und schreiben Sie alle Gedanken, Beboachtungen und Fragen in Ihr Fastentagebuch.

2 Beschäftigen Sie sich nun mit folgenden Fragen. Notieren Sie Ihre Assoziationen:

• Welche Sehnsüchte möchte ich manchmal hinter einer Maske leben?

_____

_____

_____

_____

• Wie erlebe ich mich unter einer Maske? Was macht sie aus mir?

_____

_____

_____

_____

• Wie verändert sie mich und meine Beziehung zu anderen?

_____

_____

_____

_____

Gesichter

Ich sah ein Gesicht, das tausend Züge zeigte, und ich sah ein Gesicht, das hatte nur einen einzigen Ausdruck, als wäre es aus Ton geformt.
Ich sah ein Gesicht, durch dessen Glanz hindurch mich aus der Tiefe seine Hässlichkeit anblickte, und ich sah ein Gesicht, dessen Oberfläche ich erst lüften musste, um zu sehen, wie schön es war.
Ich sah ein altes Gesicht voller nichts sagender Runzeln, und ich sah ein glattes Gesicht, in dem alles geschrieben stand.
Ich erkenne Gesichter, denn ich durchschaue den Schleier, den mein Auge mir vorgaukelt, und erblicke dahinter die Wirklichkeit.

Khalil Gibran

Wer bin ich?

Ich bin des Maskentragens so müde,
mein Gott,
und doch kann ich mich meiner
Maske nicht entledigen.
Wie oft sieht es so ganz anders aus
in mir,
als ich mich nach außen hin gebe.
Ich habe Angst,
mich dem Nichtverstehen auszusetzen,
dem Nichtangenommensein,
wenn ich mich schwach zeige.
Ich fürchte, ganz allein dazustehen
mit meiner Art,
Menschen und Dinge zu sehen.
Mir ist bange
vor dem unbarmherzigen Zugriff derer,
die vorschnell mit starren Urteilen
bei der Hand sind.

Du weißt,
dass ich in so vielem nicht der bin,
für den meine Umwelt mich hält.
Mich zu verbergen
verleiht mir ein Stück Sicherheit,
aber es macht mich auch einsam.
Manchmal frage ich mich,
ob ich mir nicht selber
ein falsches Bild von mir mache.
......
Ich kann eine Rolle spielen
und zugleich mein eigener
Zuschauer sein.
Was ist echt? Was ist gespielt?
Oft weiß ich es selber nicht.
Du siehst mich an, mein Gott.
Du kennst mich.

Wer bin ich?

Quelle unbekannt

Alltags-Masken erkennen
Meditative Impulse zu Matthäus 23, 1-5, 13, 27

Darauf wandte sich Jesus an das Volk und an seine Jünger und sagte: Die Schriftgelehrten und die Pharisäer haben sich auf den Stuhl des Mose gesetzt. Tut und befolgt also alles, was sie euch sagen, aber richtet euch nicht nach dem, was sie tun; denn sie reden nur, tun selbst aber nicht, was sie sagen. Sie schnüren schwere Lasten zusammen und legen sie den Menschen auf die Schultern, wollen selber aber keinen Finger rühren, um die Lasten zu tragen. Alles, was sie tun, tun sie nur, damit die Menschen es sehen...

Ich schaue in den Spiegel, den Jesu mir hier vorhält und erblicke meine Alltags-Masken:

- Die Differenz zwischen meinem Reden und Handeln, zwischen dem, was ich zu anderen sage, selbst aber nicht tue.

- Mein besonders gutes Auge für das, was andere tun sollten, welche Aufgaben endlich angepackt werden müssten und meine verzerrte Wahrnehmung, mich dafür zu engagieren und Verantwortung zu übernehmen.

- Mein Einsatz für andere, in der Gemeinde, in Bürgerinitiativen, in der Caritas ..., aber mein ständiges Bestreben, dafür gelobt und anerkannt zu werden.

Jesus nennt das Gemeinsame dieser »Masken« beim Namen: Heuchelei. Ich täusche damit die anderen, verstecke meine Sorgen, Schwächen und Grenzen, spiele den anderen etwas vor. Mein ich-verhaftetes Denken und Handeln steht meiner eigenen Lebensentfaltung im Weg und versperrt vor allem im religiösen Lebensbereich anderen den Zugang zum »Himmel«.

Weh euch, ihr Schriftgelehrten und Pharisäer, ihr Heuchler! Ihr seid wie die Gräber, die außen weiß angestrichen sind und schön aussehen; innen aber sind sie voll Knochen, Schmutz und Verwesung.

Mit meinen Masken bin ich wie ein Grab, außen schön bemalt, innen krank, und manches ist schon fast abgestorben. Wie beginne ich neu zu leben?

Ich lade Sie ein, folgende Fragen mit in den Tag zu nehmen, sich zu beobachten, innezuhalten, nachzudenken und zu notieren:

Immer wieder beobachte ich,

- dass ich mich unter einer Maske verstecke, weil

_____

_____

- dass ich meine, so leben zu müssen, wie andere mich haben wollen, weil

_____

_____

- dass es mir schwer fällt, mich zu ändern, weil

_____

_____

Meine Maske(n), die ich immer wieder aufsetze, heißen:

_____

_____

Was lebt in und mit mir, was könnte mir helfen, diese Maske(n) zu lüften?

_____

_____

Ein Zettel an meiner Tür:

*Ich bin auf der Suche nach mir,
daher bin ich vorübergehend
nicht anzutreffen,
bis dahin ist,
was aussieht wie ich,
nur die Verpackung.*

H.-K. Fleming

Asche und Glut

Der Aschermittwoch erinnert uns daran, dass wir Staub sind, indem wir mit Asche bekreuzigt werden. Dieser (katholische) Ritus zu Beginn der Fastenzeit stammt aus der frühen Bußpraxis der Kirche. Asche ist ein Reinigungsmittel. Einmal war sie heiße Glut, ein Zeichen für Leben, Liebe und Leidenschaft, jetzt ist sie nur noch Asche. Asche im Ritus des Aschenkreuzes macht mir deutlich, dass mein Leben keinen dauerhaften Bestand hat und dass ich nicht aus mir selbst lebe. Mein Dasein bedarf einer grundlegenden Verankerung. Ich brauche einen tragenden Sinn für mein Leben.

In der Symbolik des Aschermittwochs begegnet mir das Kreuz, es spricht vom Ende, doch es ist auch, wie der Ritus, Zeichen der Befreiung: im Zeichen des Kreuzes aufbrechen, 40 Tage Fastenzeit neu gestalten, damit neu die innere Glut entfacht wird, meine Sinnmöglichkeiten des Lebens ausschöpfen und die befreiende Dimension der Botschaft des Jesus von Nazareth leben. Aber auch eine Chance, das Kreuz am Ende der Fastenzeit neu zu verstehen.

Tages-Spiegel

Suchen Sie sich einen ruhigen Ort und blicken Sie auf den heutigen Tag zurück. Es geht dabei nicht um Bewerten und Urteilen, sondern einfach um ein achtsames Wahrnehmen. Dazu folgende Anregungen:

1. Den Tag anschauen

- Was war, was hat mich bewegt?
- Wie hat mich das Tagesthema »Maske« im Alltag beschäftigt?

2. Den Tag abschließen

Mit einem freien Gebet, in das Sie Ihre Anliegen einschließen, oder mit dem folgenden Text können Sie den Tag beenden:

*Welch großer Trost, Herr,
zu wissen,
dass du keine Erfolge forderst,
keine Erträge eintreibst.
Aber du verlangst,
dass wir uns nicht schonen,
dass wir unser Bestes geben,
ohne Überheblichkeit,
ohne Eitelkeit,
ohne Stolz,
die alles zunichte machen.
Vielleicht zählt für dich
in unserem Leben
vor allem der Wunsch,
froh, gelassen, glücklich
zu dir zu gelangen
ohne den Ruhm des Siegers.*

Helder Camara

Gott,
Du weißt, wer ich hinter all meinen Masken bin.
Vor dir kann ich mich nicht verstecken.
Du verstehst meine Gedanken und Gefühle,
die ich vor anderen verberge
Wo immer ich bin, was ich tue, du weißt es.
Deine Liebe hat mich von Anfang an wahrgenommen.
Sieger Köder

*Meine Zukunft liegt ungewiss vor mir,
doch bei dir ist sie aufgehoben.
Dir vertraue ich.
Du weißt, wer ich wirklich bin.*
Nach Psalm 139

Donnerstag

Das Risiko, die Maske zu lüften

Manche »Masken« können zur »zweiten Natur« werden. Wollen wir sie lüften, dann weckt das Angst, macht unsicher. Es ist ein Risiko und bedarf Mut, sein wahres Gesicht zu erkennen.

Bei mir ankommen

Beginnen Sie mit einigen Bewegungsübungen (Nr.2, Seite 158 und einer Atemübung Nr.7, Seite 163f. oder betrachten Sie 5 Min. nochmals das schon bekannte Bild »Masken«, nach Seite 72.

Dem Leben auf der Spur

Viele Menschen sind in dem Glauben aufgewachsen, dass es in der Welt nur Gutes und Böses, Richtiges und Falsches gibt. Dieses Verständnis hindert sie daran, manche Maske zu lüften und zu schauen, was wirklich darunter versteckt ist. Die einen haben Angst, es kämen Dinge zum Vorschein, die sie tun sollten, aber nicht tun oder nicht wollen. Andere glauben, ihre dunklen Schattenseiten werden für alle sichtbar und sie würden verurteilt. Manche haben Angst davor, Sehnsüchte aufzuwecken, die sie nicht leben können oder dürfen. Einige leben aber auch nach dem Motto »Was ich nicht weiß, macht mich nicht heiß« und lassen – um der Ordnung willen – die Maske auf. Schattenseiten, Ängste und Sehnsüchte können – einmal wahrgenommen – auf mich und die Umgebung wirken. Das ist ein Risiko. Doch: Unter der »Maske« entdecken wir auch andere Sichtweisen, unentfaltete Fähigkeiten, angenehme Erinnerungen, neue Lebensmöglichkeiten. Die »Maske« lüften – dazu braucht es Mut und Vertrauen zu uns selbst, dann werden wir Erstaunliches entdecken. Damit lohnt sich das Risiko.

Anregungen zum Tag

Das Risiko scheuen oder Neues wagen, allem misstrauen oder vertrauen, mutig sein und ermutigen – das ist das Übungsfeld des Alltags. Dazu ein ignatianisches Sprichwort:

> »So vertrauen, als käme alles von Gott, und sich so mühen, als käme alles von einem selbst.«

Ich lade Sie ein, heute aufmerksam auf Ihre Risikobereitschaft und das Vertrauen zu sich und in andere zu achten.

> »Es ist keine Schande, über einen Stein zu stolpern. Eine Schande ist es nur, liegen zu bleiben oder zweimal über den gleichen Stein zu stolpern.«
>
> Cicero

Tages-Spiegel

Lassen Sie entlang der Impulse zur Übung Nr.18, Seite 173 den Tag rückblickend vorüberziehen. Dann können Sie mit folgendem Gebet den Tag beenden:

Gott

in deine Hände lege ich
meine unruhigen
Gedanken
meine wirren Gefühle

dir übergebe ich
meine Masken
meine Ängste

dir zeige ich
meine Schattenseiten
meine Sehnsüchte

dir vertraue ich
lass mich zur Ruhe kommen
an Leib und Seele.

Peter Müller

Freitag

Angst und ihre Masken

Angst gehört zu unserem Leben. Angst zu haben, das ist völlig normal und notwendig, denn Angst aktiviert und macht vorsichtig. Sie ist ein Warnsystem und hilft uns zu überleben. Entwickelt sich jedoch Angst zu einem qualvollen, unbestimmten Gefühl der Beengung, lähmt sie uns. Erleben wir uns ohnmächtig gegenüber Situationen, Personen oder Anforderungen, dann hat Angst häufig krankmachende Wirkungen. Der Spielraum zwischen normaler und krankmachender Angst eröffnet jedoch viele Möglichkeiten des Umgangs mit der Angst.

Bei mir ankommen

Beginnen Sie mit einigen Gleichgewichtsübungen (Nr.3, Seite 159). Setzen Sie sich dann entspannt hin und beobachten ca. 5 Min. das immer ruhiger werdende Fließen Ihres Atems.

Dem Leben auf der Spur

Da war ein junger Mann. Aus Verzweiflung und Angst, mit seinem Leben nicht fertig zu werden, ging er zu einem Psychiater und klagte ihm seine Not. Der Psychiater gab ihm unter anderem den Rat: »Gehen Sie in den Zirkus, der zurzeit in unserer Stadt gastiert. Dort tritt ein großartiger Clown auf, der Sie zum Lachen bringen und aufheitern wird.« Da erschrak der Patient. Er packte den Arm des Arztes und sagte: »Herr Doktor, dieser Clown bin ich!«

Wie der Patient, so erschrecke ich über diese Geschichte. Als Clown bringt er die Zuschauer zum Lachen, indem er übertreibend und verzerrend ihnen ihre eigenen Schwächen und Ängste aufdeckt. Er ist ein Wissender menschlicher Fehler, ihrer Trauer, Ängste und Hoffnungen. Seine Clownerie hilft den anderen, seine Maske verhindert jedoch, sich seiner eigenen Schwächen bewusst zu werden und sich anderen zu zeigen.

Anregung zum Tag

Bedenken Sie die Clown-Geschichte und fragen Sie sich im Laufe des Tages: Welche Ängste spüre ich? Kann ich sie offen aussprechen? Hinter welcher Maske verstecke ich sie?

Gesichtszüge,
welche Geheimnisse der Seele enthüllen,
verleihen einem Gesicht Schönheit und Anmut,
selbst wenn diese seelischen Geheimnisse
schmerzlich und leidvoll sind.

Gesichter hingegen,
die – Masken gleich – verschweigen,
was in ihrem Innern vorgeht,
entbehren jeglicher Schönheit,
selbst wenn ihre äußeren Formen
vollkommen symmetrisch und harmonisch sind.

Ebenso wie Gläser unsere Lippen nur anziehen,
wenn durch das kostbare Kristall
die Farbe des Weines hindurchschimmert.

Khalil Gibran

Tages-Spiegel

Suchen Sie sich einen ruhigen Ort. Genießen Sie die Stille. Erinnern Sie sich: Wovor hatten Sie heute Angst? Wie gespürt? Wo? Ausgelöst durch? Wie will ich in Zukunft damit umgehen?

Nichts soll dich ängstigen,
nichts dich erschrecken.
Alles vergeht –
Gott, er bleibt derselbe.
Wer nichts besitzt,
dem kann nichts fehlen,
Gott allein genügt.

Teresa von Avila

Samstag

Mich ändern – Jetzt beginnen!

Wir alle kennen das: Aus irgendeinem Anlass, durch irgendein Ereignis entschließen wir uns zu Vorsätzen: Das will ich ändern, jenes muss jetzt anders werden, ab jetzt werde ich... Welche Erfahrungen haben Sie mit Ihren Vorsätzen gemacht?

Bei mir ankommen

Suchen Sie einen ruhigen Ort, schließen Sie die Augen und erinnern Sie sich an einen Ihrer letzten Vorsätze, durch den Sie etwas in Ihrem Lebensalltag verändern wollten: Anlass? Vorsatz? Wie verwirklicht? Wodurch wurden Sie unterstützt? Was gelang nicht so gut? Notieren Sie sich die 2-3 wichtigsten Vorsätze und Ihre Erfahrungen damit.

Dem Leben auf der Spur

Ein heilsamer Vergleich

In einem Traum steht ein älterer Mann am Dorfteich des Ortes seiner Kindheit. Er freut sich zunächst über das ihm vertraute Bild. Dann erschrickt er: Das Wasser sinkt bis auf den Grund des Teiches. Ein Gefühl tiefer Beklommenheit bemächtigt sich seiner. Sein Blick fällt auf die Mitte des Teiches. Da sieht er ein Medaillon. Es zieht ihn magisch an. Er öffnet es. Er erkennt zwei Bilder. Linksseitig strahlt ihn sein Kindergesicht an, voll Witz und Übermut, rechtsseitig sein gegenwärtiges Gesicht, grau, eingefallen, durchtrennt von einer übergroßen Stirnfalte.
Die Augen des Träumers wandern hin und her, von einem Bild zum anderen, immer schneller, immer schneller, bis er schweißgebadet erwacht – mit dem Wort, das er sich selber sagen hört:
Ändern!

Wer immer mit dem Strom schwimmt,
wird über kurz oder lang
ins Meer abgetrieben.

Ralph Boller, Schweizer Autor

Anregung zum Tag

Lesen Sie den folgenden Text, wählen Sie aus, was Ihnen besonders schwer fällt zu realisieren und was Sie ändern möchten. Beginnen Sie heute damit.

Lerne, »ich« zu sagen,
selbst zu sehen,
selbst zu hören,
selbst zu gehen,
selbst zu entscheiden,
selbst zu verantworten.

Lerne, »nein« zu sagen,
wenn du
eingeengt,
besetzt,
verwaltet,
normiert,
deiner Möglichkeiten beraubt wirst.

Lerne, »ja« zu sagen,
ja zu deinen Möglichkeiten,
ja zu deinen Schwächen,
ja zu dem, was unvermeidlich,
ja zu dir,
wie Gott dich gedacht hat.

Max Feigenwinter

Wochen-Spiegel

Die erste (halbe) Woche der Fastenzeit ist vorbei. Für einen Rückblick auf diese 3 Tage finden Sie Anregungen unter Nr. 20, 1. Und 2. Phase, Seite 175. Mit dem verkürzten und veränderten Psalmgebet auf Seite 72a können Sie Ihre Wochenbesinnung abschließen.

Erster Fastentag **oder erster Fastensonntag**

Adam, wo bist du? Selbstbesinnung als Lebenschance

Die Frage »Wo bist du?« lädt ein, sich Zeit zu nehmen für eine Standortbestimmung. An welchem Ort, in welcher Phase meines Lebens stehe ich? Wie bin ich hierher gekommen? Es geht um die Selbsteinschätzung meiner Person, was ich fühle, denke und tue. Zur Einstimmung folgende chassidische Erzählung:

Rabbi Chanoch erzählte: Es gab einmal einen Toren, den man den Golem nannte, so töricht war er. Am Morgen beim Aufstehen fiel es ihm immer so schwer, seine Kleider zusammenzusuchen, dass er am Abend, dran denkend, oft Scheu trug schlafen zu gehen. Eines Abends fasste er sich schließlich ein Herz, nahm Zettel und Stift zur Hand und verzeichnete beim Auskleiden, wo er jedes Stück hinlegte. Am Morgen zog er wohlgemut den Zettel hervor und las: »Die Mütze« – hier war sie, er setzte sie auf, »die Hosen« – da lagen sie, er fuhr hinein, und so fort, bis er alles anhatte. »Ja aber, wo bin ich denn?«, fragte er sich nun ganz bang, »wo bin ich geblieben?« Umsonst suchte und suchte er, er konnte sich nicht finden. »So geht es auch uns«, sagte der Rabbi.

Fastenwoche: Sie verzichten heute erstmals auf feste Nahrung und führen Ihrem Körper nur Gemüsebrühe, Tee und Obstsäfte zu. Die Zeit der Einstimmung und des Wartens ist vorbei. Durch die Darmentleerung veranlassen Sie Ihren Organismus umzuschalten und aus sich selbst (inneres Energieprogramm) zu leben. Diese neuen Leiberfahrungen können auch Anlass sein zu fragen: Wo bin ich? Mit meinem Leib, meinen Gedanken, meiner Seele?

Fastenzeit(en): In der kirchlichen Liturgie stehen am 1. Fastensonntag die Versuchungserzählung »Jesu in der Wüste« und der Gedanke der Umkehr im Mittelpunkt. Voraussetzung zu einer wirklichen Umkehr ist es jedoch, sich Zeit zu nehmen für eine ehrliche Standortbestimmung. Sie sind heute und in den nächsten Tagen mit ausgewählten Aspekten zum Thema »Zeit« dazu eingeladen.

Meine »Fall-Geschichte«

Wo bin ich? – Die Antwort auf diese einfache Frage ist nicht leicht. Ich lade Sie daher zunächst zu einer einstimmenden Übung ein. Suchen Sie sich einen ruhigen Ort und führen Sie die Übung Nr. 11, Seite 166 mit dem Vorstellungsbild »Ruhe« durch. In der dort beschriebenen 4. Phase erinnern Sie sich dann an eine Situation in Ihrem Leben, in der Sie sich falsch, beleidigend, fehlerhaft, verletzend ... gegenüber einem anderen Menschen verhalten haben. Schauen Sie diese Situation nochmals an, hören Sie sich in sie wieder ein, spüren Sie Ihren körperlichen Empfindungen, den auftauchenden Gefühlen und Gedanken nach ... schauen, hören, spüren und denken. Lassen Sie diese Situation nach ca. 5 Min. wieder los und beenden Sie die Übung mit der 5. Phase.

Notieren Sie Ihnen wichtige

• Erinnerungen und Gedanken

_____

_____

_____

_____

_____

- Gefühle und Empfindungen

_____

_____

- Wünsche und Veränderungsanregungen

_____

_____

_____

Bevor Sie sich nun mit der folgenden »Fall-Geschichte« auseinander setzen, können Sie sich lockern und neue Energie sammeln mit der Übung »Abschütteln und auftanken«, 5c, Seite 161.

Fasten –
den Teufelskreis
der Abhängigkeit durchbrechen

Biblische »Fall-Geschichte« – Eine Chance zur Selbsterkenntnis

Die Bibel erzählt nach der Erschaffung der Welt und des Menschen von einem paradiesischen Lebenszustand. Doch dann wird die Harmonie durch das Übertreten eines Gebotes gestört. Danach – so geht es in Genesis 3, 7-11 weiter –

»gingen beiden die Augen auf, und sie erkannten, dass sie nackt waren. Sie hefteten Feigenblätter zusammen und machten sich einen Schurz. Als sie Gott, den Herrn, im Garten gegen den Tagwind einherschreiten hörten, versteckten sich Adam und seine Frau vor Gott, dem Herrn, unter den Bäumen des Gartens. Gott, der Herr, rief Adam zu und sprach: Wo bist du?«

Adam, der von der Ackererde gebildete und durch Gottes Atem belebte, wird gerufen. »Wo bist du?« Eine fast alltägliche und doch in schwierigen Situationen des Alleinseins, der Einsamkeit, der Angst... eine bedrückende Frage. Doch auch eine heilsame Einladung an mich, meine gegenwärtige Lebenssituation im Spiegel meines Lebens anzusehen, der Wirklichkeit in die Augen zu schauen:

- Wo bin ich? Wo stehe ich im Moment? Wovor verstecke ich mich? Welche »Feigenblätter« nutze ich, um meine Schwächen zu verdecken?

_____

_____

_____

»Er antwortete: Ich habe dich im Garten kommen hören; da geriet ich in Furcht, weil ich nackt bin, und versteckte mich. Darauf fragte er: Wer hat dir gesagt, dass du nackt bist?«

Adam bekennt seine Angst und seine Nacktheit. Doch wie ist es zu dieser Selbsteinschätzung gekommen? Die Frage, die Gott dem Adam stellt, gilt auch mir. Sie hat einen aktuellen, biographischen und existenziellen Aspekt.

- Welche *aktuelle Situation* beeinflusst meine Selbsteinschätzung?

_____

_____

_____

- Welche *früheren Erfahrungen* gibt es, mein Leben so zu sehen bzw. mich jetzt so zu verhalten?

_____

_____

- Welche *Ängste, Sorgen* ... verstecken sich hinter meiner Erkenntnis: »ich bin nackt«? Was verstecke ich? Was fehlt mir?

_____

_____

_____

_____

»*Hast du von dem Baum gegessen, von dem zu essen ich dir verboten habe? Adam antwortete: Die Frau, die du mir beigesellt hast, sie hat mir von dem Baum gegeben, und so habe ich gegessen. Gott, der Herr, sprach zu der Frau: Was hast du da getan?*«

Gott legt Adam ein mögliches Schuldbekenntnis in den Mund »Hast du von dem Baum gegessen, von...?« Doch dem Adam erscheint der geduldig fragende Gott als Richter. Adam kennt die Wahrheit, doch seine Angst frisst sich in seine Seele hinein und er erkärt sich als nicht verantwortlich für seine Tat. Er leugnet, schiebt die Tat auf die Frau, stellt sich als außengelenkt dar, will als Opfer vor Gott stehen, nicht als Täter. Letztlich sei ja Gott selber schuldig, denn er habe ihm die Frau gegeben. Wir alle kennen diese geschickte »Schuld-Verschiebungstaktik«. Daher muss ich mich den Fragen stellen:

- Was genau habe ich getan? Was ist mein Beitrag zu meiner jetzigen Lebenssituation? Welche Ausreden benutze ich immer wieder?

_____

_____

_____

Es geht dabei nicht um ein moralisches Werten, sondern um ein heilsames Erkennen und Verstehen meines Tuns. Nur daraus erwächst die Selbsterkenntnis über meine Situation und damit aus jeder »Fall-Geschichte« die Chance der Korrektur, des Lernens, der Umkehr. Dazu lädt uns der geduldig fragende Gott dieser biblischen Erzählung ein.

Wo stehe ich?

In jener Zeit,
in jener Welt meiner Kindheit
erschien alles einfach...
Es genügte mir zu wissen,
dass irgendjemand die Antwort wusste;
was ich dagegen suchte, war die Frage.
Unter diesem Aspekt sah ich den Menschen
und seinen Platz in der Schöpfung.
Es gehörte zu ihm, seine Umgebung zu befragen
Und so über sich hinauszuwachsen.
Kein Zufall war es, sagte ich mir,
dass die erste Frage in der Bibel
die Frage Gottes an Adam war: »Wo bist du?«–

Was?, rief einmal ein großer chassidischer Meister,
der Rabbi Schneur Salman aus Ljady aus,
Gott wusste nicht, wo sich Adam befand?
Nein, so darf man diese Frage nicht stellen.
Gott wusste es, Adam aber nicht.
Deshalb muss der Mensch immer danach trachten,
dachte ich, seine Rolle in der Gesellschaft
zu kennen, seinen Platz in der Geschichte.
Seine Aufgabe ist es, sich jeden Tag
die Frage zu stellen: wo stehe ich
im Hinblick auf Gott und auf den Nächsten?

Elie Wiesel

Wo bist du? Wo stehst du? Wie erlebst du dich? ... Sie sind eingeladen, entlang der Situationen des heutigen Tages oder Ihrer eigenen »Fall-Geschichte« sich zu beobachten, nachzudenken und zu handeln.

Tages-Spiegel

1. Den Tag anschauen

Nehmen Sie sich etwas Zeit, um den Tag abzuschließen. Eine Gesichts- und Kopfmassage (vgl. Nr. 5 (d), Seite 161) erleichtern es Ihnen abzuschalten und das Tagesgeschehen rückblickend anzusehen.

- Wo bist du? Wie hat diese Frage mich heute begleitet?
- Welche Gedanken und Beobachtungen, Gefühle und Erkenntnisse sind mir dazu wichtig geworden?

Fasten ist mehr, als 5 Tage keine feste Nahrung zu sich nehmen, Fastenzeit ist mehr als eine 40-tägige Diätkur. Fasten und Fastenzeit eröffnen Chancen, uns zu verändern – in kleinen Schritten, langsam und langfristig. Wo stehe ich? Was will ich verändern? Was ist mein erster kleiner Schritt? Zum Beispiel in der Fastenzeit jede Woche einen Entlastungstag (vgl. Informationen, Seite 44).

2. Den Tag abschließen

Mit einem freien Gebet oder mit folgendem Text können Sie den Tag abrunden.

**Der Wunsch, ganz ehrlich zu sein,
mich so zu zeigen, wie ich zutiefst bin,
wird überdeckt von der Angst,
von dir abgewiesen,
von dir verlassen zu werden.
Der Glaube an dich
und deine Liebe
lassen mich wagen,
Angst zu überwinden.**

Max Feigenwinter

Montag

Lass dir Zeit!

Mehr Zeit haben für sich, für andere, für das Wesentliche im Leben – das wünschen wir uns alle. Andererseits sind wir voll ausgelastet, haben keine Zeit, sie läuft uns davon, wir geraten unter Zeitdruck, wir können die vielfältigen Interessen, Vorhaben und Notwendigkeiten nicht mehr unter einen Hut bringen. »Ich habe keine Zeit!« – Das ist häufig eine unbedachte Redensart, für viele auch ein Statussymbol und oft ein Kennzeichen für eine Lebensweise, die krank macht.

Bei mir ankommen

Nehmen Sie sich bewusst Zeit zu einer »An- und Entspannungsübung« (vgl. Nr.14 (1), Seite 168). Bevor Sie die Übung beenden, stellen Sie sich die Frage: Habe ich genug Zeit für mich? Lassen Sie alle Gedanken, Gefühle, Erinnerungen, Sorgen und Wünsche zu. Sie können auch ein Blatt Papier nehmen, die Frage in die Mitte schreiben und alle spontanen Gedanken notieren.

Dem Leben auf der Spur

Ein Spaziergänger ging durch einen Wald und begegnete einem Waldarbeiter, der hastig und mühselig damit beschäftigt war, einen bereits gefällten Baumstamm in kleinere Teile zu zersägen. Der Spaziergänger trat näher heran, um zu sehen, warum der Holzfäller sich so abmühte und sagte dann: »Entschuldigen Sie, aber mir ist da was aufgefallen: Ihre Säge ist ja total stumpf! Wollen Sie diese nicht einmal schärfen?« Darauf stöhnt der Waldarbeiter: »Dafür habe ich keine Zeit – ich muss sägen!«

Quelle unbekannt

Wie ist das bei Ihnen? Jeden Tag bekommen Sie 24 Stunden geschenkt. Es lohnt sich, gerade in der Fastenzeit einmal in Ruhe die eigene und fremdbestimmte Zeiteinteilung, die verlorene und erfüllte Zeit, die wichtigen und unwichtigen Zeiten eines Tages, einer Woche zu beobachten. Wollen Sie heute damit beginnen, »Ihre Säge zu schärfen« oder mit »stumpfem Sägeblatt« weitersägen?

Anregung zum Tag

> »Das einzige Mittel Zeit zu haben ist: sich Zeit zu nehmen«
>
> Bertha Eckstein-Diener

Ich lade Sie ein, sich heute Zeit zu nehmen und Ihren Umgang mit und Ihr Erleben von Zeit zu beobachten. Für was wende ich Zeit auf? Wer bestimmt meinen Zeiteinsatz? Wer oder was nimmt mir Zeit weg? Wie erlebe ich Zeit? Wofür hätte ich gerne mehr Zeit?

_____
_____
_____
_____
_____

Tages-Spiegel

Beginnen Sie mit einer Atemübung (zum Beispiel Nr.9, Seite 164) und blicken Sie anschließend auf den heutigen Tag zurück. Notieren Sie sich Ihre Beobachtungen zum Ihrem Zeiterleben heute.

Mit den folgenden Gedanken lade ich Sie ein, den Tag abzuschließen:

Fastenzeit
Zeit nehmen um innezuhalten
Zeit nehmen um tief durchzuatmen
Zeit nehmen um achtsam zu werden
Zeit nehmen um Bilanz zu ziehen vor Gott
Zeit nehmen um bewusster zu leben
Zeit nehmen um verzichten zu lernen
Zeit nehmen um zu danken
Zeit nehmen um zu beten
Zeit nehmen um...
Es liegt an mir. Ich muss mir Zeit nehmen.

Dienstag

Im Moment leben

Was ist Zeit? Augustinus bekennt: »Wenn niemand mich fragt, weiß ich es wohl. Wenn mich jemand fragt und ich will es erklären, dann weiß ich es nicht.« Geht es uns nicht ähnlich? Wir nehmen Zeit linear wahr. Zeit ist in Bewegung vom Vorher über das Jetzt zum Später. Dieses Verständnis lässt uns den »Moment« als Übergang erleben, verführt uns dazu, den Blick ständig in die Zukunft zu richten oder die Vergangenheit zu erinnern. Können wir Zeit vielleicht nur erfüllt leben, wenn wir uns der Gegenwart, des Momentes, bewusst werden?

Bei mir ankommen

Wenn wir im Alltag unter Druck oder in Hektik geraten, wird ein Rhythmuswechsel wichtig. Wir brauchen ein Signal, das uns innehalten und den Moment bewusst wahrnehmen lässt. Ich lade Sie ein, folgende Möglichkeit zu probieren. Vielleicht besitzen Sie eine Klangschale – mit einem guten Weinglas erzielen Sie eine ähnliche Wirkung –, einen kleinen Stab aus Holz oder einen kleinen Löffel. Nun schlagen Sie einen Ton an, schließen die Augen, hören seinem Klang nach, nehmen die Stille bewusst wahr, richten die Aufmerksamkeit auf den Atem und atmen dreimal tief ein und aus. Wiederholen Sie diese Übung dreimal.

Dem Leben auf der Spur

Die buddhistische Tradition erzählt von einem Mönch, der von einem ausgehungerten Tiger verfolgt wurde. Der Mönch kletterte einen Abhang zur Hälfte hinunter und hing an einem Ast über einem Felsvorsprung. Dort wartete ein nicht minder grimmiger Tiger auf ihn. Neben dem Ast wuchs ein kleiner Busch mit einer einzigen Erdbeere. Der Mönch pflückte sie, roch daran, freute sich über ihre Farbe, schmeckte sie und dachte »Wie köstlich!«

> Weißt du, dass das Heute dein Leben ist?
> Wenn du das Heute verachtest,
> dann verachtest du auch dein Leben.
> Lege jeden Augenblick auf die Waagschale,
> um herauszufinden, wie kostbar er ist.
>
> Otto Betz

Können wir uns im Alltag so des Momentes bewusst werden? Wenn es uns gelingt, dann sind wir im Fluss der Zeit. Die Angst der Vergangenheit und die Sorge vor der Zukunft oder die Hoffnung auf sie – die beiden Tiger – spielen im Jetzt keine Rolle. Es gibt nur das, was im Moment geschieht. Die Zeit treibt uns nicht an, sie ist im Moment erlebbar.

Anregungen zum Tag

Wir leben im Rhythmus von Vergangenheit, Gegenwart und Zukunft. Oft klammern wir uns – wie der verzweifelte Mönch an seinen Ast – an unsere Uhr, an Termine, Planungen... So wichtig diese Sicherheiten im Einzelfall sein mögen, unser Umgang mit der Zeit ist veränderbar. Sich mehr Zeit verschaffen, könnte auch heißen: Im Laufe eines Tages sich des »Moments« bewusst zu werden, den Tag immer wieder zu unterbrechen und den »Moment« wahrzunehmen, bewusst zu atmen und zu genießen.

Tages-Spiegel

Lassen Sie entlang der Impulse zur Übung Nr.18, Seite 173, Ihre Erfahrungen mit den »Momenten« dieses Tages vorüberziehen. Sie können mit folgendem Weisheitsspruch den Tag beschließen.

> Alles, was Gott tut, ist gut,
> und alles erfüllt seinen Zweck zu seiner Zeit.
> Man sage nicht: Nicht alles ist gut!
> Denn alles ist sinnvoll zu seiner Zeit.
>
> Sirach 39, 33f.

Mittwoch

Zeit der Stille

Es gibt Tage und Zeiten, da scheint es in mir eine »Unruhe« zu geben. Sie treibt an, setzt unter Druck, ängstigt oder ärgert mich und lässt mich nicht zur Ruhe kommen. Was kann ich tun?

Bei mir ankommen

Ich lade Sie zu einer Stille- und Konzentrationsübung ein. Als vorbereitende Anspannung schlage ich vor, dass Sie die Übung »Den Körper wahrnehmen« Nr. 5 (a) und (d), Seite 160 durchspielen, sich dann an einen ruhigen Ort begeben und sich bequem hinsetzen.

Ich richte die Aufmerksamkeit auf meinen Atem, spüre ihm nach, ein und aus, ein und aus ... (ca. 10-mal). Ich spüre, wie der Atem durch meinen Körper zieht... und werde ruhig, ... ruhiger ... Ruhe breitet sich aus.

Nehmen Sie sich für diese Phase 5 Min. Zeit. Dann lesen Sie die folgenden Impulse und schließen etwa 10 - 15 Min. die Augen, um mit der »Stille« in Berührung zu kommen.

Ich bin ganz still,
ich höre Geräusche,
es genügt jedoch nicht, still zu sein,
ich muss loslassen
meine herumschweifenden Gedanken,
meine ungeduldigen Hände und Füße,
meine phantasievollen Bilder,
meine Sorgen und Ängste,
meine Wünsche und Bedürfnisse,
meine...
Ich lasse los,
es genügt jedoch nicht, loszulassen,
ich bin da, ich habe Zeit
ich lasse mich fallen, ich höre die Stille,
ich spüre die Stille, Stille ist in mir.

Nach einer angemessenen Zeit der Stille – beenden Sie diese Übung und notieren Ihre Erfahrungen.

> Die größte Offenbarung ist die Stille.
> Lao-Tse

Dem Leben auf der Spur

Es ist nicht leicht, aber es tut gut, sich »Zeit zur Stille« zu nehmen, still zu werden. Stille – die Mutter stillt den Säugling, sie beruhigt ihn, verschafft ihm Ruhe in sich. Die Mystiker sind überzeugt, dass in jedem Menschen ein Raum der Stille existiert, zu dem Gedanken und Wünsche, Erwartungen und Ansprüche, Ängste und Urteile, ... nicht vordringen können. Es ist ein Raum, in dem ich frei bin und niemand Macht über mich hat.

Stille – dazu muss ich mir Zeit nehmen und lernen, Gedanken, Erinnerungen an Gespräche, Erlebnisse, Sorgen und Bedürfnisse einfach loszulassen, dem einen oder anderen auch einmal nachzusinnen und schweigend »leer« zu werden. Wer sich »Zeit zur Stille« nimmt, ist sich selbst wieder nahe. Bewusst Stille zu erleben, ist ein inneres Erholungsbad. »Stille ist Arznei für unsere Seele« (Anselm Grün).

Anregungen für den Tag

Wann nehmen Sie sich heute »Zeit zur Stille«? Welche Möglichkeiten kurzer »stiller Zeiten« entdecken Sie in Ihrem Alltag für diese tägliche Übung?

Tages-Spiegel

Verlassen Sie die Geschäftigkeit des Tages, zum Beispiel mit der Atemübung Nr. 6(b), Seite 163. Blicken Sie auf den Tag zurück. Wann gab es Möglichkeiten, still zu werden? Konnte ich sie nutzen? Welche Erfahrungen sind mir wichtig geworden? Beenden Sie ihre Besinnung mit dem folgenden Gebet:

Gott, ich möchte still werden,
vieles jedoch bedrängt mich.

So übergebe ich dir diesen Tag,
Geräusche und Lärm, Worte und Gespräche.
Gedanken und Bilder, Gefühle und Sorgen.
Hektik und Langsamkeit, Freude und Erfolg.

Ich danke heute
für stille Zeiten und Momente
für neue Erfahrungen
für die Weisheit der Stille in mir.

Donnerstag

Lebenszeit – Haben oder Sein?

Heute beginnt der Rest unserer Lebenszeit. Diesen Gedanken verdrängen wir in der Regel. Doch eine Begegnung mit Sterbenden, ein Unfall, eine überraschende Todesnachricht schreckt auf, ruft diese Erinnerung wach und fordert uns heraus: Wie gestalte ich die mir noch geschenkte Lebenszeit? Die Bibel umschreibt das Geheimnis der Lebenszeit in drei Aspekten: Irdisches Leben ist begrenzt, es hat immer auch eine Zukunftsperspektive und schließlich die nüchterne Aufforderung: Achte auf die konkreten Situationen im Leben, denn »Für jedes Geschehen unter dem Himmel gibt es eine bestimmte Zeit« (Kohelet 3,1). Damit wird von mir eine Aufmerksamkeit erwartet, »die Zeichen meiner Lebenszeit« wahrzunehmen, zu deuten und verantwortlich zu gestalten.

Bei mir ankommen

Vielleicht erschreckt Sie der Gedanke von der »Restzeit Ihres Lebens«. Das kann heilsam sein, vor allem, wenn wir diese Tatsache in unser Leben einbringen. Wählen Sie sich zunächst zwei der

Atemübungen (vgl. Nr. 6a-e, Seite 163) aus. Verweilen Sie anschließend einige Zeit bei der Aussage: »Heute beginnt der Rest meines Lebens«. Achten Sie auf Ihre Gedanken und Empfindungen, Sorgen und Wünsche. Vielleicht möchten Sie diese in Ihr Fastentagebuch notieren.

Dem Leben auf der Spur

Du kannst dir nicht ein Leben lang
die Türen alle offen halten,
um keine Chance zu verpassen.
Auch wer durch keine Türe geht
und keinen Schritt nach vorne tut,
dem fallen Jahr für Jahr
die Türen eine nach der anderen zu.
Wer selber leben will,
der muss entscheiden: Ja oder Nein –
im Großen und im Kleinen.
Wer sich entscheidet, wertet, wählt,
und das bedeutet auch: Verzicht.
Denn jede Türe, durch die er geht,
verschließt ihm viele andere.
Man darf nicht mogeln und so tun,
als könne man beweisen,
was hinter jener Tür geschehen wird.
Ein jedes Ja – auch überdacht, geprüft –
ist zugleich Wagnis und verlangt ein Ziel.
Das aber ist die erste aller Fragen:
Wie heißt das Ziel,
an dem ich mich messe Ja und Nein?
Und: Wofür will ich leben?

Paul Roth

Anregungen zum Tag

Wofür will ich leben? Für möglichst viel Besitz, Leistung, Erfolg ...? Was macht mir das Leben lebenswert? Haben oder Sein? Nehmen Sie diese Fragen mit in den Tag. Es geht dabei nicht um große Entscheidungen. Auch in einfachen und alltäglichen Situationen müssen Sie entscheiden, werten, auswählen und auf Handlungsmöglichkeiten verzichten. Beobachten Sie sich, entdecken Sie in den alltäglichen Situationen Teilantworten auf die Frage: Wofür will ich leben?

Tages-Spiegel

Lassen Sie den Tag in Gedanken vorüberziehen. Begegnungen, Gespräche, Aktivitäten ... Achten Sie auf Ihre Empfindungen. Was war einengend oder belastend, was förderlich und ermutigend? Mit folgendem Text können Sie den Tag abschließen:

Fastenzeit

Jeden Tag neu loslassen
was Leben verhindert
was einengt
was ängstigt

jeden Tag neu darauf achten
was Leben fördert
was Offenheit ermöglicht
was Vertrauen schafft

jeden Tag neu unterwegs
vom Haben zum Sein.

Peter Müller

Freitag

Zeit teilen, Zeit für andere

Fasten ist mehr als Verzicht auf feste Speise, Fastenzeit ist mehr als Verzicht auf ein Genussmittel oder eine Geldspende für ein Entwicklungsprojekt. So wichtig Letzteres im konkreten Fall sein kann, entspricht es kaum biblischem Verständnis. »Ein Fasten wie ich es liebe« verkündet Jesaja, zeigt sich im täglichen Umgang mit den Mitmenschen, im Lösen der Fesseln des Unrechts, im solidarischen Handeln, im Mitleiden, im Teilen (vgl. I. Teil, 3.2, Seite 32), im Dasein für andere. Meine Zeit mit anderen teilen – ich lade Sie ein, über Ihre Möglichkeiten und momentanen Grenzen der Verwirklichung nachzudenken.

Bei mir ankommen

Beginnen Sie mit der Übung »Den Körper wahrnehmen« (vgl. Nr. 5,b, Seite 160) und fragen Sie sich abschließend: Mit wem teile ich meine Zeit gern? Warum? Warum mit bestimmten Menschen nicht gern?

Dem Leben auf der Spur

»Jetzt ist die Zeit« – so beginnt ein bekanntes Lied. Der Text – ich habe einige Strophen ausgewählt – ist es wert, nicht nur gesungen, sondern aufmerksam, langsam und mit Pausen gelesen zu werden.

Jetzt ist die Zeit, jetzt ist die Stunde.
Heute wird getan, oder auch vertan,
worauf es ankommt, wenn er kommt.

Der Herr wird nicht fragen:
Was hast du gespart, was hast du alles besessen?
Seine Frage wird lauten: Was hast du geschenkt,
wen hast du geschätzt um meinetwillen?

Der Herr wird nicht fragen:
Was hast du gewusst, was hast du Gescheites gelernt?
Seine Frage wird lauten: Was hast du bedacht, wem hast du genützt um meinetwillen?

Der Herr wird nicht fragen:
Was hast du beherrscht, was hast du dir unterworfen?
Seine Frage wird lauten: Wem hast du gedient, wen hast du umarmt um meinetwillen? ...

Der Herr wird nicht fragen:
Was hast du gespeist, was hast du Gutes getrunken?
Seine Frage wird lauten: Was hast du geteilt, wen hast du genährt um meinetwillen? ...

Der Herr wird nicht fragen:
Was hast du gesagt, was hast du alles versprochen?
Seine Frage wird lauten: Was hast du getan, wen hast du geliebt um meinetwillen? ...

Jetzt ist die Zeit, jetzt ist die Stunde.

Alois Albrecht

Anregungen zum Tag

Den Impulsen für diesen Tag begegnen Sie in obigem Lied. Überfordern Sie sich nicht. Vielleicht bemühen Sie sich heute nur um eine Frage aus dem Liedtext. Weniger kann mehr sein. Vielleicht genügt es aber auch, heute einen Menschen zu besuchen, anzurufen oder etwas Zeit mit ihm zu teilen.

Tages-Spiegel

Gestalten Sie den Rückblick in den Tag entlang der von Ihnen ausgewählten Fragen des Liedes. Mit dem Abendgebet von Dietrich Bonhoeffer (Seite 173) können Sie den Tag beenden.

Samstag

Verzichten hat seine Zeit

Fastenzeit, das ist die Zeit des Verzichtens. Doch viele Menschen verbinden damit unterschiedliche Vorstellungen. Für die einen riecht »Verzicht« nach lebensfeindlicher Entsagung, strenger Askese und verbietender Moral, andere – vor allem die Medien – verbinden damit einseitig eine Frühjahrsdiätkur zum Abnehmen und Entschlacken. Verzichten – genussfeindlich, Training für körperliche Fitness oder mehr?

Bei mir ankommen

Beginnen Sie heute mit einigen Gleichgewichtsübungen (vgl. Nr. 3 a-e, Seite 159). Beschäftigen Sie sich dann mit der Frage: verzichten – Welche Erfahrungen verbinde ich damit?

Dem Leben auf der Spur

Ohne verzichten kein genießen. Wer ständig Kaviar isst, hat ihn bald satt; wer ungehindert Freizeitangebote auslebt, will ständig neue und bessere; wer nur arbeitet, wird süchtig nach Arbeit und kann freie Zeit nicht mehr genießen; wer... Möglichst viel sehen, genießen, besitzen und verbrauchen wollen, das ist eine weit verbreitete Lebensdevise. Dabei können wir oft nicht mehr entscheiden, ob nun die Wünsche oder die Werbung zuerst da waren. Damit wird eine zentrale Gefahr deutlich: Wir werden fremdbestimmt, abhängig von einzelnen und wechselnden Angeboten, schließlich »süchtig«, Lebenszusammenhänge verlieren ihren Sinn, es entsteht ein »existenzielles Vakuum« (vgl. Seite 17); Leib, Geist und Seele rebellieren. Psychosomatische Erkrankung – so lautet eine der häufigsten Diagnosen.

Etwas erwerben, besitzen und genießen zu wollen, gehört zum Grundstreben des Menschen, um sein Leben zu sichern und zu gestalten. Einseitig gelebt, wird es zu einem »Zu viel« und verhindert ein verantwortliches Gebrauchen und Genießen. »Verzichten« wird damit zur unverzichtbaren Fähigkeit einer verantwortlichen und sinntragenden Lebensgestaltung. Verzichten, das heißt

- etwas tun zu können, was an sich wünschenswert und erstrebenswert ist, es aber nicht tun;
- etwas zu besitzen, es aber mit anderen teilen oder ihnen ganz geben;
- einen mir zustehenden Anspruch aufgeben;
- mit einer mir angenehmen Gewohnheit aufhören.

Verzichten bedarf also der verschiedenen Handlungsmöglichkeiten und der Freiheit, zwischen ihnen wählen zu können. Im Verzichten entscheide ich mich freiwillig für das, was mir wertvoll(er) und lebenswert(er) ist. Häufige Folgen: Ich erlebe ein Gefühl innerer Freiheit, neue Energien werden wach, ich fühle mich gelassener und zufriedener, ich bin offener und aufmerksamer für die Sicht »hinter die Dinge«.
Fastenzeit – eine Zeit, um »Verzichten« wieder zu üben, eine Zeit der Wertsteigerung meines Lebens? Sie sind dazu eingeladen. Verzichten hat seine Zeit, genießen hat seine Zeit.

Anregungen zum Tag

Verzichten auf

- das Verstecken hinter Masken
- bestimmte Besitzansprüche
- erstarrte Gewohnheiten
- krankmachende Genussmittel
- peinliche Rechthabereien
- ständige Ratschläge an andere
- das Geschwätz über andere
- ...

Womit beginne ich heute?

Wochen-Spiegel

Orientieren Sie sich an den Anregungen Nr. 20, Seite 175 Ergänzend schlage ich vor, das heutige Thema »Verzicht« einzubinden, zum Beispiel mit der Frage: Auf was will ich in der kommenden Woche verzichten? Warum? Welchen Wert strebe ich damit an?

Zweiter Fastentag **oder zweiter Fastensonntag**

Erstarrtes lösen, handlungsfähig werden

Vielleicht kennen Sie ähnliche Erfahrungen. Eine Begegnung, ein Unfall, eine Nachricht erschreckt uns, wir werden emotional und gedanklich davon ergriffen, wir sind blockiert und nur begrenzt handlungsfähig. Oder wir erleben es an uns selbst bzw. beobachten es an anderen: Immer die gleichen Klagen, die gleichen Forderungen, das gleiche Geschwätz, das gleiche Verhalten. Wir und andere sind festgefahren und sehen keine Handlungsalternativen, gerade in schwierigen Situationen; oder wir sind abhängig, zum Beispiel von bestimmten Genussmitteln, von Menschen; oder wir sind erstarrt in unseren Denk- und Verhaltensweisen. Fasten und Fastenzeit – was haben die damit zu tun?

Fastenwoche: Heute, am 2. Fastentag, stellt sich Ihr Organismus weitgehend auf Reinigung, Ausscheidung und Selbstversorgung um. Er beginnt, abgelagerte und verfestigte Gift- und Krankheitsstoffe aufzulösen und überflüssige Fettvorräte abzugeben. So Tag für Tag erleichtert, wird auch Ihr Immunsystem wieder handlungsfähiger für den Aufbau von Abwehrkräften. Während die körperliche Erstarrung fast von selbst durch das Fasten aufgeweicht wird, müssen wir uns mit unseren seelisch-geistigen, religiösen oder anders gearteten Erstarrungen auseinander setzen. Die Impulse laden dazu ein.

Fastenzeit(en): Gewohnheiten sind bekanntlich ambivalent. Einerseits geben sie unserem Leben Halt, Sicherheit und Orientierung. Andererseits können sie ihren Sinn verlieren, notwendige Veränderungen blockieren, uns in Abhängigkeit halten und zu unbewussten Fesseln werden. Wir erstarren in der Erfüllung ihrer äußerlichen Forderungen und sinnleeren Ansprüchen. Können wir wieder handlungsfähig werden?
Im Nachdenken über unsere »Hände« wollen wir die Fastenzeit nutzen, Möglichkeiten zu entdecken, unser Leben selbst »in die Hand« zu nehmen.

Auf die Hände hören

Ich brauche den Mund nicht zu öffnen. Die Hände sprechen. So wie mein Körper viel ausdrückt, was in mir vorgeht, so erkenne ich auch vieles an der »stummen Sprache« der Hände. Schauen Sie sich einmal in aller Ruhe Ihre Hände an. Dann lassen Sie sich erzählen, was »Hände«

- **praktisch tun:** greifen, tasten, schreiben, säen ...

_____

- **ausdrücken:** Freude, Zuwendung, Abwehr, Offenheit ...

_____

_____

Als kurze Lockerungsübung für Ihre Hände und zur geistigen Beweglichkeit bitte ich Sie, die »Handübungen« (vgl. Nr. 1, a-g, Seite 157) durchzuführen. Sicher fallen Ihnen anschließend noch mehr Tätigkeiten und Ausdrucksweisen ein. Auch unsere Sprache ist voller symbolischer *Redensarten*, in denen die Hände eine Rolle spielen, zum Beispiel »Eine Hand wäscht die andere«, »Die Hand auflegen«, »Mir geht's gut von der Hand«, »Alle Hände voll zu tun«.

_____

_____

_____

> Schön und groß ist die Sprache der Hand.
> Gott hat sie uns gegeben,
> dass wir die Seele darin tragen.
>
> Romano Guardini

Mein Leben in die Hand nehmen

Der symbolischen Bedeutung der Hand begegnen wir auch in vielen Aussagen der Bibel. In besonderer Weise jedoch in der Erzählung von der »vertrockneten Hand« (Markus 3, 1-6). Eigentlich sind es zwei Geschichten, die Markus miteinander verbindet. Zur Unterscheidung habe ich den Text in der bekannten Reihenfolge, die zwei Geschichten aber in unterschiedlicher Schrift abdrucken lassen. Lesen Sie zunächst die »**Hand-Erzählung**«, dann die »*Sabbat-Erzählung*« und anschließend den Text in der üblichen Abfolge. Kennzeichnen Sie dann die Aussage, die Sie am stärksten anspricht, stört oder ärgert.

Als er ein andermal in eine Synagoge ging, saß dort ein Mann, dessen Hand verdorrt war.
Und sie gaben acht, ob Jesus ihn am Sabbat heilen werde; sie suchten nämlich einen Grund zur Anklage gegen ihn.
Da sagte er zu dem Mann mit der verdorrten Hand: Steh auf und stell dich in die Mitte.
Und zu den anderen sagte er: Was ist am Sabbat erlaubt: Gutes zu tun oder Böses, ein Leben zu retten oder es zu vernichten? Sie aber schwiegen. Und er sah sie der Reihe nach an, voll Zorn und Trauer über ihr verstocktes Herz,
und sagte zu dem Mann: Streck deine Hand aus! Er streckte sie aus, und seine Hand war wieder gesund.
Da gingen die Pharisäer hinaus und fassten zusammen mit den Anhängern des Herodes den Beschluss, Jesus umzubringen.

Welche Aussage haben Sie gekennzeichnet und warum? Notieren Sie Ihre Gedanken und Empfindungen: _____
_____
_____

Bleiben wir bei der »Hand-Erzählung« und spüren wir dem Bild der »verdorrten Hand« nach. Diese Hand wird nicht mehr durchblutet, nicht mit Energie versorgt, der Mann kann sie nicht mehr gebrauchen. Er ist handlungsunfähig bzw. wie manche Übersetzer ergänzen »dazu gemacht worden«. Doch es wäre hier unangebracht, nur die äußere Unbrauchbarkeit der Hand zu sehen, zumal keine physische Verletzung vorliegt. Die verdorrte Hand ist vielmehr ein Bild für seine seelische Unfähigkeit zu handeln. Das »Werkzeug aller Werkzeuge« (Aristoteles) symbolisiert, wie erstarrt der Mann in seinem Menschsein ist: Er steht am Rande, zurückgezogen, sich unterordnend, unfähig, eigenhändig zu handeln oder sich gar gegen die unausgesprochene Verurteilung der damaligen Zeit, Krankheit ist eine Strafe Gottes, zu wehren. Sein Selbstwertgefühl ist total am Boden.

Jesus erkennt das und ermutigt ihn: »Steh auf«, d.h. richte dich auf, nimm deine Kraft wahr, stell dich dem Leben, gib Antwort und vertritt deinen eigenen Standpunkt. Er nimmt den Mann in seiner einmaligen Würde als Mensch ernst und verbindet damit die Aufforderung »stell dich in die Mitte«. Verlass dein Randdasein, begib dich in die Mitte des Lebens. Du bist eingeladen, dich als etwas Wertvolles anzusehen und zu achten. Der erste Schritt Jesu besteht nur darin, den Mann zu einer anderen Einstellung zu sich und zum Leben zu führen: Sich aufrichten und vom Randdasein in die Mitte gehen. Erst dann befiehlt er ihm: »Strecke deine Hand aus!« »Aufrichten«, d.h. selbstbewusster zu werden und »ausstrecken«, d.h. belebe die Hand wieder, nimm, wage, greife zu, gestalte, riskiere etwas ...antworte auf die Frage des Lebens.

Beides, Aufrichten und Ausstrecken – so alltäglich sie sein mögen – beeinflussen wesentlich seine Einstellung und sein Selbstwertgefühl. In der Begegnung mit Jesus gelingt es ihm, Erstarrtes in sich zu lösen, wieder handlungsfähig und damit als ganzer Mensch gesund zu werden.

Ich lade Sie ein zu einer Identifikationsübung. Versetzen Sie sich in die Rolle des Mannes: ängstlich, sehr schwaches Selbstwertgefühl, an den Rand gedrängt, unbewegliche Hand... Leben Sie gedanklich und emotional seine Situation durch. Lesen Sie anschließend langsam den Bibeltext, halten Sie zwischendurch an und spüren Sie nach, zum Beispiel wenn Jesus Sie auffordert aufzustehen, in die Mitte zu gehen, die Hand auszustrecken. Achten Sie auf Ihre Empfindungen, Gedanken und Körperhaltung.

Notieren Sie Ihre Erfahrungen: _____
_____
_____

Die Sabbat-Erzählung wollen wir hier zurückstellen (vgl. dazu Seite 92). Das Verhalten der Pharisäer zeigt, dass auch Jesus nicht jede Erstarrung auflösen kann, wenn die Menschen nicht bereit sind. Sie bleiben in ihrem starren Denken verhaftet. Umso mehr gilt für uns die ermutigende Einladung Jesu »Steht auf« oder wie es Hilde Domin im folgenden Text ausdrückt:

*Nicht müde werden,
sondern dem Wunder leise,
wie einem Vogel,
die Hand hinhalten.*

Hilde Domin

Gehen Sie heute achtsam durch den Tag mit zwei Fragen:

- Wann und wodurch verliere ich Kraft, werde ich ängstlich, fühle ich mich anderen unterlegen?

- Was hilft mir und ermutigt mich, eigenverantwortlich zu handeln?

Tages-Spiegel

1. Den Tag anschauen

Wählen Sie einen ruhigen Ort, legen Sie beide Hände in den Schoß und schauen sie an. Während des Anschauens lassen Sie den Tag vorüberziehen: Was habe ich mit den Händen heute getan? Was unterlassen? Wie anderen damit begegnet?

2. Den Tag abschließen

Erinnern Sie sich an die beiden Impulsfragen für den Tag (vgl. oben)? Was habe ich dazu heute beobachtet, wie mich erlebt? Welche Erkenntnis ist mir besonders wichtig? _____
_____
_____

*Gott,
ich danke dir für meine Hände,
für alles, was ich heute damit tun konnte:
begrüßen und zupacken
geben und nehmen
greifen und _____
verbinden und _____
streicheln und _____
trösten und _____
halten und _____
tragen und _____
_____ und _____
_____ und _____
Gott,
segne meine Hände,
damit in ihnen wohne,
die Kraft, Erstarrtes zu lösen,
handlungsfähig zu werden.*

Montag

Fixiert sein, sich verweigern

Das Thema des heutigen Tages mag Sie verwundern, nennt es doch eine Verhaltensweise unseres Lebens, die wir praktizieren, aber selten positiv sehen. Lohnt es sich gerade deshalb, die vielen Spielarten – vom »Widersprechen« über »Sich-Versteifen-auf« bis »Trotzen« – und ihre Folgen zu bedenken?

Bei mir ankommen

Lockern Sie sich etwas mit den Übungen Nr.2, a-c, Seite 158. Achten Sie anschließend auf Ihren Atem und spüren Sie nach, wie er sich langsam normalisiert und Sie ruhig werden. Lesen Sie dann nochmals die biblische Geschichte vom Vortag (Seite 90).

Dem Leben auf der Spur

Haben Sie sich schon einmal gefragt: Was wäre geschehen, wenn der Mann in der Synagoge sitzen geblieben und Jesu Aufforderung nicht gefolgt wäre? Vielleicht meinen Sie, diese Frage sei nicht erlaubt. Dennoch entdecken wir in der »Sabbat-Erzählung« die Antwort auf solch ein Verhalten. Vergegenwärtigen wir uns die Situation. Es war Sabbat und jede Arbeit, auch die Heilung eines Kranken, war verboten. Die Pharisäer lebten in der Überzeugung, in der Thora, den Weisungen zum Leben, eine große Kostbarkeit zu besitzen, die dem Willen Gottes entspricht. Ihre Beschäftigung damit diente dazu, diesen Willen zu erkennen, zu erfüllen und einzufordern. Doch aus einer ehemals souveränen Auseinandersetzung über das rechte Tun zur rechten Zeit erwuchs – verstärkt durch die Angst vor Fehlinterpretationen – ein Verlangen nach Sicherheit, Regeln und gesetzlichen Bestimmungen. Wer andere Positionen vertrat, wurde bekämpft.

Doch selten offen. Auch hier treten die Pharisäer gemeinsam auf. Jeder versteckt sich hinter dem anderen und verschanzt sich hinter gesetzlichen Vorschriften, die den Mann seit vielen Jahren in seine Handlungsunfähigkeit geführt haben.

Diese inneren Fesseln behinderten ihn, umschlingen aber auch sie selbst! Sie sind fixiert, sie verweigern sich der Perspektive: Erst der Mensch, dann die Vorschrift. Jesus gibt dem Menschen seine Verantwortung und mutet ihm zu, seine Hand zu zeigen, zu öffnen, d.h. seine Freiheit selber zu gebrauchen. Das gelingt ihm bei den Pharisäern nicht. Zunächst zornig, widerspricht er ihrem Denken, dann traurig, weil er ihre Ängste, ihr inneres Chaos spürt und ihre Fixierung nicht aufweichen kann. Eine überraschende Erfahrung: Jesus gelingt es, die »erstarrte Hand« des Mannes zu beleben, doch an den »erstarrten Herzen« der Pharisäer scheitert er. Sie verweigern sich der Lust und Last eigenverantwortlichen Handelns. Ist das nicht auch ein Teil unseres Lebens?

> Das Herz muss Hände haben,
> doch wehe,
> die Hände haben kein Herz.
>
> Spruch aus Indien

Anregungen für den Tag

Achten Sie heute einmal auf Situationen, in denen Sie Spielarten des Sich-Verweigerns beobachten. Bei anderen, bei sich. Letzteres ist besonders schwer zu erkennen. Vielleicht hilft Ihnen das Bemühen, die Situation aus der Perspektive des anderen zu betrachten oder seine Interessen zu erfragen.

Tages-Spiegel

Lassen Sie den Tag in Gedanken vorbeiziehen und notieren sich Ihre wichtigen Erfahrungen zum Thema »Fixiert sein, sich verweigern« ins Fastenzeittagebuch. Beschließen Sie den Tag mit einem Gebet.

Fasten und Fastenzeit –

aus der Begegnung
mit der frohen Botschaft
meine Begegnungen
mit Menschen gestalten.

Dienstag

Hände – die Fenster meiner Seele

Hände sprechen ihre eigene Sprache und sagen viel über die emotionale Verfassung des Menschen aus. Doch da wir häufig unsere Aufmerksamkeit auf das gesprochene Wort oder das Gesicht richten, entgeht uns die spezifische Sprache der Hände.

Bei mir ankommen

Beginnen Sie heute mit den Handübungen Nr. 1a-h, Seite 157. Legen Sie Ihre Hände in den Schoß und schauen Sie diese an: Was sehe ich? Was fällt mir auf? Was sagen meine Hände über meine Tätigkeiten, über mich aus? Welche Farben, Linien, Schwielen, Verletzungen ... entdecke ich?

Der Fuchs war auf der Flucht vor den Jägern im Wald. Nachdem er lange herumgerannt war, traf er endlich einen Holzhacker und bat ihn inständig, er möge ihn bei sich verbergen. Der Holzhacker zeigte ihm seine Hütte, und der Fuchs schlich hinein und verkroch sich in einem Winkel. Nicht lange danach kamen die Jäger und fragten den Holzhacker, ob der Fuchs hier irgendwo stecke. Der Holzhacker sagte, er habe ihn nirgends gesehen; mit der Hand aber zeigte er nach dem Winkel, wo der Fuchs sich verborgen hielt. Aber die Jäger achteten nicht weiter darauf und zogen davon. Sie waren noch nicht lange fort, da kam der Fuchs aus der Hütte hervor, doch sprach er keine Silbe. Als ihm aber der Holzhacker vorhielt, dass er ihn doch gerettet habe und nun höre er nicht einmal ein Wort des Dankes, antwortete der Fuchs: »Ich würde gerne danken, wenn die Werke deiner Hand mit deinen Gedanken übereinstimmten.«

Aesop

Dem Leben auf der Spur

In einer Erzählung »Vierundzwanzig Stunden aus dem Leben einer Frau« von Stefan Zweig, wird von einer Frau berichtet, die nach dem plötzlichen Tod ihres Mannes gelegentlich ein Spielcasino besucht, um Menschen zu beobachten. Nicht deren Gesichter, sondern ihre Hände.

»Die vielen hellen, bewegten, wartenden Hände rings um den grünen Tisch, alle aus der anderen Höhle eines Ärmels hervorlugend, jede wie ein Raubtier, zum Sprung bereit... Alles erkennt man an diesen Händen, an der Art, wie sie warten, wie sie greifen und stocken: den Habsüchtigen an der krallenden, den Verschwender an der lockeren Hand, den Berechnenden am ruhigen, den Verzweifelten am zitternden Gelenk; hundert Charaktere verraten sich blitzhaft schnell in der Geste des Geldanfassens... Weil alle ihre Aufmerksamkeit sich krampfig konzentriert, ihr Gesicht als das Sichtbarste ihres Wesens zu bemeistern, vergessen sie ihre Hände und vergessen, dass es Menschen gibt, die nur diese Hände beobachten und von ihnen alles erraten... Ich kann Ihnen gar nicht schildern, wie viel verschiedene Spielarten von Händen es gibt...«

93

Ein Blick in unseren Lebensalltag zeigt es auch. Die Hände und ihre Bewegungen sind die Fenster unserer Seele. Der Gleichgültige steckt sie in die Hosentasche, der Traurige bedeckt damit sein Gesicht, der Erregte zittert, der Sieger wirft sie in die Höhe, wer sich mit der Hand an die Brust schlägt, bekennt sich schuldig... Unsere Hände sprechen die Sprache unserer Seele.

Anregung für den Tag

Achten Sie bei sich und anderen Menschen, wie Freude, Überraschung, Angst oder Niedergeschlagenheit sich in den Händen und ihren Bewegungen zeigt. Nehmen Sie wahr, ohne zu bewerten.

Tages-Spiegel

Suchen Sie Ihren ruhigen Ort auf, überdenken Sie den Tag und sammeln Sie Ihre Beobachtungen über die Hände als »Fenster der Seele«. Was ist Ihnen dabei aufgefallen? Sie können Ihre Gedanken in einem freien Gebet zusammenfassen.

> »Der reine Hände hat und ein lauteres Herz, der nicht betrügt und keinen Meineid schwört, er wird Segen empfangen vom Herrn.«
>
> Psalm 24, 4f.

Mittwoch

Ich bin ein Original

Etwas Einmaliges bezeichnen wir oft als »Original«, d.h. Urbild, echt, unmittelbar. »Originalität« weist hin auf die Ursprünglichkeit und persönliche Eigenart des jeweilgen Menschen. Während wir anderen Menschen ihre Originalität zugestehen, scheuen wir uns, zu uns selbst zu sagen: »Ich bin einmalig!« Warum? Kann uns dieser Gedanke nicht auch bestärken?

Bei mir ankommen

Beginnen Sie mit den teils schon bekannten Handübungen Nr. 1, a-j, Seite 157). Betrachten Sie anschließend mindestens 5 Min. das folgende Bild, in dem ein Daumenabdruck und ein Gesicht zu sehen sind. Lassen Sie Ihren Gedanken zur Aussage »Ich bin ein Original« in dieser Zeit freien Lauf.

Dem Leben auf der Spur

Mit dem Daumen wurden früher Briefe und Dokumente bestätigt und versiegelt. Noch heute wird er von schreibunkundigen Menschen bei Wahlen als Zeichen ihrer Identität genutzt. So wird in einem Teil von mir, dem Finger- bzw. Daumenabdruck – das Bild oben zeigt es auf seine Weise – meine Originalität, meine Unverwechselbarkeit sichtbar. Einmaliges und anderes – das spüren wir auch im Handschlag, zum Beispiel fest oder weich, zupackend oder zurückhaltend. Der Handschlag war vergleichbar einem Ehrenwort. Auch die Handschrift sagt etwas aus über mein Wesen. Ebenso die ganze Hand und die Linien der Hände. Meine Hände sind einmalig, es gibt kein Duplikat. In Gottes Schöpfung sind unzählbare Gestaltungsmöglichkeiten enthalten. Sie arbeitet nicht mit Schablonen. Alle sind wir Gottes Ebenbild, doch gleichzeitig gilt, jeder ist ein Original, oder wie es die bildhafte biblische Sprache ausdrückt: »Deine Hände haben mich gemacht und geformt« (Psalm 119, 73). »Du bist einmalig!« – das ist eine Ermutigung, mein Leben »in die Hand zu nehmen«, zu schützen und zu entfalten.

Alle Menschen tragen innen eine weisse Hand, ob sie braun oder rot, dunkel oder hell, schwarz oder gemischt sind. Auf die Frage aber, warum das so sei, gibt es viele Antworten. Wohl die schönste Antwort ist aber die: Gott braucht bei jedem Menschen eine kleine, weisse Fläche, weil er persönlich darauf schreiben möchte: »Du, ich hab dich lieb!« Er schreibt auch den Namen dazu. Wer liebend und wohl wollend, vor allem aber aufmerksam in einer Hand liest, wird diese Schrift leicht entziffern. Ja, und warum sind gleich zwei Hände beschrieben? Gott braucht ein zweites Original für die Ewigkeit.

P. Hans Wallhof

Anregungen für den Tag

Achten Sie heute bei Begrüßungen auf den Händedruck: Ihre persönliche Art und Weise und die der anderen. »Ich bin einmalig!« Nehmen Sie sich Zeit, still zu werden, um für das, was Sie an sich besonders schätzen, zu danken.

Tages-Spiegel

Suchen Sie sich einen ruhigen Ort. Beginnen Sie mit einer Atem- oder Bewegungsübung (vgl. Nr. 1-7, Seite 157ff.) und betrachten Sie dann ca. 5-10 Min. Ihre geöffneten Hände. Überdenken Sie den Tag und danken Sie mit freien Worten dafür.

»Sieh her, ich habe dich eingezeichnet in meine Hände.«

Jesaja 49, 16

Donnerstag

Empfangen und geben

Betrachten Sie das Bild.
Lesen Sie den Text.
Finden Sie Ihre Tagesaufgabe.
Überdenken Sie den Tag.

*Es sagte die linke Hand
zur rechten Hand:*

*Du, ich brauche dich,
Deine Kraft und Erfahrung,
Deine Sicherheit und
Deine Geschicklichkeit.*

*Ich möchte von dir lernen:
wie man das Schwächere
birgt, hegt und behütet
wie man Strauchelnde hält
Geängstigten Mut gibt
dem Unrecht wehrt
Für das Notwendige einsteht.*

*Es sprach die rechte Hand
zur linken Hand:*

*Du, ich brauche dich,
Deine Nähe zum Herzen
Deine Offenheit für Neues*

*Ich möchte von dir lernen:
da ist einer, der
mich hält und begleitet*

*Schwächen nicht verurteilt
Geborgenheit schenkt
mir etwas zutraut.*

*Du linke Hand
Du rechte Hand
Wir brauchen uns.*

Peter Müller

Sigmunda May

Freitag

Er hat nur unsere Hände

Heute zur Einstimmung gleich eine kurze Erzählung zur fehlenden Übereinstimmung von Wort und Tat.

Am ersten Sonntag nach seiner Einführung hielt der neue Pastor eine zündende Predigt, von der alle begeistert waren. Am Sonntag darauf waren die Leute schon sehr gespannt – aber der Pastor hielt genau die gleiche Predigt wie am Sonntag vorher. Ebenso am dritten, vierten und fünften Sonntag. Schließlich platzte einem Zuhörer der Kragen:
»Warum predigen Sie immer das Gleiche?«
Die Antwort lautete: »Warum lebt ihr noch genauso wie vor sechs Wochen? Wenn ihr das in die Tat umsetzt, was ich bisher gesagt habe, dann sage ich euch etwas Neues.«

Bei mir ankommen

Beginnen Sie mit den Übungen zur »Gesichts- und Kopfmassage«, Nr. 5 (d), Seite 161 und spüren Sie nach, wie Sie dort mit Fingern und Händen die Durchblutung anregen. Halten Sie zum Schluss inne, achten Sie auf Ihren Atem, die sich ausbreitende Stille und denken Sie über die Geschichte nach.

Dem Leben auf der Spur

Der Weg vom Wort zur Tat kann bekanntlich sehr lange dauern. Es fällt leichter, über etwas zu reden, als das Erkannte selbst in die Hand zu nehmen. Die Natur hat uns einen Mund und zwei Hände gegeben. Ist das vielleicht ein Hinweis, dass unser Handeln Vorrang vor dem Reden haben sollte? Sicher sollen wir nicht unüberlegt und ohne verbale Zuwendung handeln, aber Worte allein ohne Hände machen nicht satt.

Wenn Jesus sich kranken Menschen zuwendete, dann oft mit Hand und Mund. Er berührt sie, fasst sie an der Hand, bestreicht die Augen, richtet sie auf, legt ihnen die Hand auf und spricht einladende, auffordernde und heilende Worte. In Wort und Tat spüren sie, dass jemand sie in ihrer Schwachheit, Unsicherheit und Unzulänglichkeit annimmt. Sie schöpfen neuen Mut, sich dem Heilungsprozess zu öffnen und ihr eigenes Leben in die Hand zu nehmen.

Irgendwann hatte irgendwo irgendjemand einmal ein Kreuz gefunden mit einem Christuskörper ohne Hände und Arme. Daraus entstand ein bekannter Spruch, den ich mit Impulsen weiterführe und Sie einlade, Ihre hinzuzufügen.

Jesus hat keine Hände
nur meine Hände

um Kranke zu pflegen
um Schwache zu stützen
um Hungrige zu speisen
um Sterbende zu begleiten
um Kinder zu schützen
um Verzweifelnde zu trösten
um Unsicheren den Weg zu zeigen
um Fesseln des Unrechts zu lösen
um...
um...

denn »das ist ein Fasten, wie ich es liebe« (vgl. Jesaja 58, 6)

> »Es gibt nichts Gutes, es sei denn, man tut es.«
>
> Erich Kästner

Anregung für den Tag

Achten Sie heute auf die Übereinstimmung von Wort und Handeln. Wenn es Ihnen bei anderen auffällt, kritisieren Sie es nicht, sondern nehmen Sie es als Impuls, sich selbst kritisch zu beobachten

Tages-Spiegel

Sie stellen sich an Ihren gewohnten und ruhigen Ort. Verweilen Sie dort mit offenen Händen, um Gott alle Worte und Handlungen, Übereinstimmungen und Diskrepanzen dieses Tages zu übergeben.

Samstag

Offen werden wie meine Hände

Hände sprechen – das wurde in dieser Woche deutlich – ihre eigene Sprache und sagen viel über uns aus. So wie »erstarrte Hände« ein Symbol für Angst, Festhalten an Altem oder Unflexibilität ist, so kann das Symbol »offene Hände« mich aufschließen für neue Begegnungen mit mir, anderen und Gott.

Bei mir ankommen

Wählen Sie einige der bekannten Handübungen aus (vgl. Nr. 1, a-j, Seite 157) und achten Sie einmal auf Ihre jetzige Fingerfertigkeit im Vergleich zum Beginn der Woche. Nun lade ich Sie zur Meditation ein.

Dem Leben auf der Spur

Ich setze mich bequem auf einen Stuhl, lege die Hände nach oben geöffnet auf die Oberschenkel und konzentriere mich auf meinen Atem... wie er langsam ein- und ausfließt... ein ... und aus ..., wie mit jcdcm Ausatmen Spannungen weichen und mit jedem Einatmen Ruhe und Energie einströmen (5x).
Ich schaue in meine offenen Hände ... und beginne, sie langsam zu schließen... zu öffnen... zu schließen... zu öffnen... Während ich das weiter tue, verbinde ich meinen Atemrhythmus mit den Händen. Einatmen und Hand öffnen, ausatmen und Hand schließen... mein Atem fließt... öffnen ... schließen... meine Hände sind beweglich... sie funktionieren... ich spüre sie nur, wenn sie schmerzen... bei starker Kälte... wenn ich nervös mit den Fingern auf den Tisch trommle... ich erinnere mich an ihre Fähigkeiten...
Ich lasse die Hände offen liegen... mein Atem fließt ruhig weiter... ich betrachte meine offenen Hände... die Fingerkuppen... die Schwielen... kleine

98

Verletzungen..., die Handlinien, die das Leben zurücklässt... ich streiche mit der einen Hand über die andere... drehe die Hände und betrachte die Oberfläche... bemerke die kleinen Haare... die Adern, die die Hand bis in die kleinste Zelle beleben und ernähren... Sehnen... Knochen...
Ich betrachte wieder meine »offenen Hände«... sie sind offen für neue Möglichkeiten... offen und bereit aufzunehmen... zu ergreifen... zu prüfen... sich darauf einzulassen... zu erproben... anderen offen zu begegnen... aufrichtig... sensibel... freimütig... schenkend... zutrauend... Offene Hände – ein Symbol für meine Offenheit? Mich öffnen für...? Mich anvertrauen wem?... Während ich in meine offenen Hände schaue, sinne ich über die Aussage nach:
»Du öffnest deine Hand und sättigst alles, was lebt...« (Psalm 145, 16)

Zum Schluss forme ich beide Hände zu einer Schale... betrachte sie... und schließe mit folgendem Text oder eigenen Gedanken die Übung ab:

Anregungen zum Tag
In der Regel achte ich zu wenig darauf, anderen zu sagen oder zu schreiben, was sie Gutes getan haben. Doch ich weiß, welch große Wirkung wenige Worte des Dankens und Lobens haben können. Vielleicht ist das heute für Sie und mich ein kleiner, aber wichtiger Schritt zu mehr Offenheit.

Wochen-Spiegel

Orientieren Sie sich an der Übung Nr. 20, Seite 179 (1. und 2. Phase) und beenden Sie diese Woche mit dem Text »Zurückblicken«, Seite 176.

**Gott,
begleite mich offen zu werden
offen wie meine Hände
leer wie eine Schale
offen sein, leer sein
Neues aufzunehmen
bereit und zuversichtlich
mutig und aufrichtig
einfühlsam und geduldig
fest am Boden
in die Zukunft schauend
vertraue ich
dir, mir, anderen.**

Dritter Fastentag **oder dritter Fastensonntag**

Die Sehnsucht neu entzünden – Gott mit uns –

Die Bedeutung des Menschen liegt nicht in dem, was er erreicht, sondern in dem, was er sich zu erreichen sehnt (*Khalil Gibran*). In dieser Aussage kommen zwei Aspekte der Sehnsucht des Menschen zur Sprache. Zum einen die Sehnsucht, sich am erreichten Ziel niederzulassen, sich für immer einzurichten, geborgen zu sein; zum anderen die Sehnsucht als Aufbrechen, Suchen und Streben nach Unbekanntem, nach etwas »ganz anderem«. Menschen voller Sehnsucht sind in der Gefahr, enttäuscht zu werden, sich dann zurückzuziehen, anzupassen, ihre Sehnsucht zu begraben und eintönig – oder manche gar »süchtig« – zu leben. Andere halten ihre Sehnsucht wach und entwickeln eine Lebendigkeit, um in geeigneter Situation aufzubrechen und nach sinnerfülltem Leben zu suchen. Welche Sehnsucht schlummert noch in mir?

Fastenwoche: Am 3. Fastentag schaltet Ihr Organismus ganz auf Reinigung und Selbstversorgung um. Dabei können sich auch »alte Beschwerden« wieder melden, zum Beispiel Verspannungen, nicht ausgeheilte Erkältungen ... Die Selbstheilungskräfte des Organismus werden tätig. Ihr innerer Arzt beginnt, Krankes abzubauen und zu heilen. Manche FasterInnen kommen heute auch in ein Stimmungstief, klagen über Kopfweh oder sind müde.
Trinken Sie ausreichend, gönnen Sie sich Ruhe, orientieren Sie sich an den Fastenregeln und medizinischen Anregungen, dann ändert sich das meist am nächsten Tag. Ermutigen Sie sich selbst: »Ich schaffe diesen 3. Fastentag.«

Fastenzeit(en): Der Weg durch die Fastenzeit eröffnet die Chancen, über uns selbst, unsere Beziehungen zur Mit- und Umwelt und Gott nachzusinnen. Ist Gott der tragende Grund meines Lebens oder erlebe ich ihn ganz fern? Wo begegne ich Gott? Kann ich Gott suchen? Ich lade Sie ein, sich heute und in dieser Woche Zeit für sich und die Frage nach »Gott« zu nehmen.

> Täglich eine halbe Stunde
> auf Gott horchen ist wichtig,
> außer wenn man zu viel zu tun hat,
> dann ist eine ganze Stunde nötig.
>
> Franz von Sales

Sehnsüchte zulassen

Unser Leben vollzieht sich im Wechselspiel von Vertrauen und Skepsis, Zuversicht und Anfechtungen. Unsere Gefühlslage ist unstetig. Jedoch brennt in jedem von uns mehr oder weniger stark auch die Flamme der Sehnsucht nach dem Sinn unseres Lebens. Vieles nehmen wir im Alltag nur wahr, wenn wir Interesse daran haben, wenn wir die ganze Aufmerksamkeit darauf richten, unsere Neugierde und Fragen zuzulassen und damit die Flamme der Sehnsucht nähren. Oft sind wir aber in Gefahr, sie in der Geschäftigkeit des Alltags ins Unbewusste »abzudrängen« oder zu ersticken. Ich lade Sie ein, sich an versteckte – vielleicht längst vergessene oder neue – Sehnsüchte zu erinnern, in denen Sie einen Sinn Ihre Lebens sehen.
Beginnen Sie mit der An- und Entspannungsübung Nr. 14 (1), Seite 168. Sobald Sie sich ruhig und entspannt fühlen, können Sie sich mit folgenden Fragen beschäftigen und die Gedanken notieren.

- Ich wollte schon immer einmal...

  _____

  _____

  _____

- Welche Sehnsüchte habe ich schon lange aufgegeben?

  _____

  _____

  _____

- Was tue ich zurzeit für in mir »brennende Sehnsüchte«?

  _____

  _____

Der Dornbusch – Wertloses brennt, doch verbrennt nicht

1. Das Bild – sehen, spüren, deuten

Nehmen Sie sich Zeit, das Bild von Marc Chagall auf der Seite 104a in Ruhe anzusehen. Begehen Sie das Bild mit den Augen. Lassen Sie sich von folgenden Frageimpulsen leiten:

- Was sehe ich auf dem Bild? Ich nenne oder notiere nur das, was ich wirklich sehe, zum Beispiel

  ~ Einen Mann kniend mit nackten Füßen.
  ~ Einen Baum/Busch ganz rot blühend.
  ~ Kleiner Engel zeigt in andere Richtung.
  ~ Einen Kreis mit hebräischer Schrift.
  ~ Unverhülltes offenes neugieriges Gesicht.
  ~ ...
  ~ ...

- Ich spüre in mich hinein und frage: Welche Empfindungen und Gedanken verbinde ich mit dem Bild und seinen Teilen? Zum Beispiel: Der Mann ist sehr bemüht, denn er hält seine Hand aufs Herz; er scheint selbstbewusst zu sprechen;

  _____

  _____

  _____

  _____

2. Ich lese den biblischen Text zum Bild

Lesen Sie den Text langsam durch und kennzeichnen Sie das, was Ihnen ermutigend erscheint.

Mose weidete die Schafe und Ziegen seines Schwiegervaters Jitro, des Priesters von Midian. Eines Tages trieb er das Vieh über die Steppe hinaus und kam zum Gottesberg Horeb. Dort erschien ihm der Engel des Herrn in einer Flamme, die aus einem Dornbusch emporschlug. Er schaute hin: Da brannte der Dornbusch und verbrannte doch nicht. Mose sagte: Ich will dorthin gehen und mir die außergewöhnliche Erscheinung ansehen. Warum verbrennt denn der Dornbusch nicht?
Als der Herr sah, dass Mose näher kam, um sich das anzusehen, rief Gott ihm aus dem Dornbusch zu: Mose! Mose! Er antwortete: Hier bin ich. Der Herr sagte: Komm nicht näher heran! Leg deine Schuhe ab; denn der Ort, wo du stehst, ist heiliger Boden. Dann fuhr er fort: Ich bin der Gott deines Vaters, der Gott Abrahams, der Gott Isaaks und der Gott Jakobs. Da verhüllte Mose sein Gesicht; denn er fürchtete sich, Gott anzuschauen.
Der Herr sprach: Ich habe das Elend meines Volkes in Ägypten gesehen, und ihre laute Klage über ihre Antreiber habe ich gehört. Ich kenne ihr Leid. Ich bin herabgestiegen, um sie aus der Hand der Ägypter zu entreißen und aus jenem Land hinaufzufüh-

ren in ein schönes, weites Land, in ein Land, in dem Milch und Honig fließen... geh! Ich sende dich zum Pharao. Führe mein Volk, die Israeliten, aus Ägypten heraus! Mose antwortete Gott: Wer bin ich, dass ich zum Pharao gehen und die Israeliten aus Ägypten herausführen könnte? Gott aber sagte: Ich bin mit dir... Ich bin der »Ich-bin-da«. Und er fuhr fort: So sollst du zu den Israeliten sagen: Der »Ich-bin-da« hat mich zu euch gesandt.

Exodus 3, 1-8, 10-12a, 14

Bevor Sie die folgenden Überlegungen zum Text lesen, lade ich Sie ein, Ihre Fragen und Empfindungen zu notieren.

_____

_____

_____

_____

In den folgenden Deutungsimpulsen wird überwiegend auf die symbolische Bedeutung des Dornbuschs und die Bezüge zu Mose und unseren Lebensalltag eingegangen. Weitere Aspekte dieser vielschichtigen Erzählung und des Chagall-Bildes werden in einigen Tagesimpulsen dieser Woche angesprochen.

3. Ich suche nach Erkenntnis

MOSE – Sie erinnern sich an die Vorgeschichte: Als Säugling in einem Binsenkorb ausgesetzt, aus Todesgefahr gerettet, wohl Hebräer und doch am ägyptischen Hof erzogen, setzt sich für seine unterdrückten Stammesgenossen ein und erschlägt im Eifer einen Ägypter. Er wollte sein Volk aus eigener Kraft retten, doch keiner hilft ihm. So flieht er in die Fremde, in die Wüste, begräbt seine Sehnsucht nach Freiheit für sein Volk, heiratet und wird Hirte. Sein Lebensweg ist anscheinend in eine geordnete und ruhige Lebensweise in der Steppe eingemündet, die Sehnsucht seines Volkes in ihm ist erloschen,

seine Fähigkeiten ungenutzt. Doch als er eines Tages »über die Steppe hinaus« ging, um neue Weiden für sein Vieh zu suchen, »kam er zum Gottesberg Horeb.« Hier begegnete er »Gott« in ungewöhnlicher Weise und gleichzeitig sich selbst.

Ein brennender Dornbusch machte Mose neugierig. Warum verbrennt der Busch nicht, dieses wertlose, unbrauchbare Kraut am Rand der Wüste? Ist der Dornbusch vielleicht ein Bild für die Situation des Mose: Am Rand der Wüste, seine Fähigkeiten sind hier wertlos, in der Fremde, ausgedörrt von der Flucht, gescheitert in seinem Bemühen, verwundet durch das Unverständnis seines Volkes, dürr und leer, nur noch brauchbar im Dienst eines anderen.

Kennen wir solche Zeiten nicht auch in unserem Leben? Menschen fühlen sich leer und ausgebrannt, das Leben erscheint sinnlos. Das kann verschiedene Gründe haben, zum Beispiel:

- die Erfahrung ab der Lebensmitte, ich habe vieles nicht gelebt, was möglich gewesen wäre;

- ich lebe nicht mein Leben, sondern nach den Erwartungen und Vorschriften anderer, meine eigentlichen Fähigkeiten verkümmern;

- ich habe mich mit Eifer engagiert für...; nun werde ich nicht mehr gebraucht, bin einsam, allein gelassen oder werde übersehen.

Kehren wir zurück zur Erzählung. Ausgerechnet im wertlosen Dornbusch zeigt sich Gott dem Mose. »Gott ist wie eine Flamme, die aus dem Dornbusch emporschlägt und ihn doch nicht verbrennt. Gott verwandelt gerade die Öde und Leere, das Gescheiterte und Ausgebrannte, das Übersehene und Verachtete, das Verletzte« – in Mose und – »in uns zum Ort seiner Gegenwart«[16]. Er weckt in Mose neu den Gedanken an die Knechtschaft seiner Schwestern und Brüder in Ägypten und entfacht so die Flamme der Sehnsucht nach Befreiung. Mose wirkt unsicher, fühlt sich in die-

ser Erzählung als zu schwach für die an ihn gestellten Anforderungen. Doch Gott wählt gerade ihn in seiner Nichtigkeit aus. Vor Gott hat – das gilt für Mose und jeden von uns – alles im Leben einen Sinn, auch Scheitern und Krisen, auch Verdrängtes. Gott kann alles verwandeln und so nimmt er Mose in den Dienst. Er soll darin glühen wie der Dornbusch und in ihm wird Gott wie Feuer weiterbrennen.
Doch der Weg der Verwandlung braucht Zeit und Vertrauen. Vielleicht erscheint Ihnen der Befehl Jahwes, Mose solle seine Schuhe ausziehen, denn er stehe auf »heiligem Boden«, sehr seltsam. Oft wird das als ein Ritual gedeutet, doch einleuchtender erscheint die symbolische Deutung. Schuhe ausziehen, das kommt einer Selbstentblößung gleich. In seiner Niedrigkeit und Unsicherheit tritt der Mensch vor Jahwe und darf es in dem Vertrauen tun, dass Gott ihn annimmt, wie er ist. Auf diesem »heiligen Boden« darf ich sein, wie ich bin, kann mich entblößen, brauche meinen bisherigen Lebensweg vor Gott nicht verbergen. Jahwe will den Mose, will uns so, wie er und wir von innen heraus sind. In ihm und in uns stecken schon die Kräfte, um den jeweiligen Auftrag zu erfüllen bzw. den Lebensweg zu gestalten.
Wertloses brennt, aber verbrennt nicht, aus dem Scheitern erwachsen neue Energien, in der Resignation entzündet sich die Sehnsucht nach neuen Lebensmöglichkeiten. Gott ist immer schon da – in meiner Schwäche, Angst, Leere oder Scheitern. Er versteht gut, wenn wir wie Mose resignieren (»Wer bin ich, dass...« 3,11) oder wie er sich nach seinem Scheitern nun in der Steppe »eingerichtet« hat. Gott nimmt beides an und stellt sich dem widerstrebenden, zweifelnden und fragenden Mose vor als »Ich bin der ICH-BIN-DA«, der Gott der Väter, als Befreier aus innerer und äußerer Unterdrückung und Begleiter auf dem zukünftigen Lebensweg. Im Vertrauen auf ihn kann er mit ihm die Sehnsucht nach Freiheit verwirklichen. Das gilt für Mose und für uns. Gott ist unser Begleiter.

Dieses Leben

Dieses Leben ist nicht ein Frommsein,
sondern ein Frommwerden,
nicht ein Gesundsein,
sondern ein Gesundwerden
überhaupt nicht ein Wesen
sondern ein Werden,
nicht eine Ruhe,
sondern eine Übung.
Wir sind's noch nicht,
wir werden's aber.
Es ist noch nicht getan und geschehen –
es ist aber im Schwang.
Es ist nicht das Ende,
es ist aber ein Weg.

Martin Luther

Suchen Sie drei verschiedene kurze Sätze bzw. Aussagen aus dem Bibeltext, den deutenden Anregungen oder dem Luthertext, die Ihnen besonders wichtig sind. Schreiben Sie jeden Satz auf ein kleines Kärtchen. Wählen Sie eine Aussage für heute aus und beschäftigen Sie sich damit im Laufe des Tages wie in Übung 14 (3), Seite 169, 4. Phase, beschrieben.

Tages-Spiegel

1. In den Tag schauen

Nehmen Sie sich Zeit und beginnen Sie mit der Umschalt- und Einstimmungsübung Nr. 12, Seite 166

Für die Christen der ersten Jahrhunderte war das Fasten ein bedeutsames Mittel ihrer Suche nach Gott. Fasten wirkt nicht nur körperlich, sondern lässt die Seele auch »über himmlische Dinge nachdenken« *(Johannes Chrysostomos)*, es »ist Heilmittel auf dem Lebenswege des Christen« *(Petrus Chrysologus)* und entfacht in uns neu die Sehnsucht, Spuren Gottes zu suchen. Welche Sehnsüchte sind neu spürbar geworden? Welche Erfahrungen habe ich mit der von mir gewählten Aussage heute gemacht? Wie habe ich den 3. Fastentag bzw. 3. Fastensonntag erlebt?
Befinden Sie sich auf dem spirituellen Weg durch die Fastenzeit? Dann erinnere ich Sie an die befreienden Wirkungen eines Entlastungstages (vgl. Anregungen, Seite 177f.). Planen Sie ihn rechtzeitig.

2. Den Tag abschließen

Unsere Lebensgeschichte und -umwelt ist voller Gottesvorstellungen. Gott aber ist in der Regel ganz anders als wir es erwarten, hoffen oder denken. Der nebenstehende Text zum Abschluss des Tages erinnert Sie daran und lädt ein, sich auf die Suche zu begeben und sich finden zu lassen.

Gott ist ganz anders

vergiss
alle Eigenschaftswörter

verbrenn
alle Bilder

schreib ihn
nicht fest

trau
keinem Namen

feilsche
nicht

rechne nicht
mit dem Berechenbaren

nimm Abschied von deinen Erwartungen
und lass dich überraschen

gib deiner Sehnsucht Raum
aber fessele ihn nicht

alle Versuche dir deinen Hausgott
zu basteln sind vergebens

Gott ist
ganz anders

aber er sucht dich
wenn du dich finden lässt

er findet dich
wenn du ihn suchst

Andrea Schwarz

Montag

Gott im Alltag suchen

Suchende Menschen fragen heute: Was ist der Sinn meines Daseins? Wozu lebe ich? Brauche ich dazu Gott? Wo ist Gott? Hinter diesen Fragen können vielfältige Wünsche und belastende Erfahrungen stecken, aber auch die tiefe religiöse Sehnsucht nach Angenommensein und Orientierung. Demgegenüber steht die plakative Kennzeichnung der religiösen Situation unserer Zeit als »Gotteskrise«. Verschwindet Gott aus unserem Leben? Oder verschwinden nur überholte Gottesvorstellungen?

Bei mir ankommen

Beginnen Sie im Stehen mit der »Energie-Atmung« Nr. 8, Seite 164, öffnen Sie das Fenster, atmen Sie die frische Luft des Morgens und fragen Sie sich: Wann denke ich an Gott?

Dem Leben auf der Spur

Es waren zwei Mönche, die lasen miteinander in einem alten Buch, am Ende der Welt gebe es einen Ort, an dem der Himmel und die Erde sich berühren. Sie beschlossen, ihn zu suchen und nicht umzukehren, ehe sie ihn gefunden hätten. Sie durchwanderten die Welt, bestanden unzählige Gefahren, erlitten alle Entbehrungen, die eine Wanderung durch die ganze Welt fordert, und alle Versuchungen, die einen Menschen vom Ziel abbringen können. Eine Tür sei dort, so hatten sie gelesen, man brauche nur anzuklopfen und befinde sich bei Gott. Schließlich fanden sie, was sie suchten. Sie klopften an die Tür, bebenden Herzens sahen sie, wie sie sich öffnete, und als sie eintraten, standen sie zu Hause in ihrer Klosterzelle.
Da begriffen sie: Der Ort, an dem Himmel und Erde sich berühren, befindet sich auf dieser Erde, die uns Gott zugewiesen hat.

Die Sehnsucht der beiden Mönche wurde geweckt durch die Lektüre eines »alten Buches«. Wer kennt das nicht? Ein Roman oder ein Märchen, eine Geschichte oder eine Person, ein treffendes Wort oder eine Nachricht, eine Krankheit oder eine Begegnung trifft mich und motiviert mich, über das, was ich will und was mein Leben trägt, nachzusinnen.

Die Sehnsucht der suchenden Mönche nimmt Gestalt an, indem sie aufbrechen. Sie spüren sie an Leib und Seele während ihres Unterwegsseins, und sie erleben sie bei ihrem Ankommen. Sie treten in die eigene Klosterzelle ein und begreifen, dass sie in dieser Welt als Suchende immer unterwegs sind. Nicht irgendwo, sondern im Alltag des Lebens. Er ist der Ort, an dem »Himmel und Erde sich berühren«, der Ort, an dem sie Gott begegnen und ihn erfahren können. Wer den »Himmel« sucht, muss diese »Erde« wollen, denn Gott ist mitten unter uns (vgl. Lukas 17, 20 f.).

> Blaise Pascal wurde als Kind einmal herausgefordert: »Ich gebe dir ein Goldstück, wenn du mir sagst, wo Gott wohnt«. Der Kleine antwortete: »Und ich gebe dir zwei Goldstücke, wenn du mir sagen kannst, wo Gott nicht wohnt«.

Anregungen für den Tag

Ich vertraue darauf und achte heute auf alltägliche Situationen, um Spuren von Gottes Dasein zu entdecken.

Tages-Spiegel

Spuren Gottes heute – Ich notiere meine Erfahrungen und Beobachtungen in meinem »Fasten-Tagebuch«.

> Du musst nicht über die Meere reisen,
> musst keine Wolken durchstoßen und
> musst nicht die Alpen überqueren.
> Der Weg, der dir gezeigt wird, ist nicht weit.
> Du musst deinem Gott
> nur bis zu dir selbst entgegengehen.
> Denn das Wort ist dir nahe:
> Es ist in deinem Mund und in deinem Herzen
> (Röm 10,8).
>
> Bernhard von Clairvaux

Dienstag

Gott – abwesend und gegenwärtig

Wo ist Gott? Unsere Antwort vom Vortag, Gottes Spuren im Alltag zu suchen, befriedigt manche Menschen nicht. Einerseits ist Gott kein »Ding«, das in der Welt vorkommt, andererseits erleben sie ihn fern und abwesend. Er entzieht sich, zurück bleibt häufig eine Leere. Können wir vielleicht Gott gerade in seiner Abwesenheit, in dieser Leere erfahren? Lässt uns die Leere Neues entdecken?

Bei mir ankommen

Erspüren und zentrieren Sie sich mit der Übung Nr. 5(b), Seite 160. Versuchen Sie, am Ende der Übung der Aussage nachzuspüren: »Manchmal fühle ich mich ausgelaugt.../ ganz leer... ganz allein«. Notieren Sie Ihre Gefühle und Gedanken.

> »Wer die letzte Einsamkeit kennt,
> kennt die letzten Dinge.«
>
> Friedrich Nietzsche

Dem Leben auf der Spur

Müssen wir neu lernen, die Gottesferne und die damit verbundenen Gefühle der Leere und Einsamkeit auszuhalten, ja in ihnen zu reifen? Dazu ein Text des Theologen Karl Rahner, geschrieben wenige Jahre vor seinem Tod:

»Das Erste, was wir hier tun müssen, ist dies: Sich dieser Gottesferne stellen, vor ihr weder in frommen noch in weltlichen Betrieb fliehen, sie aushalten ohne die Narkotika der Welt. Welcher Gott ist dir eigentlich in dieser Leere des Herzens fern? Nicht der wahre und lebendige Gott, denn dieser ist ja gerade der Unbegreifliche. Fern ist dir nur geworden ein Gott, den ist nicht gibt: Ein begreiflicher Gott, ein Gott, der dafür sorgt, dass die Kinder nicht weinen und die Menschenliebe nicht in Enttäuschung mündet, ein sehr ehrwürdiger Götze. Der ist dir fern geworden.
Soll man solche Gottesferne nicht aushalten? Doch, es gilt wirklich: Lass in diesem Geschehen ruhig die Verzweiflung dir scheinbar alles nehmen; ... es wird dir in Wahrheit nur das Endliche und Nichtige genommen... Wenn du standhältst, die Verzweiflung nicht fliehst und in der Verzweiflung an deinem bisherigen Götzen, den du Gott nanntest, nicht auch an dem wahren Gott verzweifelst, wenn du also standhältst ... dann wirst du plötzlich innewerden, dass deine tödliche Leere nur die Weite Gottes ist, dass das Schweigen erfüllt ist von einem Wort ohne Worte. Das Schweigen ist sein Schweigen. Es sagt dir, dass er da ist... Er ist da. Suche nicht, ihn festzuhalten. Er flieht nicht. Suche nicht, dich zu vergewissern und ihn mit den Händen deines sehnsüchtigen Herzens zu betasten. Du würdest nur ins Leere greifen... weil er die Unendlichkeit ist, die nicht ergriffen werden kann. Er ist da. Mitten in deinem verschütteten Herzen, er allein.«[17]

Anregungen zum Tag

Unterbrechen Sie heute 2- bis 3-mal Ihren Arbeitstag, um still zu werden. Gerade dasitzen, Augen schließen, durchatmen und die Stille und Leere aushalten.

Tages-Spiegel

Beginnen Sie mit einer Stilleübung und fragen Sie sich: Welche Gottesvorstellungen sind mir fremd und leer geworden? Kann ich vertrauen »er ist da«?

Eines Nachts hatte ich einen Traum: Ich ging mit Gott, meinem Herrn, am Strand entlang. Vor meinen Augen zogen Szenen aus meinem Leben vorüber, und für jede Szene entdeckte ich Fußspuren im Sand. Manchmal sah ich die Abdrücke von zwei Fußspuren im Sand, dann wieder nur von einem Paar.

Das verwirrte mich, denn ich stellte fest, dass immer dann, wenn ich unter Angst, Sorgen und dem Gefühl des Versagens und der Leere litt, nur die Abdrücke von einem Fußpaar zu sehen waren. Deshalb wandte ich mich an den Herrn: »Du hast mir versprochen, Herr, du würdest immer mit mir gehen, wenn ich dir folgen würde. Ich habe aber bemerkt, dass gerade in den schwierigsten Zeiten meines Lebens nur ein Fußpaar im Sand zu sehen war. Wenn ich nun dich am dringendsten brauchte, hast du mich allein gelassen. Warum?«

Da antwortete Gott: »Ich liebe dich und würde dich niemals allein lassen. An den Tagen, immer dann, wenn du nur ein Fußpaar im Sand gesehen hast, habe ich dich getragen.«

Aus Taizé

Mittwoch

Gott in uns

Du sollst dir von Gott kein Bild machen! – So haben wir es gelernt. Dennoch leben wir von Vorstellungen, die wir uns von Gott machen. Er ist fern oder nah, oben oder hier, die Fülle, die Leere oder der Allmächtige, und wir sprechen ihn mit einem vertraulichen »du« an. Wir sind immer in Gefahr, Gott mit unseren eigenen Gottesbildern zu verwechseln. Daher kann es hilfreich sein, auch andere Gottesvorstellungen zu meditieren, zum Beispiel »Das Reich Gottes ist in euch« (Lk 17,21). Denn »das Fasten öffnet uns den Blick dafür, dass Gott in uns ist.« (A. Grün).

Bei mir ankommen

Ich lade Sie heute ein zu einem Morgenritual[18] mit Text und Bewegung.

Text	Bewegung
Wer hat mich, aufgeweckt, Gott?	mich strecken und dehnen
Wer schenkt mir den neuen Tag, Gott?	offene Hände und Arme nach vorne
Wer lässt mich hören und sehen, atmen und gehen, Gott?	mit Gesten zu den Worten umsetzen
Wer ist in mir, Gott?	Hände auf Brust legen
Mein Gott, ich danke dir.	Vorbeugen, still stehen, ruhig atmen

Dem Leben auf der Spur

Gott in uns? Eine vielfach variierte Erzählung aus der orientalischen Tradition gibt dazu auf anschauliche Weise Antwort.

Als Gott die Welt erschaffen hatte, stellt er sich die Frage, wo er sich selbst, die Urkraft der Schöpfung, hinbegeben sollte, damit der Mensch ihn nicht immer als Alibi für seine zerstörerischen Taten benutze. Vor allem aber, damit der Mensch lerne, seine Freiheit verantwortlich zu gebrauchen und seine Fähigkeiten zu entwickeln.
Gott und seine himmlischen Wesen berieten sich. Ein Engel machte den Vorschlag, Gott könne auf den höchsten Berg gehen, um sich dort zu verstecken. Gott meinte: »Es wird nicht lange dauern, dann finden sie mich dort.« Der zweite Engel sagte: »Verstecke dich in der Tiefe des Meeres.« Doch Gott erwiderte: »Ich kenne die Menschen, sie werden mich finden.« Ein Dritter rief: »Verstecke dich auf dem Mond oder einem der anderen Planeten.« Voll Zweifel antwortete Gott: »Sie werden mich finden.« Da meldete sich der Engel Michael: »Ich hab's. Verstecke dich im Herzen jedes Menschen. Er wird niemals daran denken, dort nach dir zu suchen.« Gott antwortete: »Ja, das werde ich tun. Wenn sie mich dort finden, dann sind sie gereift und auch innerlich mir ähnlich geworden.«

Eine Kursteilnehmerin fasste einmal die Erkenntnis dieser Erzählung in dem Satz zusammen: »Gott, du bist die Kraft, die in mir Verwandlung schafft.« Wir sind eingeladen, uns auf diese »verwandelnde Kraft« in uns einzulassen.

Anregungen zum Tag

Ich kann jeden Tag zu meiner inneren Kraftquelle gehen oder bewusst eine bestimmte Fähigkeit weiterentwickeln oder etwas zur Freude anderer tun oder... Wählen Sie eine Möglichkeit aus und erinnern Sie sich: »Gott ist in mir«.

Tages-Spiegel

Fragen Sie sich zum Abschluss des Tages: Bei welchen Gelegenheiten ist mir der Satz »Gott ist in mir« eingefallen? Was hat es in mir bewirkt?

GOTT

auf der Suche
nach dir
zerbrechen Bilder
schwinden Hoffnungen
werde ich berührt
wächst sanft die Kraft
und ich kann
dich finden
in mir

Donnerstag

Gott – dialogbereit und fordernd

Ich lade Sie ein, sich nochmals mit der Mose-Erzählung (vgl. Seite 101f.) zu beschäftigen. Denn dieser Mose geht wohl vor dem brennenden Dornbusch staunend und ehrfürchtig in die Knie, doch er nimmt seinen Auftrag keineswegs demütig entgegen. Er fragt nach, er widersetzt sich.

Bei mir ankommen

Betrachten Sie in aller Ruhe das Chagall-Bild, Seite 104a. Vor allem die Gestalt des Mose: Gesicht, Haltung, Hände. Lesen Sie dann den dazugehörigen Text Seite 101f. und achten Sie auf seine Art des Widersprechens. Wenn Sie ein Altes Testament haben, können Sie dort die Fortsetzung seiner Auseinandersetzung mit Gott – Exodus 3, 13-15 und 4, 1-17 – nachlesen. Wie geht es Ihnen mit diesem sich sträubenden Moses?

Die Klugheit eines Menschen erkennt man an seinen Fragen und nicht an seinen Antworten.

Orientalische Lebensweisheit

Dem Leben auf der Spur

Mose ist ein zweifelnder Sucher. Im Text scheint er ängstlich zu sein, im Chagall-Bild zeigt er sich selbstbewusst. Für beide Sichtweisen gilt, er versucht mit allen Mitteln, sich dem Auftrag zu widersetzen. Er fragt nach: »Wer bin ich, dass...« (3,11) und »Dann werden sie mich fragen: ...Was soll ich sagen?« (3,13) oder »Was aber, wenn sie mir nicht glauben...« (4,1). Er sträubt sich, windet sich, weicht aus und macht sich klein, doch geduldig beantwortet Gott seine Fragen. Er demonstriert ihm, dass mehr Fähigkeiten in ihm stecken, als er sich in seiner Angst zutraut. Schließlich der Gipfel seiner Ausreden: »Ich bin keiner, der gut reden kann« (4,10). Kommt Ihnen diese Verweigerungstaktik nicht auch bekannt vor? Immer dann, wenn wir Ängste verbergen, beschönigen wollen, uns zu wenig zutrauen oder uns bedeckt halten, dann reden wir so. Im Text wird Gott zornig und wendet sich eindeutig gegen die zerstörerisch wirkende negative Einrede von menschlicher Unfähigkeit. Übertragen auf uns, könnten wir diese Botschaft so formulieren: »Du kannst dich in deinen Minderwertigkeitsgefühlen, Ängsten und Sorgen vergraben. Du kannst deine Ängste auch hinter der Maske der Selbstsicherheit verbergen. Doch damit stehst du dir im Weg. Aber du kannst deine Angst auch einmal von Gott her betrachten und aufhören, sie zu beklagen. Gott will dich so haben wie du bist, er verlangt nicht mehr, als er in dir grundgelegt hat. Mehr als dich selbst, dein Vertrauen zu ihm und in deine Fähigkeiten braucht er nicht. Fange bei dir selbst an, dich, deine Mitwelt und Gott neu zu entdecken. Du kannst mehr, als du dir zutraust, denn der ICH-BIN-DA begleitet dich auf allen Wegen deines Lebens.«

Mose darf Gott fragen und ihm widersprechen, doch er soll es offen tun und nicht, indem er seine Fähigkeiten heruntersetzt, sich als Person zerstört und damit seine Lebensentfaltung verhindert. Gott ist geduldig und dialogbereit, aber auch eindeutig und herausfordernd. Er mutet ihm und uns zu, unsere Fähigkeiten zu entfalten und sie in den Dienst des Lebens zu stellen.

Anregungen zum Tag

Achten Sie heute auf Ihre »Ausreden«, die Sie benutzen, um einer Anfrage, einer Arbeit, die erledigt werden sollte, einen Wunsch, einer Herausforderung... auszuweichen oder sie abzulehnen. Wenn Sie es bei sich bemerken, nehmen Sie sich eine »Stille-Zeit« und fragen sich: Welchen Aufgaben fühle ich mich nicht gewachsen? Welche Zweifel hindern mich, sie zu übernehmen? Was gibt mir Mut und das Gefühl der Kraft? Notieren Sie Ihre Gedanken.

Tages-Spiegel

Nehmen Sie sich Zeit, ruhig zu werden, setzen Sie einen Ihnen gemäßen Anfang für den Tagesrückblick. Orientieren Sie sich dabei an der »Tages-Gebet-Besinnung« Nr. 19, Seite 174.

Freitag

Mach's wie Gott, werde Mensch

Wir sagen es so selbstverständlich: Gott ist in Jesus von Nazareth Mensch geworden. Wir feiern diese Botschaft festlich an Weihnachten, doch wie leben wir sie in der restlichen Zeit des Jahres?

Bei mir ankommen

Wählen Sie eine bequeme und entspannte Sitzhaltung. Schließen Sie die Augen und bemühen Sie sich, 10 Min. still zu werden. Notieren sie dann alles, was Sie während der Übung gedacht und gefühlt haben. Was war schwierig, was war angenehm und hilfreich?

Dem Leben auf der Spur

Der Priester und Künstler Wilhelm Bruners nennt Gott einen »heruntergekommenen Gott«. In dieser ungewohnten Aussage liegt das Geheimnis der Menschwerdung Gottes verborgen. Der heruntergekommene Gott verschwistert sich mit dem Menschen. Er wurde einer von uns, mit einer Lebensgeschichte, solidarisch mit Armen und Schwachen, Kranken und Ausgestoßenen, Suchenden und Zweifelnden, ließ er sich nicht auf die herkömmliche Gottesvorstellung festlegen, sondern lebte Nähe und Zuneigung, stille Zurückgezogenheit und öffentliches Auftreten, Trost und Liebe, verkündete Frieden und verbreitete Hoffnung. Er zeigte ein neues Selbstbewusstsein und entzündete damit andere, sodass sie sagten:

meine entdeckung
ich muss mich
vor dir
nicht mehr
klein machen
heruntergekommener
gott

Wilhelm Bruners

Anregungen zum Tag

Die Menschenfreundlichkeit dieses »heruntergekommenen Gottes« zu leben, ist eine ständige Herausforderung. Die Fastenzeit dazu eine ideale Übungszeit. Hier einige Tipps, wie ich beginnen kann, meine Menschwerdung zu fördern:

Kurzer Tipp:	Danken
Weiser Tipp:	Vorurteile nicht weitererzählen
Sinnlicher Tipp:	Mit allen Sinnen wahrnehmen, was anderen weiterhilft
Praktischer Tipp:	Zupacken, wenn ich gebraucht werde
Lohnender Tipp:	Zeit zur Stille nehmen
Hilfreicher Tipp:	Geduldig sein mit mir und anderen
Mutiger Tipp:	Wort und Tat stimmen überein
Persönlicher Tipp:	Kranke besuchen, mit Suchenden sprechen
Einfacher Tipp:	Freundlich sein.
Mein Tipp für mich:	_____

Wählen Sie 1 bis 2 Tipps aus und achten Sie darauf, wie Sie diese(n) heute verwirklichen. Denken Sie daran: »Mensch werden« ist ein Prozess. Wir dürfen damit täglich neu beginnen.

> Es ist gut, zu beten und zu fasten,
> barmherzig und gerecht zu sein.
> Lieber wenig, aber gerecht, als viel und ungerecht.
>
> Tobit 12,8

Tages-Spiegel

Suchen Sie Ihren »Ort der Stille« und überdenken sie den Tag: Wie bin ich mit meinem ausgewählten »Tipp« umgegangen? Was kann ich daraus lernen? Beenden Sie den Tag mit einem kurzen Gebet.

GOTT

heruntergekommen in meinem Leben.

Danke für diesen Tag.
Wirke du in mir,
begleite mich täglich neu,
Mensch zu werden.

Samstag

Verwurzelt sein in Gott

Der kleine Prinz trifft – in der gleichnamigen Erzählung – eine armselige Blume. Nach der Begrüßung fragt er: »Wo sind die Menschen?« Die Blume hatte einmal eine Karawane vorüberziehen sehen und antwortete: »Die Menschen? Es gibt, glaube ich, sechs oder sieben! Ich habe sie vor Jahren gesehen. Aber man weiß nie, wo sie zu finden sind. Der Wind verweht sie. Es fehlen ihnen die Wurzeln, das ist übel für sie«

(Antoine de Saint-Exupéry).

Bei mir ankommen

Lesen Sie die Übung Nr. 17, Seite 172 und führen Sie diese dann im Stehen und mit besonderer Konzentration auf die Wurzeln ihres »Phantasiebaumes« durch. Fragen Sie sich: Welche Wurzeln geben mir Halt?

Dem Leben auf der Spur

Ein Baum kann nur leben aus seinen Wurzeln. Weit reichen sie in die Erde hinein, mit ungezählten Verästelungen nehmen sie Nahrung auf, spenden Leben und geben Halt. Wurzeln bleiben in der Regel unsichtbar und wirken von dort für das Leben des sichtbaren Baumes. Der Baum, ein Bild für den Menschen, seine Wurzeln, ein Bild für mein Verwurzeltsein, die Nahrungsquelle, den Halt in stürmischen Zeiten, die Kraft meines Lebens? Worin bin ich verwurzelt? In meiner Familie, einer Partnerschaft, einer Gemeinschaft, im Glauben an Gott? Aus welchen Wurzeln nähre ich mich?

Verwurzelt der Mensch

Verwurzelt der Mensch
der wagt zu seiner Meinung zu stehen
der sich wehrt
auch für die Rechte der kleinen Leute

Verwurzelt der Mensch
der darauf vertraut
dass es wohl auf ihn ankommt
aber letztlich nicht von ihm abhängt

Er wird sein wie ein Baum
am Wasser verwurzelt
auch wenn um ihn die Dürre sich ausbreitet
so bringt er Früchte

Wenn die Kritik und die Zweifel kommen
wird er sich besinnen
auf den Fluss des Urvertrauens
der auch durch ihn fließt
er wird nicht allein gegen den Strom schwimmen
und die göttliche Quelle
immer neu in sich entdecken

Pierre Stutz, nach Psalm 1,3

Anregungen zum Tag

Wieder geht eine Woche zu Ende. Sie haben bis hierher die Fastenzeit durchgehalten. Ein Grund, sich selbst zu loben und zu ermutigen für die nächsten Wochen. Schenken Sie sich heute eine besondere Anerkennung für den bisherigen Weg durch die Fastenzeit. Nehmen Sie sich aber auch Zeit, den Psalm »Verwurzelt der Mensch« Satz für Satz zu lesen und darüber nachzusinnen.

Wochen-Spiegel

Orientieren Sie sich an der Übung Nr. 20, Seite 175. Schließen Sie die Woche ab mit einem Text bzw. einer Geschichte aus den vergangenen Tagen, der bzw. die Sie besonders berührt hat.

Vierter Fastentag oder vierter Fastensonntag

Klarer sehen lernen – Sich dem Leben stellen

Nach Hermann Hesse stellt das Leben »jedem eine andre, einmalige Aufgabe« und »es kann der Schwächste und Ärmste an seiner Stelle ein würdiges und echtes Leben führen, einfach dadurch, dass er ... seine besondere Aufgabe annimmt und zu verwirklichen sucht«[19]. Damit das gelingt, genügt es nicht, einfach in die Welt zu schauen. Der scheinbare Glanz gesellschaftlichen Fortschritts blendet, unsere vernunftsorientierte Sichtweise macht blind für andere Perspektiven; Detailwissen, Spezialisierung und manipulative Informationen prägen Meinungen, Urteile und Verhalten. Häufig sind wir blind für das Ganze und die bedeutsamen Werte menschlichen Zusammenlebens. »Klarer sehen« meint daher eine besondere Fähigkeit des Sehens, die am besten mit dem Geheimnis des kleinen Prinzen umschrieben ist: »Man sieht nur mit den Herzen gut. Das Wesentliche ist für die Augen unsichtbar« (Antoine de Saint-Exupéry). Wir wollen uns diesem Geheimnis annähern.

Fastenwoche: Der Verzicht auf feste Nahrung gehört für Sie heute schon zum »normalen« Alltag. Vielleicht fühlen Sie sich pudelwohl, vielleicht auch nur erleichtert. Beides sind beste Voraussetzungen, sich gleich dem Tagesthema zuzuwenden.

Fastenzeit(en): Der 4. Fastensonntag trägt den lateinischen Namen »Laetare« (freue dich). Er unterscheidet sich von den vorangegangenen, weil die Mitte der Fastenzeit erreicht ist und so in Vorfreude ein Blick auf das kommende Osterfest erlaubt wird. Daher nennt man ihn auch »Mitt-Fasten«. Mit dieser Vorfreude gehen wir in diese Woche.

Blindsein nachspüren

Es war einmal, so erzählt Buddha, ein König. Der rief zu seiner Zerstreuung etliche Bettler zusammen, die von Geburt an blind waren, und setzte einen Preis aus für denjenigen, der ihm die beste Beschreibung eines Elefanten geben würde. Zufällig geriet der erste Bettler, der den Elefanten untersuchte, an dessen Bein, und er berichtete, dass der Elefant ein Baumstamm sei. Der Zweite, der den Schwanz erfasste, erklärte, der Elefant sei ein großer Pinsel. Ein anderer, welcher ein Ohr ergriff, beteuerte, dass der Elefant einer Schüssel gleiche. Wieder ein anderer bekam den Rüssel zu packen und rief, dass der Elefant eine Riesenschlange sei, und so fort. Die Bettler begannen untereinander zu streiten, und der König war überaus belustigt.

Diese Erzählung bedrückt mich. Zeigt sie doch auf die ständige Gefahr der einseitigen Perspektive hin. Ausgerichtet auf ein Detail, meinen wir, über das Ganze richtig urteilen zu können. Für andere Sichtweisen sind wir blind, sie gelten als falsch, und wir beginnen »untereinander zu streiten«.
Ich lade Sie ein, mit der Übung »Abschütteln und auftanken« (vgl. Nr. 5 (c), Seite 161) zu beginnen. Für die Ruhephase kurz vor Ende der Übung schlage ich vor (im Stehen), dass Sie sich an die vergangene Woche erinnern: ... Wo war ich? ... Was habe ich an den einzelnen Tagen getan?... Was habe ich erlebt?... morgens, ... mittags... abends... am Wochenende?... Was habe ich alles gesehen? ... Unterbrechen Sie die Übung und setzen Sie sich.
Schließen Sie die Augen und stellen Sie sich vor: Ich bin blind! Lassen Sie sich Zeit, sich an diese Vorstellung zu gewöhnen... es wird mehr und mehr dunkel... Erleben Sie nun die vergangene Woche

nochmals als Blinder. Ich bin blind... Was tue ich? ... vom Morgen bis zum Abend... gestern... vorgestern... an den Tagen dieser Woche?... Was ist anders?... Wo brauche ich Hilfe?... Wo finde ich sie?... Was ist nicht mehr möglich?... Wie komme ich als Blinder zurecht?...

Notieren Sie Ihre Erfahrungen und Gedanken aus beiden Wegen durch die vergangene Woche im Fastentagebuch.
Sie können nun eine kurze Ruhe- und Konzentrationsphase einschieben, zum Beispiel mit der Übung Nr. 7, Seite 163 oder gleich die folgenden Frageimpulse bearbeiten. Schließen Sie diese entspannende Phase ab und notieren Sie Ihre Ideen, Erfahrungen und Gedanken zu folgenden Fragen:

- Manchmal bin ich »blind« für...

_____
_____
_____

- Wenn ich blind wäre, dann...

_____
_____
_____

- Manchmal schließe ich bewusst die Augen...

vor	weil
_____	_____
_____	_____
_____	_____
_____	_____

»... ich erkühne mich nach einem Weg zu fragen...«
»Faste!... Du hast einen Weg. Aber es ist schwer ihn zu gehen. Die leichten Wege nämlich sind nicht vom Himmel.«
Dschuang-Tsi

Einer öffnet mir die Augen

Im Neuen Testament finden wir mehrere Berichte über die Heilung blinder Menschen. Ein sehr markanter steht bei Markus (8, 22-26). Lesen Sie den Text, kennzeichnen Sie die Aussage oder die Geste, von der Sie im Moment am stärksten berührt sind.

Sie kamen nach Betsaida. Da brachte man einen Blinden zu Jesus und bat ihn, er möge ihn berühren. Er nahm den Blinden bei der Hand, führte ihn vor das Dorf hinaus, bestrich seine Augen mit Speichel, legte ihm die Hände auf und fragte ihn: Siehst du etwas? Der Mann blickte auf und sagte: Ich sehe Menschen; denn ich sehe etwas, das wie Bäume aussieht und umhergeht. Da legte er ihm nochmals die Hände auf die Augen; nun sah der Mann deutlich. Er war geheilt und konnte alles ganz genau sehen. Jesus schickte ihn nach Hause und sagte: Geh aber nicht in das Dorf hinein!

Ich lade Sie ein, den Text noch aus einer anderen Sichtweise zu erleben. Bemühen Sie sich, ruhig zu werden, richten Sie die Aufmerksamkeit auf Ihren Atem und spüren Sie ihm nach ein... aus... ein... aus... (8- bis 10-mal). Stellen sie sich vor: Ich bin blind... Ich bin der blinde Mann oder eine blinde Frau... Ich werde zu Jesus geführt... Ich erlebe... Spielen Sie aus dieser Perspektive die Erzählung durch, spüren Sie Ihren Empfindungen nach. Notieren Sie nun wieder: Welches Wort, welche Geste oder welcher Gedanke hat mich als Blinder stark berührt? Vergleichen Sie diese Erfahrungen mit den Gedanken nach dem ersten Lesen des Textes. Gemeinsamkeiten, Unterschiede,...?

Manchmal sind wir blind – weil wir etwas unbewusst ausblenden oder es nicht sehen wollen. Wir wollen nicht so genau bei uns selbst hinsehen, wir schließen aber auch die Augen vor den Nöten und Ängsten anderer. Wir merken häufig nicht, dass wir eine bestimmte »Brille« aufhaben. Eine Brille, durch die hindurch mein Verhalten oder existierende Probleme unscharf werden, in einem erträgbaren Licht erscheinen oder überhaupt nicht mehr existieren. Unser Lebensumfeld bestätigt uns häufig diese Sichtweise, oder andere Perspektiven, Meinungen oder Verhaltensweisen werden als abweichend betrachtet und abgelehnt.

Jesus nimmt den Blinden bei der Hand und führt ihn aus seinem Dorf heraus. Er löst ihn damit aus seiner vertrauten Umgebung und den prägenden Denkmustern der Dorfgemeinschaft. Hier draußen im Alleinsein und nahe bei Jesus beginnt der Heilungsvorgang. Der Speichel – mancher mag das als eklig empfinden – hat heilende Wirkung. Tiere lecken ihre Wunden, Mütter bestreichen die Wunden ihrer Kinder damit. Wichtiger jedoch ist die Berührung, Zuwendung und Wärme Jesu. In der Leben spendenden Nähe spürt der Blinde: Hier kann ich auf meine Schattenseiten schauen, kann all das anschauen, vor dem ich sonst die Augen verschließe, ohne verurteilt zu werden. Die Hände Jesu eröffnen ihm einen Raum der Geborgenheit. Zunächst sieht er nur schemenhafte Gestalten. Die Blindheit hat ihn den Menschen »entfremdet«, er sieht sie als Bäume, noch nicht als beziehungsgestaltendes Du. Jesus legt ihm nochmals die Hände auf die Augen – das alte Symbol der belebenden Kraft des Geistes – worauf dieser »alles ganz genau sehen konnte«. Wenn uns jemand die Hände auf die Augen legt, sehen wir in der Regel nichts. Hier jedoch geht es um die Heilung der inneren Blindheit. Dazu brauchen wir nicht unbedingt die äußeren Augen, denn das Wesentliche ist für die Augen unsichtbar. Wir müssen lernen, die Wirklichkeit – in welch äußerer Form sie uns auch begegnet – zu »durch-schauen« auf den dahinterliegenden Sinn.

Den Sinn sehen ist das eine, ihn leben das andere. Heilung braucht Zeit. Daher schickt ihn Jesus nach Hause mit der Empfehlung, nicht ins Dorf, in die einschränkenden Denkzwänge seines Umfeldes, zurückzukehren. Zu Hause, bei sich, in seinem Inneren, soll er den Heilungsprozess unterstützen, klarer sehen zu lernen, um sich gestärkt dem Leben stellen zu können.

Lesen Sie – bevor Sie in den Alltag gehen – abschließend den Text auf der nächsten Seite. Nehmen Sie dann eine für Sie wichtige Aussage aus der biblischen Erzählung, den deutenden Gedanken oder den Text von Max Feigenwinter mit in den Tag. Halten Sie ihn während des Alltags wach, indem Sie ihn aussprechen, auf eine Situation beziehen oder still darüber nachdenken. Achten Sie heute auf Situationen, vor denen Sie bewusst die Augen schließen.

Tages-Spiegel

1. Den Tag anschauen

Schauen Sie in Ruhe das Bild von Sigmunda May (nächste Seite) an. Es erinnert an den Bibeltext und den Impuls, der Sie durch den Tag begleitet hat.

- Wie bin ich mit dem Impuls umgegangen?

- Klarer sehen: Was ist mir gelungen? Woran bin ich gescheitert? Wie heißt die Angst, mich selbst anzuschauen?

- *Fasten*: Welche Erfahrungen möchte ich heute aufschreiben?

2. Den Tag abschließen

Sie können alle Gedanken, Begegnungen und Erfahrungen in einem freien Gebet zusammenfassen oder einfach den Text von Max Feigenwinter zur Ermutigung lesen (vgl. nächste Seite).

*Ich möchte
sehen lernen,
wo ich bisher die Augen verschloss;*

*hören lernen,
was ich bisher von mir wies;*

*spüren lernen,
was ich bisher verdrängte;*

*sagen lernen,
was ich bisher ängstlich zurückhielt;*

*Schritte wagen,
wo ich bisher gefangen war;*

*annehmen lernen,
was ich bisher verachtete;*

*entdecken lernen,
was im Kern meiner Seele liegt.*

*Ich möchte wachsen,
menschlicher werden,
ganz sein.*

Max Feigenwinter

Sigmunda May

Montag

Bei sich bleiben oder flüchten?

Wer neu beginnen will, braucht Orte und Zeiten, um in Stille sich selbst zu begegnen. In der Selbstbegegnung wagt sich die Seele, den Gedanken und Gefühlen Raum zu geben, die im alltäglichen Leben häufig zu kurz kommen. Genau deshalb schickt Jesus in der Erzählung des Vortages (vgl. Seite 114) den Mann »nach Hause« und empfiehlt ihm, »nicht in das Dorf hineinzugehen«. Er muss sich entscheiden, so wie ich täglich. Nehme ich mir weiter in dieser Fastenzeit (im Advent oder zu anderen Zeiten des Jahres) die Zeit, um bei mir zu bleiben oder flüchte ich in Aktivitäten?

Bei mir ankommen

Die Fastenzeit eröffnet die Chance, für eine gewisse Zeit auch bestimmte Rituale (vgl. 5.3, Seite 48f.) kennen zu lernen. In dieser Woche werde ich Sie täglich mit dem gleichen Mandala (vgl. nächste Seite) zu einer »Bei-mir-ankomm-Übung« einladen. Heute in der Form, wie unter Nr. 15 (1), Seite 169f. beschrieben. Gerne können Sie sich vorweg mit einigen der Ihnen nun schon bekannten Lockerungs- oder Atemübungen (Nr. 2-10, Seite 158f.) einstimmen.

Dem Leben auf der Spur

Ein Mönchsbruder kam zum Altvater Arsenios und sagte: »Meine Gedanken quälen mich, indem sie mir sagen: Du kannst nicht fasten und auch nicht arbeiten, so besuche wenigstens die Kranken; denn auch das ist Liebe«. Der Greis aber, der den Samen der Dämonen kannte, sagte zu ihm: »Geh und iss, schlafe und arbeite nicht, nur verlass deine Zelle nicht!« Er wusste nämlich, dass das Ausharren in der Zelle den Mönch in seine rechte Ordnung bringt.

Worum geht es? Der Mönch entdeckt, dass ihn weder Arbeit noch Fasten Gott näher bringt. Da fällt ihm als Ersatz der Dienst am Kranken ein, denn Sozialdienst ist Gottesdienst. Das mag grundsätzlich richtig sein, aber in seiner Situation sei es – so der Altvater – ein Irrtum. Denn unter dem Deckmantel gut gemeinter Krankenbesuche flüchtet er vor sich selbst. Die Lösung seines Problems besteht darin, weder Fasten noch Kranke zu besuchen, sondern zunächst bei sich zu bleiben, sich selbst eine Zeitlang auszuhalten, über sein Leben nachzudenken und zu erkennen, was sich bei mir selbst ändern muss. Ist das auch mein Problem? Flucht in die Betriebsamkeit, statt sich einsammeln, sich konzentrieren auf eine Mitte (vgl. Mandala), lernen, bei mir zu bleiben, mich auszuhalten? Keine noch so »frommen Motive« entbinden mich von einer Antwort auf diese Frage. Denn – so sinngemäß Martin Buber – »nur wer bei sich selbst gewesen ist, kann zu anderen ausgehen«.

Anregungen zum Tag

Bei mir bleiben – wie gelingt mir das heute? Achten Sie auch auf Ihre Fluchtbemühungen.

Tages-Spiegel

Überdenken Sie den Tag in bewusstem Schweigen.

Schweigen möchte ich
im bewussten Ein- und Ausatmen
Alltagssorgen loslassen versuchen
um behutsam dich als Lebensquelle zu erahnen

Zu Gast bei mir selber möchte ich sein
dankbares Staunen über all das Gute
das mein Leben bereichert
wohlwollendes Annehmen der Schattenseiten
meines Lebens.

Pierre Stutz

Dienstag

Achtsam leben

Es gibt Zeiten, da sind wir ganz bei der Sache. Ein Wort, ein Spiel, ein Mensch, eine Blume, das blaue Meer am Felsenstrand, eine Musik, wir selbst in einer bestimmten Gefühlslage... beanspruchen unsere ganze Aufmerksamkeit. Hellwach beachten, beobachten oder hoch achten wir, was wir gerade sehen, hören, riechen, schmecken, spüren, d.h. wir sind ganz bei dem, was wir gerade tun und erleben. Bekanntlich sind diese achtsamen Zeiten in der Hektik unseres Alltags seltener geworden. Haben wir es versäumt, sie in den Alltag hereinzuholen?

Bei mir ankommen

Nehmen Sie das Mandala, versuchen Sie, achtsam die Ihnen bekannte Übung Nr. 15 (1), Seite 169f. durchzuführen. Beenden Sie diese mit folgendem Lobpreis:

GOTT

an diesem Morgen
erahne ich deine Gegenwart
im Wahrnehmen meines Atems
im Erspüren meiner Befindlichkeit
im Erleben meiner Lebenskraft
sie ermöglichen mir
achtsam diesen Tag zu leben

Dem Leben auf der Spur

Achtsamkeit bringt uns in Kontakt mit Menschen, Dingen und uns selbst. Achtsamkeit ist überall möglich. Wenn ich lese oder eine Blume am Wegrand anschaue, koche oder telefoniere, Musik höre oder einen Stein betrachte, ein Werkzeug in die Hand nehme oder esse, jemanden umarme oder mit ihm verhandle... Achtsamkeit beinhaltet die Wertschätzung dessen, was ich in die Hand nehme, sehe und tue, des Menschen, mit dem ich spreche und letztlich meiner selbst. Achtsamkeit wird uns nicht geschenkt, wir müssen sie täglich üben.

Ein in Meditation erfahrener Mann wurde einmal gefragt, warum er trotz seiner vielen Beschäftigungen immer so gesammelt sein könne. Dieser sagte:

Wenn ich stehe, dann stehe ich
wenn ich gehe, dann gehe ich
wenn ich sitze, dann sitze ich
wenn ich esse, dann esse ich
wenn ich spreche, dann spreche ich...

Da fiel ihm der Fragesteller ins Wort und sagte:
Das ist nichts Besonderes. Was tust du noch?
Er sagte wiederum:

Wenn ich stehe, dann stehe ich
wenn ich gehe, dann gehe ich
wenn ich sitze, dann sitze ich...

Der Fragesteller unterbrach ihn wieder:
Das tun doch alle.
Er aber erwiderte: **Nein!**

Wenn du sitzt, dann stehst du schon
wenn du stehst, dann läufst du schon
wenn du läufst, dann bist du schon am Ziel
und erlebst nicht den Weg.

Aus der Zen-Tradition

Anregungen zum Tag

Auf was wollen Sie heute achten? Entscheiden Sie sich nur für wenige Dinge oder Situationen. Schließlich bitte ich Sie, sich von dem Mandala (Seite 118) im Laufe des Tages zwei Kopien zu besorgen.

Tages-Spiegel

Wie achtsam sind Sie heute mit Menschen, Dingen und sich umgegangen? Überdenken Sie den Tag. Was ist Ihnen dabei wichtig geworden?

Abschließend lade ich Sie ein, eine Kopie des Mandalas und Farbstifte bereitzulegen. Lesen Sie die Anleitung Nr. 15 (2), Seite 170 und beginnen Sie das Mandala auszumalen. Sie müssen nicht fertig werden, sondern können es in den nächsten Tagen weiter ausgestalten.

Mittwoch

Gelassenheit einüben

Möchten Sie auch in schwierigen und hektischen Zeiten gelassen sein können? Dann dürfen Sie nicht warten, bis Ihnen jemand »Gelassenheit« schenkt. Sie muss vielmehr eingeübt werden. Beginnen Sie doch gleich heute mit den ersten Schritten.

Bei mir ankommen

Entspannen und sammeln Sie sich zunächst wieder mit dem Mandala, Seite 118 und der Übung Nr. 15(1), Seite 169f. Lassen Sie alle störenden Gedanken los, sammeln Sie sich in Ihrer Mitte.

Dem Leben auf der Spur

»Ein Kind sieht in einem Glaskrug viele Nüsse. Es greift hinein und möchte möglichst viele herausholen. Aber die gefüllte Faust geht nicht mehr durch die enge Öffnung des Kruges. Es muss die Nüsse erst loslassen. Dann kann es sie einzeln herausnehmen und genießen.«[20]

Das Einüben der Gelassenheit beginnt mit dem Loslassen äußerer Dinge, zum Beispiel von Gewohnheiten, Konsumgütern, Menschen, Anerkennung..., von denen wir abhängig sind. Nur durch Loslassen können wir genießen, werden wir innerlich freier, gehen auf Distanz zu dem, was mich beeinflussen und besitzen will. Schwieriger wird es, meine Kränkungen aus der Vergangenheit, aber auch meine Sorgen und Ängste loszulassen. Das ist nur möglich, wenn wir lernen, uns selbst in solchen Situationen aus einer anderen Perspektive anzuschauen, Distanz zu den Sorgen zu gewinnen, damit sie uns nicht vereinnahmen können. Ein neuer Standort lässt vieles in anderem Licht erscheinen, macht uns freier und wir können gelassener damit umgehen.

Anregungen zum Tag

Wir können nicht alles auf einmal ändern. Ich schlage Ihnen drei Impulse für heute vor. Wählen Sie aus, üben Sie Gelassenheit.

- Ich suche mir eine Gewohnheit aus, die mich immer wieder stört, und beginne sie loszulassen.
- Wenn mich etwas ärgert, bemühe ich mich zu erkennen, was daran für mich hilfreich ist.
- Ich erledige ruhig anstehende Aufgaben.

Tages-Spiegel

Erinnern Sie sich an Ihre Vorsätze, überdenken Sie diesen Tag und beenden Sie ihn mit folgendem Text:

Gott

du Quelle aller Gelassenheit
berühre mich vertrauensvoll
damit ich jeden Abend
all das loslassen kann
was mein Leben ausmacht

Das Gelungene dankbar loslassen
in dich hineinlegen
weil du der Ursprung alles Guten bist

Das Bruchstückhafte loslassen
dir anvertrauen
damit du es verwandeln
vollenden kannst

Pierre Stutz

Donnerstag

Mutig leben

Mutig sein – das wird allgemein bewundert. Mut gilt als Fähigkeit, Angst und Niedergeschlagenheit zu überwinden. Doch Vorsicht! Mut gilt auch als Tugend der »Helden«. Mut kann zum Guten wie auch zum Schlechten dienen. Eine mutige Missetat bleibt eine Missetat, mutiger Fanatismus ist Fanatismus. Dennoch bzw. gerade deshalb brauchen wir Mut. Was heißt »mutig leben« für mich?

Bei mir ankommen

Stimmen Sie sich wieder mit der Mandala-Übung Nr. 15 (1), Seite 170 ein. Schließen Sie am Ende die Augen und erinnern Sie sich an Situationen, in denen Sie sich mutig gefühlt haben und an andere, in denen es Ihnen an Mut gefehlt hat.

Von der Klugheit des Mutes

Es kommt nicht darauf an,
mit dem Kopf durch die Wand zu gehen,
sondern darauf,
mit den Augen die Tür zu finden.

Werner von Siemens

Dem Leben auf der Spur

Kein Bewohner der inneren Welt (dazu zählen zum Beispiel die Angst, das Selbstmitleid, der Zorn, die Hoffnung, die Niedergeschlagenheit, die Liebe...P.M.) fühlt sich zu jeder Zeit so, wie er gern sein möchte. Das gilt auch für den Mut. Manchmal verlässt er sein Haus und irrt umher. Dann weiß er nicht, woher er kommt und wohin er will. Wer ihn näher kennt, kann sich vorstellen, dass Stunden dieser Art so gar nicht seinem Wesen entsprechen. Und deshalb duldet er sie nicht lange. Schon bald bäumt er sich gegen seinen Unmut auf. Und wer das Glück hat, ihn dabei zu beobachten, wird darüber staunen, wie rasch er sich selbst wiederfindet: Zunächst einmal richtet er sich auf. Er nimmt, wie er selbst gern sagt, Haltung an. Dann geht er aufrechten Ganges weiter. Weit öffnet er seine Augen. Voll Aufmerksamkeit sieht er auf alles, was ihm begegnet. Das Herz, das ihn einmal auf einem solchen Weg begleitete, fand das schöne Wort: »Wenn der Mut sein Wesen wiederfinden will, dann scheint es so, als suche er in allem, was ihm begegnet, das wartende Leben.«
Manchmal sieht er auch weit in die Ferne – nein, nicht sehnsüchtig, eher fordernd, vor allem aber gewiss. Dann scheint es so, als hole er allein mit seinem Blick das »wartende Leben« vom Horizont ab. Und wenn er gefunden hat, was er finden wollte, dann bestätigt sich ihm wieder einmal, was er immer ahnte: dass das gute Leben nur dem verborgen bleibt, der sich vor ihm verbirgt«.

Uwe Böschemeyer

121

Das gute Leben mutig zu leben. Das meint heute vor allem, anders zu sein, so wie es für mich stimmig ist und nicht was »man« tut, darf oder sollte. Das könnte zum Beispiel heißen, das Geschwätz über /oder die Kritik an ihr/ihm zu unterbrechen und vorschlagen, mit ihr/ihm selbst zu reden; einen Fehler zuzugeben und ihn wieder gutmachen; Beziehungsprobleme ansprechen und um Lösungen ringen; einen lang hinausgeschobenen Besuch erledigen; eigenes Verhalten von anderen befragen lassen; eine Entscheidung treffen...; mutig leben – das ist: wenn ich mich gegen krankmachendes Leben stelle, nicht manipulieren lasse, auf mich selbst und die Not des anderen besinne und angemessen handle.

Anregungen zum Tag / Tages-Spiegel

Mutig leben: Achten Sie heute auf Situationen, in denen Sie mutig handeln (warum?) und in denen Ihnen Mut fehlt, etwas zu sagen oder angemessen zu handeln (warum?).

Ich sehe und blicke weg	Ich sehe und...
ich höre und überhöre	ich höre und...
ich habe eine Idee und handle nicht	ich habe eine Idee und...
dann habe ich meine Chance **verpasst,** mutig zu leben	dann habe ich meine Chance **genutzt,** mutig zu leben
	Peter Müller

Freitag

Wir leben von der Versöhnung

»Es war einmal ein Mann, den ängstigte der Anblick seines Schattens so sehr, dass er beschloss, ihn hinter sich zu lassen. Er sagte zu sich: Ich laufe ihm einfach davon. So stand er auf und lief davon. Aber sein Schatten folgte ihm mühelos. Da sagte er zu sich: Ich muss schneller laufen. Also lief er schneller und schneller, lief so lange, bis er tot zu Boden sank.«

Es war einmal ein Mann... eine Frau... Sie... ich... jeder. Jeder hat seine Schatten. Sie gehören zu uns und haben unterschiedliche Gestalten. Zum Beispiel: Ich kann mich nicht annehmen wie ich bin, ich hadere mit meinem Schicksal oder der fehlenden Anerkennung, ich kann Fehler nicht zugeben, ich liege in Streit mit anderen, die eigenen Kinder sind mir fremd geworden...

Bei mir ankommen

Sammeln Sie sich mit dem Mandala Seite 118 und der Übung Nr. 15 (1), Seite 170. Kennen Sie Ihre Schattenseiten? Wie gehen Sie damit um? Flüchten, verleugnen oder versöhnen?

Dem Leben auf der Spur

Lesen Sie langsam den folgenden Text.

*Seit Tagen dieser Konflikt zwischen uns.
Sie geht mir aus dem Weg,
behandelt mich wie eine Fremde,
reagiert mürrisch auf eine Frage.*

*Mein Verstand sagt:
Nur keine Schwäche zeigen,
auf gar keinen Fall Zugeständnisse machen,
diesmal bleibst du standhaft.*

Mein Herz sagt:
Wie hättest du in dieser Situation reagiert?
Räume doch diesen lächerlichen Stein aus dem Weg,
auch wenn du ihn nicht selbst geworfen hast.

Das Herz siegt und zeigt Wege.
Vorsichtig und beharrlich überbrückt es
mein angeschlagenes Selbstwertgefühl
und ihr trotziges Schweigen.

Ein Gruss wird knapp erwidert,
das Lächeln kostet mich Überwindung,
doch die endlich gewagte Bitte um ein Gespräch
wird bereitwillig gewährt.

Ruhige und offene Erklärungen von beiden Seiten
münden in Betroffenheit
und die staunende Erkenntnis,
wie leicht Missverständnisse entstehen können.

Endlich gemeinsames befreites Lachen,
Erlösung von den Fesseln des eigenen Stolzes,
ein Glas Wein zur Versöhnung
und die tiefe Freude, wieder vereint zu sein.

Andrea Penzlin

Anregungen zum Tag
Versöhnen mit mir kann heißen:
- mich annehmen
- mich ernst nehmen
- Schwächen und Fehler zugeben
- ...

Versöhnen stiften kann heißen:
- andere ernst nehmen
- Wege ebnen, Brücken bauen
- den ersten Schritt tun
- offen miteinander reden
- ...

Wir brauchen Versöhnung, denn nur als Versöhnte können wir Versöhnung leben.

Tages-Spiegel

Anregungen finden Sie in Übung Nr. 18, Seite 173.

Samstag

Wovon wir leben können

Noch zwei Wochen bis Ostern und noch viele weitere Tage unverbrauchten Lebens liegen vor Ihnen. Diese Tage sind noch frei von Ein-Drücken, noch unberührt wie ein langer, frisch beschneiter Weg. Keine Fußspuren des Glücks oder des Scheiterns. Alles noch offen. Nichts muss sich wiederholen, vieles kann sich ändern, vor allem durch uns selbst. In dieser Woche haben Sie sich mit wichtigen Werten, wie Achtsamkeit, Mut, Gelassenheit ... beschäftigt. Weitere werden folgen. Heute lade ich Sie ein, innezuhalten und zu fragen: Wovon kann ich leben?

Bei mir ankommen
Lockern Sie sich mit ausgewählten »Gehirn-Gymnastik-Übungen«, Nr.4, Seite 159 und öffnen Sie sich mit folgenden Worten und Gesten für diesen Tag[21].

Text	Gesten
Gott lebendiger Geist	Arme nach vorne in die Höhe strecken
erfrische mich wie Tau am Morgen	Fingerspitzen klopfen auf Kopf und Gesicht
öffne mich	Arme offen ausstrecken
belebe mich	Hände vor sich, Finger spielerisch bewegen
forme mich	Hände formen etwas
Ich danke dir	

Dem Leben auf der Spur

Lebens-Weisheiten zum Nachdenken.

»Geboren werden heißt, sich lösen;
Leben heißt, sich binden«.

Aus China

»Das Glück deines Lebens hängt von der Beschaffenheit der Gedanken ab.«

Marc Aurel

»Es gehört manchmal mehr Mut dazu, seine Meinung zu ändern, als ihr treu zu bleiben.«

Friedrich Hebel

»Greifen und festhalten kann ich seit der Geburt. Teilen und schenken musste ich lernen. Jetzt übe ich das Verlassen.«

Kyrilla Spieker

»Die Chance klopft öfters an als man denkt, aber meistens ist niemand zu Hause.«

Will Rogers

»Lasst uns dem Leben trauen, weil wir es nicht allein zu leben haben, sondern Gott es mit uns lebt.«

Alfred Delp

Anregungen zum Tag

Wählen Sie eine der Lebens-Weisheiten aus. Sie soll mich heute durch den Tag begleiten. Treffen Sie mit sich eine Vereinbarung.

Einst besuchten zwei Brüder einen alten Mann, der nicht jeden Tag zu essen pflegte. Als er die Brüder sah, hieß er sie mit Freuden willkommen und sagte: »Das Fasten hat seinen eigenen Lohn, aber wenn du um der Liebe willen isst, erfüllst du zwei Gebote, denn du gibst deinen Eigenwillen auf und erfüllst noch dazu das Gebot, andere zu bewirten.«

Wüstenväter

Wochen-Spiegel

Orientieren Sie sich an der Übung Nr.20, Seite 175. Abschließend nehmen Sie Ihr noch nicht fertig angemaltes Mandala oder eine neue Kopie, wählen sich eine meditative Musik und gestalten (vgl. Nr. 15 (2), Seite 170) das Mandala mit Farben.

Fünfter Fastentag **oder fünfter Fastensonntag**

Zum Vertrauen befreit

Vertrauen entsteht und wächst, wo Vertrauen erfahren wird. Wir haben das tiefe Bedürfnis, uns gegenseitig zu vertrauen, doch dem stehen häufig Misstrauen und Angst entgegen. Die Angst hat viele Gesichter, auch das Verleugnen von Angst.

Zweifle nicht
an dem
der dir sagt
er hat Angst

aber hab Angst
vor dem
der dir sagt
er kennt keinen Zweifel

Erich Fried

Fastenwoche: In 24 Stunden können Sie sagen: »Ich habe 5 Tage gefastet und ein für mich wichtiges Ziel erreicht!« Sicherlich steht heute bei Ihnen die Gewichtsabnahme nicht mehr im Vordergrund. Viel bedeutsamer sind andere »Früchte« des Fastens geworden: Gedanken, Gefühle, Erfahrungen und Erkenntnisse, denen Sie in den vergangenen Tagen begegnet sind. Vielleicht erleben Sie diese wie ein Geschenk und können manchem, was da geschehen ist, noch nicht recht trauen. Die Unsicherheit ist ein Anlass, über Ängste in uns und unsere Vertrauensfähigkeit nachzusinnen.

Fastenzeit(en): Irgendwann im Verlauf der Fastenzeit – Ostern rückt näher – beginnt auch die Natur sich zu verändern. Ein Wechsel von der »Brachzeit des Winters« zum Kommen des Frühlings zeichnet sich ab. Neues Leben beginnt zu keimen, Knospen füllen sich, erstes Grün sprießt hervor. Damit verändert sich auch unsere Stimmung. Vorfreude breitet sich aus, das Vertrauen in unsere eigenen Kräfte nimmt zu. Dieses Vertrauen brauchen wir vor allem in schwierigen Zeiten. Damit wollen wir uns in den nächsten Tagen beschäftigen.

Angst offen aussprechen

Wir kennen Angst seit unserer Kindheit. Wir wissen meist auch, welche Ängste wir haben und wann wir uns ängstigen. Meist verlieren wir dann – zumindest für einige Momente – unser gewohntes Selbstvertrauen, fühlen uns hilflos und versuchen, dennoch zu reagieren. Es erscheint sprachlich paradox, aber es ist so: Angst ist ein uns sehr vertrautes Gefühl. Fällt es uns gerade deshalb so schwer, darüber zu reden? Ich lade Sie ein, entlang eines Bildes (vgl. Seite 127) mit Ihren »Ängsten« ins Gespräch zu kommen.

(1) Schließen Sie einen Moment die Augen und achten Sie die nächsten 3 Minuten auf Ihren Atem. Legen Sie dann das Bild vor sich hin und schauen es an. Begehen Sie es mit den Augen: Was sehe ich? Nennen bzw. notieren Sie Einzelheiten, vermeiden Sie vorerst Deutungen.

Beispiele: *kleines Boot links oben, schwarzes Loch in Mitte, 2 Gestalten, Wellen...*

_____

_____

_____

_____

(2) Welche deutenden Gedanken fallen mir dazu ein?

Beispiele: *Chaos, aufgewühltes Meer, ängstliche Gestalten im Boot, Person versinkt in Mitte, schreit vor Angst, wurde sie herausgeschleudert? Eine helfende Hand streckt sich ihm entgegen...*

_____
_____
_____

(3) Was haben die biblische Darstellung und meine deutenden Gedanken mit meinem Leben zu tun?

Beispiele: *Manchmal fühle ich mich, als würde ich im Chaos versinken; ich habe Angst und starre nach Rettung wie die Männer im Boot; ich warte, dass einer mir die Hand entgegenstreckt; ich gebe selten die Sicherheit des Bootes auf; ist das Boot überhaupt sicher? (Scheinsicherheit)?...*

_____
_____
_____

(4) Lassen wir für einen Moment das Bild und schauen auf die eigenen Ängste. Manchmal packt uns die Angst so mächtig, dass wir in Gefahr sind, uns selbst zu verlieren. In solchen Zeiten kann es hilfreich sein, alles aufzuschreiben, was uns ängstigt und es in eine Reihenfolge zu bringen. Was ist das Schlimmste, das Zweitschlimmste, das Nächste usw. Wozu ist das gut? Aussprechen, aufschreiben und unterscheiden der Ängste verringert den allgemeinen Druck und erleichtert das Atmen. Nicht alles, was uns ängstigt, engt in gleicher Weise ein. Das eine ist leichter, anderes schwerer zu ertragen. Erinnern Sie sich doch an Ihre Ängste. Sammeln und gewichten Sie diese. Eine Anregung zur Gewichtung: Fragen Sie sich, was dabei »schlimmstenfalls« herauskommen könnte. Sie werden bald merken, es ist zwar nicht angenehm, aber auch nicht katastrophal.

_____
_____
_____

Lassen Sie nun alle »ängstlichen Gedanken« los, zum Beispiel mit der Übung »Abschütteln und auftanken«, Nr. 5 (c), Seite 161.

Einen brauchst Du

Einen brauchst du auf dieser Welt,
der mit dir weint und lacht,
einen, der unbeirrt zu dir hält,
der deine Probleme zu seinen macht.

Einen, der dir dein Glück nicht neidet,
Dich über Schwellen trägt,
einen, der dir Freude bereitet
und helle Spuren legt.

Einen, der deine Träume kennt,
Dir deine Schwächen vergibt,
einen, der dich beim Namen nennt
und froh ist, dass es dich gibt.

Einen, dem du vertrauen kannst,
der dich wortlos versteht,
einen, mit dem du Gespenster bannst,
ehe dein Mut vergeht.

Einen, der dich in die Arme nimmt,
wenn eine Hoffnung zerbricht,
einen, der deine Saiten stimmt.
Einen brauchst du als Licht.

Emmy Grund

Sigmunda May

Mitten in der Angst vertraust du mir

Gleich darauf forderte er die Jünger auf, ins Boot zu steigen und an das andere Ufer vorauszufahren. Inzwischen wollte er die Leute nach Hause schicken. Nachdem er sie weggeschickt hatte, stieg er auf einen Berg, um in der Einsamkeit zu beten. Spät am Abend war er immer noch allein auf dem Berg. Das Boot aber war schon viele Stadien vom Land entfernt und wurde von den Wellen hin und her geworfen; denn sie hatten Gegenwind. In der vierten Nachtwache kam Jesus zu ihnen; er ging auf dem See. Als ihn die Jünger über den See kommen sahen, erschraken sie, weil sie meinten, es sei ein Gespenst, und sie schrien vor Angst. Doch Jesus begann, mit ihnen zu reden und sagte: Habt Vertrauen, ich bin es; fürchtet euch nicht! Darauf erwiderte ihm Petrus: Herr, wenn du es bist, so befiehl, dass ich auf dem Wasser zu dir komme. Jesus sagte: Komm! Da stieg Petrus aus dem Boot und ging über das Wasser auf Jesus zu. Als er aber sah, wie heftig der Wind war, bekam er Angst und begann unterzugehen. Er schrie: Herr, rette mich! Jesus streckte sofort die Hand aus, ergriff ihn und sagte zu ihm: Du Kleingläubiger, warum hast zu gezweifelt? Und als sie ins Boot gestiegen waren, legte sich der Wind.

Matthäus 14, 22-31

Dieser Text steckt voller symbolischer Bilder. Konzentrieren wir uns hier auf wenige Aspekte.
Jesus schickt die Jünger ans andere Ufer. Sie müssen übers Wasser, das nicht immer seine ruhige Oberfläche zeigt. An diesem Abend und in der Nacht ist es innerlich aufgewühlt, entwickelt seine Kräfte und verbreitet Bedrängnis und Angst.
Auf dem Weg unseres Lebens, zum anderen Ufer, erleben wir auch immer wieder innere und äußere Stürme. So geschüttelt, schwankt der Boden unter unseren Füßen. In der »Nachtwache« sind bekanntlich die inneren Stürme stärker, unbewusste Ängste treten an die Oberfläche und erscheinen manchmal »gespenstisch«. Wie die Jünger geraten wir so mit unserem Boot in heftige Wellen, rudern mit aller Kraft (z. B. mit unseren ängstlichen Gedanken), doch es bringt nichts. Erst, wenn wir uns aus dem eigenen Chaos der wellenartig kreisenden Angstgedanken lösen, wenn einer kommt und uns anspricht oder gar die Hand hinstreckt, kann Vertrauen neu wachsen.
Gegen die Angst setzt Jesus »Habt Vertrauen, ich bin es«. Mitten im Sturm der Angst schenkt er Vertrauen in die rettende Macht Gottes. Dem Petrus gibt das Orientierung und setzt vertrauende Kräfte frei. Er wagt sich über den Bootsrand hinaus. Fest den Blick auf Jesus gerichtet, verliert das »Wasser« seine ängstigende und bedrohende Macht, und er geht. Sobald er sich aber von seinem orientierenden Ziel abwendet und »sah, wie heftig der Wind war«, steigt neu die Angst auf und er droht unterzugehen in seinem Angstchaos. Wie sich Petrus wohl im Augenblick des Versinkens gefühlt hat? Er riskierte alles, vertraute seinen Kräften, doch alles bricht zusammen. Aber er erlebt auch im Untergehen, dass sich ihm eine Hand entgegenstrckt. Jedem von uns kann es einmal so gehen wie ihm. Doch die Botschaft heißt: Vertraue, denn mitten im Chaos inneren und äußeren Aufgewühltseins gibt es einen Ausweg, streckt sich dir eine Hand entgegen, die dich herauszieht, die Halt und Orientierung gibt.

Achten Sie heute auf Ihre Ängste. Nehmen Sie wahr, wie Sie damit umgehen. Fragen Sie sich aber auch: Warum kann ich hier der Situation, der Sache, den Menschen, nicht vertrauen? Welche Konsequenzen ergeben sich daraus für Sie?

**Sobald du dir vertraust,
sobald weißt du zu leben.**

J.W. v. Goethe

Tages-Spiegel

1. In den Tag schauen

Nehmen Sie sich Zeit und beginnen Sie mit einigen Gleichgewichtsübungen Nr. 3 (a)-(g), Seite 159. Machen Sie dann auf Seite 173 mit der dort beschriebenen 2. und 3. Phase der Übung Nr. 18 weiter.

2. Den Tag abschließen

Fasten löst Verstrickungen und Verkrustungen an Leib und Seele. Es will damit unser Leben nicht reduzieren, nicht zuerst von Fehlern befreien, sondern unser Leben intensivieren. Fasten will uns sensibilisieren für unseren Leib und seine Beschwerden, für unsere seelischen Belastungen, Kräfte und Grenzen, für unsere Beziehungen zu Menschen und Gott. Fasten unterstützt unser Bemühen: genügsamer, zufriedener, offener, gelöster, freier und intensiver zu leben. Am Ende des 5. Fastentages können Sie sich fragen: Was ist eine meiner wichtigsten Erfahrungen in dieser Fastenwoche? Welche Erkenntnisse und praktische Verhaltensweisen will ich weiterführen?

Fastenzeit(en): In den Themen dieser Woche wollen wir verschiedene Werte bedenken, die es uns erleichtern, mit Ängsten, seelischen Belastungen und anderen dunklen Stimmungen umzugehen.

**Lass deine Sorgen
an der Schwelle
des Schlafes zurück,
alle Bitterkeit
allen Kummer,
damit du dich
beim Aufwachen
nicht so müde wiederfindest,
als hättest du
in den Kleidern geschlafen,
die Schuhe an den Füßen,
den Hut auf dem Kopf.**

Helder Camara

Montag

Die dunkle Nacht der Seele

Manchmal fühlen wir uns bedrückt und niedergeschlagen, schwach und antriebslos. Die Stimmung verdüstert sich, jede Hoffnung schwindet und die Zukunft erscheint wie eine dunkle Nacht. Angst oder gar ein Abgrund tut sich auf, wir wissen nicht weiter. Die bedrückenden Gefühle haben uns im Griff.

Bei mir ankommen

Lockern Sie sich mit der Körperübung Nr.5 (b), Seite 160. Jeder lebt mit kleineren und größeren Lasten. Ich lade Sie ein, sich selbst einen persönlichen Brief zu schreiben, in dem Sie Ihre derzeitigen Belastungen beschreiben und wie Sie damit zurechtkommen. Nehmen Sie sich dafür Zeit.

Dem Leben auf der Spur

Belastungen und düstere Stimmungen gehören – zu bestimmten Zeiten – zu uns wie die Freude am Leben. Manchmal aber trifft uns ein Ereignis und wir sind aufgewühlt und versteinert zugleich. Ein dunkles Loch tut sich auf, alles erscheint finster und sinnlos. Eine Frau erzählt: »Unserem schwer kranken Kind gaben die Ärzte noch 14 Tage Zeit zu leben. Ich sah und hörte nichts außer meinem Leid. Ich heulte nur noch. Ich bin erst aufgewacht, als das Kind zu mir sagte: ›Mama, wir müssen wohl Abschied nehmen!?‹ Da wurde mir plötzlich klar, dass ich ja einen Lebenden betraure, dass es aber zu meiner Aufgabe als Mutter gehört, nach Lebensmöglichkeiten für das mir anvertraute Kind zu suchen; auch unter der Last, die mich bedrückte.«[22]

Zuwendung, Nähe, Weinen und Worte – so wichtig sie sind – hellen die Dunkelheit allein nicht auf. Energie muss in uns wach werden, Licht muss ins Dunkel, damit wir neue Lebensmöglichkeiten entdecken können. Sie lassen die Belastungen in neuem Licht erscheinen.

Auch die Nacht hat ihre Wunder

*Nicht nur
der lichte Tag,
auch die Nacht
hat ihre Wunder.
Es gibt Blumen,
die nur
in der Wildnis gedeihen,
Sterne,
die nur
am Horizont
der Wüste erscheinen.
Es gibt
Erfahrungen
der göttlichen Liebe,
die uns nur
in der
äußersten Verlassenheit,
ja am Rande
der Verzweiflung
geschenkt werden.*

Gertrud von le Fort

Anregungen zum Tag

Suchen Sie für eine Ihrer Belastungen (vielleicht ein Brief?) eine entlastende und sinnvolle Möglichkeit, wie Sie damit leben können. Probieren Sie diese heute?

Tages-Spiegel

Nehmen Sie dazu die Impulse Nr. 19, Seite 174.

Dienstag

Vertrauen und Zutrauen

Erinnern Sie sich an die biblische Erzählung vom 5. Fastensonntag (vgl. Seite 128)? Jesus sagte dort: »Habt Vertrauen!« – Das ist leichter gesagt als getan, vor allem in schwierigen Situationen. Dennoch ist Vertrauen ein weiterer Weg, seelische Belastungen, depressive Zustände und schicksalhafte Ereignisse erfolgreich zu bearbeiten. Dabei bleibt Vertrauen – vor allem, wenn wir aus Gewohntem aufbrechen – immer auch ein Wagnis, und mancher wurde schon enttäuscht und sagt: »Ich kann nicht mehr vertrauen«. Eine vertrauensvolle Beziehung kann nur entstehen, wenn wir wechselseitig die Erfahrung machen »dem kann ich trauen«.

Bei mir ankommen

Beginnen Sie mit den Gleichgewichtsübungen Nr. 3, Seite 159. Setzen Sie sich dann auf einen Stuhl und machen Sie weiter mit folgender Übung: Ich konzentriere mich auf meinen Atem, wie er langsam ein- und ausfließt... Ich werde immer ruhiger... Mein Atem bringt mir Leben... Ich genieße das Ein- und Ausatmen mit aller Aufmerksamkeit (8- bis 10-mal). Ich vertraue meinem Atem... Er lässt mich leben.

Dem Leben auf der Spur

Sie kennen das sicher auch. Ein Vater wirft sein Kind hoch und fängt es auf: ein Spiel mit Angst und Vertrauen. Das Kind hat Spaß und ist unsicher. Doch der Vater richtet seine ganze Aufmerksamkeit auf das Kind, streckt ihm die geöffneten Hände entgegen, gibt somit ein Signal der Sicherheit und fängt es regelmäßig auf. Das Kind spürt, auf ihn kann ich mich verlassen. Der Vater erlebt, das Kind fühlt sich bei mir sicher. Sie vertrauen einander und freuen sich.

Hier lernt ein Mensch im Spiel, einem anderen zu vertrauen. Dennoch bleibt – vor allem in neuen Beziehungen – Vertrauen immer ein Wagnis, denn wenn ich vertraue, öffne ich mich und begebe mich in die Hand eines anderen. Andererseits wissen wir, Angst wird nur durch Vertrauen überwunden, geschenktes Vertrauen überwindet Misstrauen. Ein weiterer Weg dazu ist das »Zu-Trauen«. Wenn ich spüre, der andere glaubt an mich und meine Fähigkeit, er traut mir zu, dass ich das kann bzw. erreichen werde, dann hilft mir das, mir selbst mehr zuzutrauen. Das weckt neue Kraft in mir und ermutigt mich, offen neue Wege zu probieren und anderen zu vertrauen. Vertrauen lernen, Zutrauen erleben, anderen vertrauen, ihnen und mir etwas zutrauen – diese Erfahrungen helfen mir auch zu sagen: Ich fühle mich letztlich von Gott getragen – auch in belastenden Zeiten, auch wenn Veränderungen nötig sind.

Alte Spuren

bewährt und vertraut
doch in Gewohnheit
erstarrt und festgefahren

brauchen

alle Kraft des Herzens
und des Seins
Vergangenes zu hinterfragen
und finden dann – erst dann –
sich selbst übertreffend

neue Wege

P. Hans Wallhof

Anregung zum Tag

Wer schenkt mir heute Vertrauen und Zutrauen in meine Fähigkeiten? Wie steht es mit meinem Vertrauen in neue Wege, meinem Zutrauen in andere? Achten Sie in Situationen auf diese Impulse.

Tages-Spiegel

Überdenken Sie den Tag entlang der Impulse, notieren Sie wichtige Gedanken ins Fastentagebuch. Danken Sie für das Ihnen heute entgegengebrachte Vertrauen.

Mittwoch

Hoffnung leben

Hoffnung haben und damit auf die Herausforderungen des Lebens zu antworten, das ist eine weitere Möglichkeit, belastende Situationen, bedrückende Zustände oder Angst zu bewältigen. Hoffnung ist ein vorwärts weisendes Wort. Ohne Hoffnung sind unsere Hände leer, unsere Füße steif, unsere Worte inhaltslos.
Heute verzichte ich auf die übliche Struktur der Impulse und lade Sie ein:

- Wählen Sie Ihr »Ankomm-Programm« mit Bewegungen und Atemübungen.
- Lesen Sie den nebenstehenden Text und wählen Sie daraus Ihre Impulse zum Tag.

Im Schatten der Angst
der Hoffnung trauen

im Nicht-mehr
und Noch-nicht
zwischen gestern und morgen
das Heute bejahen

machtlos zulassen
dass ich nicht leisten muss
was ich nicht leisten kann

aufhören mir zu beweisen
dass ich es doch könnte

Grenzen spüren
und ihnen erlauben zu sein

ahnen
dass die Zerrissenheit
mich öffnet für Neues

der Angst vor Schwäche und Versagen
offen ins Auge sehen

die verheißungsvolle Zukunft
nicht mit Befürchtungen erschlagen

Schritt für Schritt
und suchen und weitergehen

mich vor Gottes Zumutung
wandeln lassen

wachsam sein
für Gottes alltägliches
Ich-bin-da-für-dich

im Schatten der Angst
der Hoffnung trauen
und mich Tag für Tag
entscheiden fürs Leben

Almut Haneberg

Tages-Spiegel

Wählen Sie die Spiegel-Übung, II. Teil, 5.3. Seite 66 und beenden Sie den Tag mit folgendem Text:

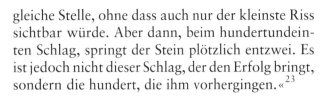

Meine Hoffnung

muss Hände bekommen,
die Hand anlegen
wo sie gebraucht werden

muss Worte finden
gesprochen zur rechten Zeit
Worte des Trostes, der Freude...

muss Füße bekommen
um zu den Menschen zu gehen
sei der Weg schwer oder weit.

Meine Hoffnung braucht
meine Hände, Worte, Füße

Peter Müller

Donnerstag

Die süße Frucht der Geduld

Wir bemühen uns geduldig um etwas, der Erfolg bleibt aus, dann stehen wir – ohne es zu wissen – kurz vor dem Erfolg und wollen aufgeben. Menschliches Leben braucht Geduld, benötigt das Aushalten und den Neubeginn.

Als Benjamin Franklin einmal gefragt wurde, warum er eine Sache trotz großer Hindernisse nicht aufgebe... antwortete er: »Haben Sie schon einmal einen Steinmetzen bei der Arbeit beobachtet?,« fragte er. »Er schlägt vielleicht hundertmal auf die gleiche Stelle, ohne dass auch nur der kleinste Riss sichtbar würde. Aber dann, beim hundertundeinten Schlag, springt der Stein plötzlich entzwei. Es ist jedoch nicht dieser Schlag, der den Erfolg bringt, sondern die hundert, die ihm vorhergingen.«[23]

Bei mir ankommen

Lockern Sie sich mit einigen gymnastischen Übungen aus Nr. 2 a-d, Seite 158. Stellen Sie sich ohne Schuhe hin, nehmen sie den Atem wahr, aus... ein..., tiefer und tiefer (5-mal). Achten Sie auf Ihr Stehen... Ihre Standfestigkeit... und lassen Sie Ihren Gedanken freien Lauf: »Mir fehlt es an Geduld, wenn...«

Fasten und Fastenzeit

in kleinen Schritten
Geduld lernen

Warten können
nach Fehlern neu beginnen
durchhalten im Verzicht
ausharren in schwierigen Situationen
schauen wie eine Knospe sich entfaltet
beharrlich nach Konfliktlösungen suchen
auf Verwandlung hinarbeiten
das Begonnene zu Ende bringen

geduldig sein
mit mir, mit dir
dann können wir
die süße Frucht der Geduld genießen

Peter Müller

Dem Leben auf der Spur

»Geduld ist der Schlüssel zur Freude«, so fasst eine arabische Weisheit die Lebenserfahrung geduldiger Menschen zusammen. Denn Geduld bringt dort Freude und Sinn ins Leben, wo andere Schatten sehen. Somit ist die Geduld eine Schwester der Gelassenheit.

Geduldig sein, das ist kein passives Hinnehmen oder gar Erleiden, sondern ein aktives Aushalten, Durchhalten, Standhalten. Ein geduldiger Mensch verpasst dabei nicht den Zeitpunkt des Eingreifens, doch er gibt sich gleichzeitig eine neue Chance, weil er an das Gute, die Fähigkeiten des anderen glaubt. Die Erfahrungen der Geduld und ihrer süßen Früchte finden wir in vielen Volksweisheiten und biblischen Aussagen, zum Beispiel: »Die Zeit heilt Wunden«, »Die Frucht des Geistes ist Geduld« (Paulus); »Wer langsam eilt, kommt grad so weit«; »Ein Geduldiger ist besser als ein Hochmütiger« (Salomo).

Das Heilsame der Geduld ist es, dass sie beiden Seiten gut tut, dem, der geduldig ist und dem, mit dem er Geduld hat. Für beide gilt die persische Weisheit:

»Geduld ist der Baum, dessen Wurzel bitter, dessen Frucht aber süß ist.«

Anregungen zum Tag

Sie kennen Ihre Ungeduld. Was wollen Sie heute dagegen tun? Mit welchen Menschen, in welcher Situation wollen Sie heute geduldig sein?

Tages-Spiegel

Orientieren Sie sich an der Übung Nr. 18, 1.-3. Phase, Seite 173 und beenden Sie diese mit folgendem Gebet.

GOTT

meine Geduld
ist mir nicht in den Schoß gefallen
aber du forderst sie ständig heraus
du bist beharrliche Geduld
sei wirksam in mir
während ich
den langen Atem der Geduld einübe

Freitag

Beten und arbeiten

Für Menschen, die unter den Belastungen des Alltags und den Bedingungen ihrer Arbeit leiden, gibt es als Ausgleich verschiedene Möglichkeiten: körperliche Aktivitäten, Sport, Entspannung, Meditation ... Alle können sehr hilfreich sein, doch sie bleiben ein einseitiges Gegengewicht zu den Belastungen. Die Wüstenväter – und später, im 5. Jh. von Benedikt zu einer einfachen Regel geformt – entwickelten das integrierte Modell »ora et labora« (bete und arbeite). Ist das auch im Alltag lebbar?

Bei mir ankommen

Ich stelle mich in die Mitte des Zimmers, stehe einige Augenblicke und achte auf mein Stehen, ich bin dankbar, dass ich aufstehen konnte.
Ich atme bewusst ein und aus (5-mal), ich nehme meinen Atem wahr, ich bin dankbar, dass mein Atem fließt.
Ich danke dem Schöpfer allen Lebens für meinen Leib, für meinen Atem, für den Beginn des Tages.

Dem Leben auf der Spur

Abraham a Santa Clara sprach einmal über das Thema »Bete und arbeite!«:

Einige Tage später kam ein junger Mann zu ihm und erklärte: »Ich kam bei Ihren Ausführungen nicht ganz mit: Können Sie mir die Richtigkeit Ihrer Behauptungen beweisen?« Statt einer langen Erklärung führte ihn der Hofprediger an einen kleinen See, bestieg mit ihm einen Kahn und ruderte los. Nach einer Weile, Abraham a Santa Clara hatte immer noch nichts gesagt, rief der junge Mann: »Wir bewegen uns ja dauernd im Kreise. Sie müssen nicht mit nur einem, sondern mit zwei Riemen rudern, wenn wir vorankommen wollen!« – »Du hast Recht«, schmunzelte der kluge Prediger, *»sieh, das rechte Ruder heißt arbeiten, das linke heißt beten. Wer das nicht kapiert, kommt niemals vom Fleck«.*

Das benediktinische »bete und arbeite« will mitten im Alltag zu einem spirituellen Leben führen. Die Eingangsübung bietet Ruhe, bewusste Wahrnehmung der Schöpfung und Gebet. Die Erzählung berichtet, dass wir ständig um uns kreisen, wenn wir nur beten oder nur arbeiten. In der Verbindung von beidem entwickeln wir uns weiter. Die Mönche in Klöstern erleben, wie der Rhythmus von Gebet und Arbeit den Tag prägen kann. Wenn wir glauben, dass Gott allgegenwärtig ist, dann ist er an jedem Ort, ob wir beten, arbeiten, spielen oder streiten. Beten und arbeiten zu verbinden, kann sehr hilfreich sein. Wir können »Beten bei der Arbeit«, zum Beispiel indem wir spontan Gedanken und Gefühle angesichts des gegenwärtigen Gottes aussprechen und sie ihm bewusst klagend oder dankend hinhalten. Schon das Aussprechen kann erleichternd wirken. Wir können aber auch die »Arbeit mit ins Gebet nehmen«, zum Beispiel indem wir uns vorausschauend auf sie einstellen oder im Nachmeditieren unsere Erlebnisse, Probleme und Erfolge betrachten und so aufmerksamer werden für den »Ich-bin-da« mitten im Leben.

Anregungen zum Tag

Lesen Sie die Anregung Nr. 14(3), Seite 169 und versuchen, »beten und arbeiten« heute auf diese Weise zu leben.

Tages-Spiegel

Blicken Sie in einer »Nachmeditation« auf Ihren Arbeitstag. Notieren Sie Ihre Erfahrungen, »beten und arbeiten« zu verbinden und wie Sie daran weiterarbeiten wollen, in Ihr Fastenzeittagebuch.

> Womit soll ich denn beten?
> Alles, was uns mangelt,
> das eben dient uns zum Gebet.
> Der Heilige betet mit seinen Hoffnungen,
> der Sünder mit seinen Sünden.
>
> Paul Claudel, Der seidene Schuh

Samstag

Die Freude wiederfinden

Nur wenige Bewohner unserer inneren Welt (zum Beispiel Ärger, Angst, Geduld, Vertrauen und Einsamkeit...) werden so geliebt wie die Freude. Dennoch ist uns der Zugang zur Freude oft versperrt, vor allem wenn wir niedergeschlagen und traurig sind. Doch oft jammern wir auch, weil wir uns dadurch Zuwendung erhoffen. Wir vergessen dabei die heilende Kraft der Freude, gerade in schwierigen Zeiten.

Ich lade Sie ein, heute selbst Ihren Weg mit Bewegungs- und Stilleübungen sowie Impulsen für den Tag zu bestimmen.

Der Besuch der Freude

An einem strahlenden Sommermorgen machte die Freude sich auf den Weg, um die Traurigkeit zu besuchen. Es war ihr zu Ohren gekommen, dass diese trotz der Wärme, des Lichts und der überquellenden Natur nicht fröhlich werden konnte. Die Freude hatte gehofft, die Traurigkeit in ihrem Garten anzutreffen, doch fand sie sie in einem Raum, der von schweren Vorhängen verdunkelt war. Die Traurigkeit bemerkte die Besucherin erst, nachdem diese mehrfach mit ihrer hellen Stimme einen »Guten Tag!« gewünscht hatte. Die Traurigkeit schaute kaum auf, als sie den Gruß erwiderte. Die Freude, die aus dem Sommer kam, hatte zunächst einige Mühe, sich an den dunklen Raum zu gewöhnen. Doch weil sie wusste, was sie wollte, ließ sie sich nicht zu lange von der ihr ungewohnten Umgebung beeindrucken und sagte zur Traurigkeit: »Ich komme, weil ich dich zu einem Spaziergang in den Sommer einladen möchte.«

Die Angesprochene war nicht nur überrascht, sondern auch verärgert. Wie konnte es jemand wagen, ihr in ihrem Zustand so etwas zuzumuten? Die Freude (sie hatte durchaus nicht nur für schöne Dinge einen Blick) erriet die Gedanken der Traurigkeit wohl und fragte, ob sie denn all das Schöne draußen vor der Tür nicht sehen wolle. Da richtete die Traurigkeit sich in ihrem Sessel auf, sah die Freude gar nicht freundlich an und entgegnete: »Du weißt wohl nicht, in welchem Hause du bist. Ich habe vieles zu beklagen und manches zu beweinen. Wie also sollte ich ausgerechnet mit dir durch diesen Sommer gehen? Er ist für andere da, doch nicht für mich. Wie sollte ich mich freuen, wenn mein Herz voll Trauer ist?«

Einen Augenblick war die Freude geneigt, der Traurigkeit Recht zu geben. Dann aber kamen ihr Fragen. Hatte nicht auch sie selbst, gerade in letzter Zeit, das eine oder andere erlebt, das sie bedrängt und bedrückt hatte? War das, was die Traurigkeit erlebte, so viel notvoller als das, was ihr, der Freude, widerfahren war? Gewiss, sie beide wohnten an verschiedenen Orten in der inneren Welt und hatten auch verschiedene Aufgaben, und doch – lebten sie nicht beide in der einen Welt?

Nach einer langen Zeit des Nachdenkens nahm die Freude das Wort wieder auf und sagte: »Vielleicht ist es so, dass du das Traurige tiefer siehst als ich. Wahrscheinlich ist auch, dass ich das Beglückende tiefer sehe als du. Und sicher ist, dass wir wohl beide ein wenig einseitig ins Leben sehen. Doch kommt mir die Frage, aus welcher Sicht die größere Liebe kommt.« Die Freude erschrak fast, als sie sich so reden hörte, doch wurde sie von ihrer kleinen Verwirrung abgelenkt, als sie das plötzlich lächelnde Gesicht der Traurigkeit erblickte und sah, dass diese aufstand, den Vorhang ein wenig beiseite zog und sie zum Aufbruch in den blühenden Morgen drängte.

Wochen-Spiegel

Orientieren Sie sich an der Übung Nr. 20, Seite 175 und dem Text »Zurückblicken«, Seite 176.

Erster Aufbautag oder Palmsonntag

Heilende Kräfte nutzen – Energiequellen des Alltags

Fastenwoche: Heute beginnt die dritte wichtige Phase Ihres Fastenprogramms, das Fastenbrechen und der damit wichtige Ernährungsaufbau. Sie schalten körperlich (mit dem »Apfelessen«) wieder um von der Energiequelle »Ernährung von innen« auf die Energiequelle »Ernährung von außen«. Dazu sollten Sie die wichtigen Informationen zum »Essen nach dem Fasten« im medizinischen Fastenführer lesen und die Chancen zur Neugestaltung Ihres zukünftigen Essverhaltens nutzen. Zunächst aber können Sie stolz auf fünf erfolgreiche Fastentage zurückschauen. Dabei werden wir auch fragen: Aus welchen Energiequellen habe ich in diesen Tagen gelebt? Welche Quellen will ich weiterhin nutzen?

Fastenzeit(en): Heute beginnt die Karwoche mit dem Palmsonntag und damit die letzte Woche Ihres »Weges durch die Fastenzeit«. Bekannt ist die biblische Erzählung: Jesus zieht, auf einem Esel sitzend, in Jerusalem ein, wird wie ein König bejubelt, doch er spürt, die Stimmung wird bald umschlagen. Hat er die Kraft durchzuhalten? Aus welchen Energiequellen lebt er? – In der Karwoche liegen Freude und Leid, Tod und Trauer, Verlassenheit und Hoffnungen nahe beieinander.

Aus welchen Quellen lebe ich?

»Woher nehmen Sie nur die Kraft?« – Jeder kennt diese Frage. Sie wird meist gestellt, wenn jemand sein oft schweres Schicksal in bewundernswerter Weise bewältigt. Neben Bewunderung schwingt beim Fragesteller oft die Hoffnung mit, dass auch er in schwierigen Lebenssituationen aus solchen Energiequellen schöpfen möchte. Doch dürfen wir so lange warten? Wir können in schwierigen Zeiten nur dann auf solche Energiequellen zurückgreifen, wenn wir sie kennen und jetzt schon nutzen. Daher fragen wir uns: Aus welchen Energiequellen lebe ich? Was gibt mir die Energie, auch schwierige Situationen zu meistern? – Als Anregung zum Nachdenken und Sammeln (Notieren) gebe ich Ihnen vier Bereiche und Fragen.

Denken Sie auch an die Erfahrungen der vergangenen Tage, was Sie neu entdeckt haben und was Sie weiterführen wollen. Zur körperlichen Lockerung schlage ich Ihnen die Übung 5a und b, Seite 160 vor.

1. Meinen Körper wahrnehmen und spüren.
Was tut mir körperlich gut? Was weckt in mir Energie?
Beispiel: Regelmäßige Bewegung, Zeiten der Stille...

_____

_____

_____

2. Ich und meine Beziehung zur Natur und Kultur.
Was weckt und bringt mir Energie?
Beispiele: Wandern, Museum besuchen...

_____

_____

_____

3. Ich in Beziehung zu anderen Menschen.
Was weckt und verschafft mir Energie?
Beispiele: Gespräch mit Partner/in, Spiele mit Kindern...

_____

_____

4. Meine geistigen, seelischen und religiösen Kraftquellen.
Was weckt und verschafft mir Energie?
Beispiele: Buch lesen, Meditation, Gebet ...

_____
_____
_____

Wählen Sie die drei wichtigsten Energiequellen aus (Schreiben Sie jede auf eine A 6-Karte). Nun fragen Sie sich: Was tue ich konkret zu deren Belebung bzw. zur »Energiegewinnung« für mich? Was verbzw. behindert die Nutzung dieser Energiequellen? Beobachten Sie sich heute: Wie nutzen Sie heute diese Energiequelle? In der Tagesreflexion können Sie diese Frage erneut bedenken.

Apfelmeditation

Ich decke mir den Tisch mit Teller, Messer, Serviette und ungespritzten Äpfeln.
Ich betrachte die vor mir liegenden Äpfel und erinnere mich an Äpfel oder einen Apfelbaum aus meinem Leben.
Ich greife nach einem Apfel und nehme ihn wahr: seine Form und Farben, seine Oberfläche, harte und weiche Stellen... sehen, befühlen, riechen...
Ich beiße hinein, schmecke das saftige Apfelstück an den Lippen, den Zähnen, auf der Zunge, am Gaumen. Ich kaue langsam und oft, zermahle, schlucke, genieße, beiße wieder ab...
Ich erinnere mich an die Erfahrungen dieser Fastenwoche bzw. der bisherigen Fastenzeit.

Gott,
ich danke dir für diesen Apfel,
für die Erfahrung, ihn zu genießen
und aus seiner Energie mich zu nähren.
Diese Erfahrung stärkt mich,
in Zukunft bewusster zu essen,
die Gaben deiner Schöpfung zu genießen
und sie mit anderen zu teilen.

Heilende Energiequellen nutzen – Meditative Impulse zu Markus 5, 25-34

Viele Menschen folgten ihm und drängten sich um ihn. Darunter war eine Frau, die schon zwölf Jahre an Blutungen litt.

Es ist wie beim Einzug in Jerusalem, alle drängen sich um ihn, wollen ihn sehen, jubeln ihm zu, wollen in seiner Nähe sein. Auch die Frau.
Ich erinnere mich, Blut ist der Träger des Lebens. Diese Frau verliert seit 12 Jahren Blut, d.h. durch ihre Krankheit ist ihre Lebendigkeit bedroht. Jahr für Jahr wird sie blutleerer, verliert sie an Lebenskraft.
Wie geht es mir? Welche Kräfte werden bei mir wodurch schwächer?

Sie war von vielen Ärzten behandelt worden und hatte dabei sehr zu leiden; ihr ganzes Vermögen hatte sie ausgegeben, aber es hatte ihr nichts genutzt, sondern ihr Zustand war immer schlimmer geworden.

Viele Menschen kennen ähnliche enttäuschende Erfahrungen, Ärzte und viele andere Angebote bieten ihre Hilfe an, und nach jedem Versuch bleiben enttäuschte Hoffnungen. Ja, bei ihr geht das ganze Vermögen drauf und alles wurde nur schlimmer.
Wann und wodurch wurden meine Hoffnungen enttäuscht?

Sie hatte von Jesus gehört. Nun drängte sie sich in der Menge von hinten an ihn und berührte sein Gewand. Denn sie sagte sich: Wenn ich auch nur sein Gewand berühre, werde ich geheilt.

Was hat sie gehört? Von einem neuen Wunderheiler? Das kenne ich doch auch – eine neue Nachricht von... über... und schon keimt neue Hoffnung, aber auch Skepsis auf. Doch Vorsicht, bei dieser Frau entsteht das durch Ärzte zerstörte Vertrauen neu. Das überrascht, denn sie sagt nicht »Ich probiere es, vielleicht hilft's«, sondern sie ist sich sicher: »Wenn ich ihn berühre, dann werde ich geheilt«.
Wie steht es mit meinen neuen Hoffnungen, meiner Sicherheit, meinem Vertrauen in meine Kräftequellen, in die Verwirklichung neuer Vorsätze, zum Beispiel nach dem Fasten bzw. der Fastenzeit, Vertrauen in meine Mitmenschen ...?

Sofort hörten die Blutungen auf, und sie spürte deutlich, dass sie von ihrem Leiden geheilt war.

Sie spürt mit dem ganzen Leib, sie ist geheilt. Doch genügt das?

Im selben Augenblick fühlte Jesus, dass eine Kraft von ihm ausging, und er wandte sich in dem Gedränge um und fragte: Wer hat mein Gewand berührt? Seine Jünger sagten zu ihm: Du siehst doch, wie sich die Leute um dich drängen, und da fragst du: Wer hat mich berührt? Er blickte umher, um zu sehen, wer es getan hatte.

Jesu Verhalten erscheint mir zunächst unverständlich. In diesem Gedränge geht das nicht ohne Berührungen. Warum sucht er nach ihr? Nach dem Gesetz ist sie unrein und hat sich »unmoralisch« unter Menschen begeben. Die Menge würde sie verurteilen, wenn das bekannt wäre. Ich kann die Frau gut verstehen. Ihre Angst vor der Verurteilung ist groß. Doch Jesus sucht die Offenheit. Er will, dass sie zu ihrem Handeln steht und auch seelisch gesund wird.
Wie steht es mit meiner Angst vor dem (Vor-)Urteil anderer?

Da kam die Frau, zitternd vor Furcht, weil sie wusste, was mit ihr geschehen war; sie fiel vor ihm nieder und sagte ihm die ganze Wahrheit.

Die Frau wird aktiv. Sie bekennt mutig, dass sie ihn als heilende Energiequelle genutzt hat.
Warum verlangt das Jesus? Was stört mich an seinem Handeln?

Er aber sagte zu ihr: Meine Tochter, dein Glaube hat dir geholfen. Geh in Frieden! Du sollst von deinem Leiden geheilt sein.

Hier ist die Antwort an die Frau und an die zuhörende Menge. Jesus bezeichnet ihr ungesetzliches Handeln als Glaube, der heilt. Sie musste handeln und es offen aussprechen. Indem sie beides tut, ihn berührt und ihre Angst überwindet, wird sie auch innerlich frei und geheilt.
Habe ich Ähnliches schon erlebt? In welcher Weise ist oder kann der Glaube für mich eine Energiequelle sein?

Biblische Energiequelle

Über Jesus wird erzählt:
»Alle Leute versuchten ihn zu berühren, denn von ihm ging eine Kraft aus, die alle heilte.«

Lukas 6, 19

Ich wünsche dir Kraft

Wenn all meine Wünsche vergeblich sind,
dann bleibt nur noch eines zu sagen:
Ich weiß, du stehst mitten im Lebenswind,
ich wünsche dir Kraft zum Ertragen.

Ich wünsche dir Kraft aus der eigenen Mitte,
um Halt zu verleihen dem unsicheren Schritte.
Und wo es dir schwer fällt, dich zu entscheiden,
mögen dich all deine Kräfte begleiten.

Ich wünsche dir Kraft, um dich selbst zu entfalten,
deine Stärke den Ängsten entgegenzuhalten.
Ich wünsche dir, dass die Hoffnung nie fort von dir geht,
nur weil keine Kraft mehr dahintersteht.

Ich wünsche dir Kraft, die in den Stand dich versetzt,
wieder heilen zu lassen, was dich verletzt.
Ich wünsche dir Kraft, die dir Sicherheit gibt
aus dem niemals versiegenden Strom jener Kraft
eines Menschen, der liebt.

Elli Michler

Tages-Spiegel

Sie ziehen sich wieder zu Ihrem Ruheort zurück und überdenken den Tag und Ihren Umgang mit den »Energiequellen«.

1. In den Tag schauen

- Wie bin ich ihnen heute begegnet und wie habe ich sie genutzt?
- Wie könnte oder sollte ich diese Quellen in Zukunft besser nutzen bzw. sie neu beleben?
- Was werde ich wann dafür konkret tun?

2. Den Tag abschließen

Mit einem freien Gebet, das sich auf Ihr Anliegen bezieht oder mit folgendem »Weg-Gebet«.

Du Gott

bist der Grund meiner Hoffnung
du lebst als tiefes Geheimnis in mir

Kommen auch Tage der Zweifel
der Ungewissheit
wo vieles wie eine große Lebenslüge
erscheint
so suche ich vertrauensvoll
zu Grunde zu gehen

Weil
du mich durch diese Verunsicherung
zur Quelle des Lebens führen wirst

So wird mir nichts mehr fehlen
und ich finde neue Geborgenheit in dir.

Pierre Stutz, nach Psalm 23,1

Montag

Die Kraft der Gedanken

Ein verzagter Mönch fragte einen lebenserfahrenen Bruder, was er nur tun könne, um mit seinen lästigen Gedanken besser umgehen zu können. Da antwortete der Alte: »Kämpfe nicht gegen alle Gedanken, sondern nur gegen einen. Denn alle lästigen Gedanken haben eine einzige Quelle. Deshalb kommt es darauf an, diese Quelle zu suchen, darüber nachzudenken und daraus Schlussfolgerungen zu ziehen. Danach werden auch die übrigen Gedanken so fließen, wie sie es sollen.«

Weisheit der Mönchsväter

Bei mir ankommen

Lockern Sie sich mit der Übung Nr.7, Seite 163
Setzen Sie sich zu folgender Übung und notieren Sie Ihre Beobachtungen:

- Ich erinnere mich intensiv an zwei Situationen, in denen ich zu mir selbst sagte: »Ich kann das nicht« oder »Das gelingt mir bestimmt nicht«. Ich spüre nach, wie diese Aussage auf mich wirkt.

- Ich erinnere mich intensiv an zwei Situationen, in denen ich zu mir sagte: »Ich kann das« oder »Das Leben meint mich, das schaffe ich«. Ich spüre nach, wie diese Aussage auf mich wirkt.

Dem Leben auf der Spur

Denken Sie an eine Zitrone. Wahrscheinlich läuft Ihnen das Wasser im Mund zusammen. Ähnliches haben Sie vielleicht auch in der Einstiegsübung erlebt: Gedanken können köperliche und seelische Reaktionen hervorrufen. Verbunden mit unserer Vorstellungsfähigkeit entwickeln sie störende, niederdrückende, fördernde oder ermutigende Energien. Die alten Mönche waren der Meinung, dass die Gedanken unsere Haltung prägen. Daher komme es darauf an, mit welchen Gedanken sich der menschliche Geist beschäftigt. Sie beeinflussen den ganzen Menschen. Lebenfördernde Gedanken – fördern ihn, bedrängende Gedanken stören oder zerstören ihn, keine Vorgaben machen ihn manipulationsanfällig. Ein Mensch ohne Ziel ist in der Gefahr, innerlich zerrissen zu werden. Die modernen Erkenntnisse über den Menschen bestätigen die Erfahrungen der Mönche: Gelingendes Leben, Haltung und Tun, werden wesentlich bestimmt von den Inhalten unserer Gedanken. Der intensive Glaube der Frau (vgl. Seite 138f.) führte zum Handeln und schließlich zur inneren Heilung.

Im Laufe unseres Lebens haben wir uns verschiedene Leit-Gedanken angeeignet. Zum Beispiel: »Das schaffe ich doch nicht... Das kann nicht gut gehen... Vertrau keinem... Alles regt mich auf...« Diese negativen Aussagen wirken auf Dauer zerstörerisch und können zu unseren »Leid-Gedanken« werden. Jede Idee hat die Tendenz, sich zu verwirklichen, daher lohnt es sich, aufbauende Leit-Gedanken zu entwickeln, zum Beispiel »Dieses Mal schaffe ich es... Jeder Tag ist eine Chance... Ich kann diesem Menschen vertrauen... Aus Fehlern lerne ich... Immer gelassen voran...«.

Es gibt viele Leit-Gedanken, die zu gelingendem Leben führen, »man muss (nur) ins Gelingen verliebt sein, nicht ins Scheitern« (Ernst Bloch).

Anregungen zum Tag

Durch welche Gedanken lassen Sie sich leiten? Erstellen Sie eine Liste Ihrer positiven und negativen Leit-Gedanken. Vergegenwärtigen Sie sich heute immer wieder einen positiven Gedanken.

Tages-Spiegel

Welcher Leitgedanke hat Ihren Tag heute bestimmt? Nehmen Sie aus Ihrer Negativliste einen für Sie typischen Satz und formulieren Sie diesen positiv. Haben Sie eine Idee, wie Sie morgen danach leben können?

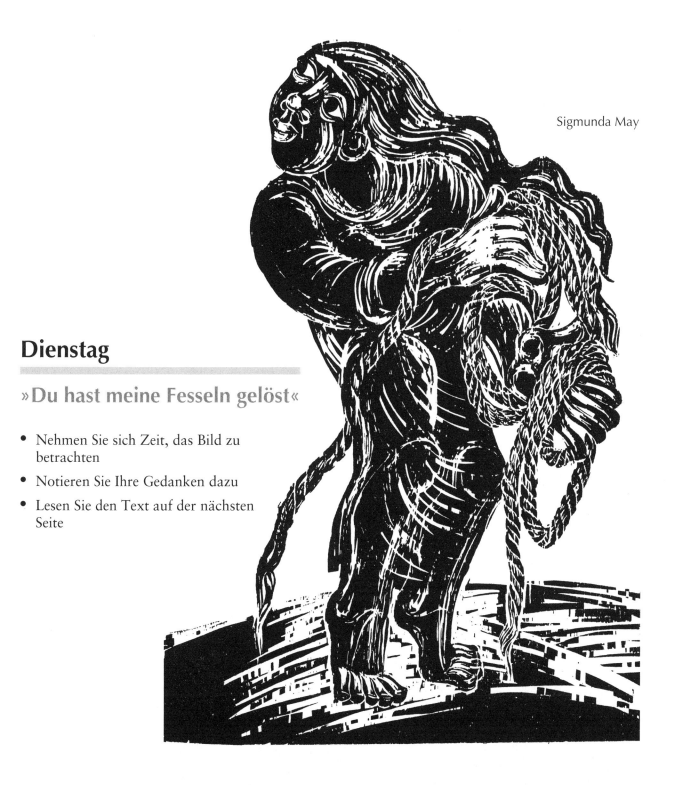

Sigmunda May

Dienstag

»Du hast meine Fesseln gelöst«

- Nehmen Sie sich Zeit, das Bild zu betrachten
- Notieren Sie Ihre Gedanken dazu
- Lesen Sie den Text auf der nächsten Seite

Ich liebe den Herrn; denn er hat mein lautes Flehen gehört und sein Ohr mir zugeneigt an dem Tag, als ich zu ihm rief. Mich umfingen die Fesseln des Todes, mich befielen die Ängste der Unterwelt, mich trafen Bedrängnis und Kummer. Da rief ich den Namen des Herrn an: »Ach Herr, rette mein Leben!« Der Herr behütet die schlichten Herzen; ich war in Not, und er brachte mir Hilfe.
Du hast meine Fesseln gelöst.«

Psalm 116, 1-4.6.16

»Der Psalmist spricht *drei Bereiche* an, die das Leben des Menschen unfrei machen:
Zuerst spricht er von den Fesseln des Todes, die ihn befielen. Diese Mächte des Todes, die das Leben in uns abwürgen, können vielseitig sein. Damit ist alles angesprochen, was das Leben in mir kleinhält und erstickt: die vielen Neins, die ich oder andere zu mir schon gesprochen haben und die mich entwerten; Todeswünsche, die mich lähmen und handlungsunfähig machen; Unfreiheiten, die sich aus ungelösten, unverziehenen und schuldhaften Situationen heraus ergeben können. Oder ich muss schmerzhaft wahrnehmen, dass durch eigene oder fremde Schuld Seiten in mir abgestorben sind, die nun langsam auch andere Bereiche meines Lebens vergiften. Vielleicht aber erfahre ich mich auch von etwas gefesselt, was meinem Leben schadet: von Leidenschaften oder Süchten, denen ich hilflos ausgeliefert bin, die mein Blick- und Lebensfeld einengen.
Der Psalmist vermittelt uns seine Erfahrung, dass die Fesseln des Todes nicht das Ende sind. Da gibt es einen, der auch die kompliziertesten Verknotungen meines Lebens lösen kann; einen, für den nichts unmöglich ist, wenn ich mein Vertrauen auf ihn setze.

Zum *Zweiten* nennt der Psalmist die Ängste der Unterwelt. Jeder kennt sie, Ängste, die unversehens aus dem Dunkel unseres Unbewussten aufsteigen und nach unserem Herzen greifen; Ängste, aus deren Würgegriff wir uns allein nicht mehr befreien können und denen wir uns hilflos ausgeliefert fühlen. Häufig ist unser Handeln mehr von unseren Ängsten bestimmt als vom Vertrauen in uns selbst, in die Menschen und in Gott.
Zuletzt spricht der Psalmist von Bedrängnis und Kummer, die ihn trafen. Kein Mensch kann sich vor ihnen schützen: Engpässe unseres Lebens, durch die sich jeder einmal hindurchzwängen muss; Prüfungen, die uns schütteln, bis alle Äußerlichkeiten von uns abgefallen sind; Dunkelheiten, die uns lähmen und die Erkenntnis für den nächsten Schritt rauben. Hier sagt uns die Botschaft des Psalmisten, dass die Bedrängnis und der Kummer nicht das letzte Wort behalten. Der Herr kann mein Leben vor dem Tod retten, meine Tränen trocknen und meinen Fuß vor dem Gleiten bewahren (Psalm 116, 8). In den Prüfungen unseres Lebens soll sich unser Glaube bewähren und wie Gold im Feuer geläutert werden (1 Petrus 1,7). Nur durch das »Gedränge« hindurch finden wir immer tiefer zu uns selbst und zu Gott.«

Christina Mülling

Auch die blutflüssige Frau (vgl. biblische Erzählung, Seite 138f.) kann nach ihrer Begegnung mit Jesus in diesen Psalmruf einstimmen. »Du hast meine Fesseln« der Angst, meine enttäuschten Hoffnungen und die verurteilenden Meinungen gelöst. Du hast mein »ungesetzliches« Handeln als Glaube bezeichnet und mir damit den Glauben an Gott wieder ermöglicht. Im Gedränge der Menge habe ich dich, Herr, neu gefunden.«

*Denn du, Gott,
hast das Heil der Welt
auf das Holz
des Kreuzes gegründet.
Vom Baum des Paradieses
kam der Tod,
vom Baum des Kreuzes
entstand das Leben.*

*Gebet zur
Kreuzeserhörung*

Roland Peter Litzenburger

Mittwoch

Der Verwandlung trauen

Seit Aschermittwoch gehen Sie Ihren spirituellen Weg durch die Fastenzeit. Bevor nun die eigentlichen Kartage beginnen, lade ich Sie ein, innezuhalten und Ihrem Leben in diesen Tagen nachzuspüren. Kann ich meinen neuen Erfahrungen und Vorsätzen trauen?

Bei mir ankommen

Genehmigen Sie sich heute eine intensive »Ruhe-Übung« (vgl. Nr.11, Seite 166). Genießen Sie gegen Ende die tiefe Ruhephase und fragen Sie sich: Wie habe ich meinen Weg durch die Fastenzeit erlebt? Spüren Sie dem nach, was anders geworden ist. Notieren Sie anschließend wichtige Erfahrungen und Gedanken.

*Du wagst dein Ja –
und erlebst einen Sinn.
Du wiederholst dein Ja –
und alles bekommt Sinn.
Wenn alles Sinn hat –
wie kannst du anders leben als ein Ja?*

Dag Hammerskjöld

Dem Leben auf der Spur

Märchen erzählen in vielen Variationen vom Geheimnis der Verwandlung. Da wird aus einem Frosch ein Prinz, da bedarf es eines dreimaligen Kleiderwechsels (Aschenputtel) oder eines Sprungs in die Tiefe des Brunnens (Frau Holle), um eine neue Lebensmöglichkeit zu entdecken, der man auch im Alltag trauen kann. In den Märchen – das gilt noch mehr für unser Leben – gibt es ohne Verwandlung keine Menschwerdung. Wer sich nicht wandelt, ist in Gefahr zu erstarren. Wer lebendig bleiben will, muss sich immer wieder wandeln.

Ich habe Angst oder starke Rückenschmerzen. Beides gehört zu diesem Zeitpunkt zu mir, ich nehme es an, es kann gut für mich sein und hat einen Sinn. Nur, es bedarf der Verwandlung. Die Angst signalisiert mir vielleicht eine falsche Lebenseinstellung, zum Beispiel ich will es allen recht machen oder ... Eine Krankheit weist mich auf eine ungesunde Lebensweise hin, zum Beispiel zu wenig Bewegung, ständiger Stress, Übergewicht oder... Verwandlung heißt, dass wir die Sprache unseres Leibes, unserer Gefühle und Träume verstehen, dass wir lernen, deren Sinn zu erkennen, selber das Steuer unseres Lebens in die Hand zu nehmen und sie in neue Lebensenergie verwandeln.

Anregungen zum Tag

Kann ich allem, was ich in dieser Fastenzeit bedacht, erkannt, geübt und mir vorgenommen habe, trauen? Nehmen Sie sich heute 30 Min. Zeit und lesen Sie in Ihrem Fastentagebuch. Was ist mir wichtig geworden? Was hat sich verwandelt? Wie will ich meine Erkenntnisse und Verhaltensbemühungen in Zukunft stärken?

Tages-Spiegel

Wählen Sie zum Tagesrückblick die Spiegel-Übung II. Teil 5.3, Seite.66f. Danken Sie abschließend für Ihre Erfahrungen.

Abbild Gottes zu sein...

*Diese Zusage verheißt uns,
unsere Ohnmacht in Hoffnung,
unsere Angst in Selbstvertrauen,
unsere Aggression in Versöhnen
verwandeln zu lassen.*

Pierre Stutz

Gründonnerstag

Brot und Wein werden

Mit dem Gründonnerstag beginnen die »dichtesten« Tage der Erinnerung an den Grund und die Hoffnung christlichen Glaubens. Die Fastenzeit war dazu ein Einübungsweg. Jetzt bedarf es in diesen Tagen auch keiner strukturierten Vorgaben mehr. Jede(r) von Ihnen kann mit Hilfe offener Impulse dem Geheimnis dieser Tage nachsinnen, seinen Weg und Rhythmus von Einstimmung, Besinnung und Rückblick wählen und der christlichen Botschaft von Mahlgemeinschaft, Tod und Auferweckung nachspüren und sie feiern.

brot werden

und als er seinen freunden sagen wollte
was wichtig ist unter uns menschen
um leben zu können miteinander
da sagte er
jeder müsse für jeden brot werden
lebendiges brot
und jeder müsse für jeden ein guter trank werden
nicht gift
nicht essig

und da nahm er
ein stück brot
hielt es seinen jüngern unter die augen
die dachten
was kommt jetzt

dann brach er das brot
und sagte
das bin ich
und teilte das brot
gab jedem ein stück

und sagte
esst mich
nehmt mich in euch auf
lasst mich in euer fleisch und blut
übergehen

das gleiche tat er auch mit dem wein

man kann nur brot für einen
anderen menschen werden
wenn man sich aufessen
auffressen lässt

dieses harte wort
steht auch in der bibel
da steht noch härter
kaut mich
zerkaut mich
ich bin energie
für euch
geistige energie

das hat er nicht bloß mit worten gesagt
sondern in einem zeichen
in der handlung mit dem brot und dem wein

und jetzt kommt noch ein wichtiger satz
an die jünger
tut das zu meinem andenken
zu meinem gedächtnis

damit meinte er nicht bloß
wir sollten diese zeremonie endlos
wiederholen
er meinte
wir sollten uns auch teilen
und brechen
unser leben darreichen
für die anderen
dass sie leben können
wir sollten brot werden
und wein

von bloßen zeremonien kann keiner leben
die zeremonien sind das geschenkpapier
worauf es aber ankommt ist das was darinsteckt
die gegenwart christi in uns
ist nicht ein bloß körperlicher vorgang
sondern auch eine geistige einverleibung

spüren wir
was da von uns verlangt ist
kein handlanger
sondern selbst ein bisschen brot und wein
sollten wir werden

sie erkannten ihn am brotbrechen
heißt es von den emmausjüngern
bei lukas und zwar nicht am bloß äußeren
brotbrechen
das kann jeder
sie merkten
er bricht sich selbst

Wilhelm Willms

Karfreitag

Baum des Todes,
Baum des Lebens

Betrachten Sie bitte in Ruhe das Bild nach Seite 144.

Umsonst

umsonst
umsonst

die Händler und Geldleute sind entsetzt
da setzt einer Geldwerte außer Kraft
da setzt einer andere Werte frei
eine Währungsreform
bei der nichts herausspringt für sie
bei der sie zusetzen
nicht die kleinen Leute

umsonst
umsonst
umsonst
die Panik besetzt
die Banken und Börsen der Welt
die Kurse klettern und fallen
nach unbekannten Gesetzen
umsonst wird der Große ganz klein
er kassiert nicht
in bar
per Scheck
auf Raten
mit Zins und Zinseszins
umsonst
bringt er Hoffnung
wirkt Taten des Heils
umsonst
macht er Kranke gesund
verteidigt Straßenmädchen und
Zolleinnehmer

umsonst
macht er Hungrige satt
vergibt die Schuld

umsonst
nimmt er die Bosheit der Menschen
auf seine Schultern
schleppt das Kreuz
erstickt in Foltern,
Angst und Verlassenheit
umsonst
stirbt er den ehrlosen Tod
in Liebe und Treue zu Gott
der Leben in Fülle verheißt

er treibt nicht die Wechselschuld ein
erhöht die Schuldzinsen nicht
verlangt nicht den Offenbarungseid
versteigert nicht unser Heim

umsonst
erwartet er unser Jawort zu ihm
umsonst
unsre Füße in seinen Spuren
umsonst
unser Herz für die Schwestern und Brüder.

umsonst
umsonst
umsonst

Christa Peikert-Flaspöhler

Karsamstag

Aufbruch aus der Nacht

Der Karsamstag ist ein oft vergessener Tag. Die Freude auf die Osternacht verdeckt den Gedanken der Grabesruhe. Jesus wurde ins Grab gelegt, in das Dunkel der Höhle. Hier – unsichtbar im Verborgenen, im Dunkel – geschieht die wesentliche Veränderung, geschieht Aufbruch zum Neubeginn. Dazu sind Zeit und Ruhe notwendig. Das gilt auch für uns. Tod und Grab müssen eine gewisse Zeit ausgehalten werden, denn sie konfrontieren uns mit uns selbst. Das Grab fordert uns auf, in unser eigenes Grab, in unsere Tiefe hinabzusteigen. Nach christlichem Verständnis stieg der Gekreuzigte in den Hades hinab, für die Juden in die Scheol, d.h. das Reich der Schatten. A. Grün und M. Reepen deuten dieses Bild: »Christus ist in unseren Schatten hineingestiegen, in unser Unbewusstes, um all das zu erlösen, was in unserem Schatten begraben liegt.«[24] Daraus leiten sie drei wichtige Anregungen für uns ab:

- Viele Wünsche, Ängste, Bedürfnisse, Fähigkeiten, Lebenswertes... haben wir in unser Unbewusstes verdrängt. Es führt hier ein Schattendasein, teils tot, teils unkontrollierbar wirkend. Am Karsamstag sollten wir »mit Christus in den eigenen Schatten steigen, und das, was Gott uns an Möglichkeiten geschenkt hat..., aufsteigen und lebendig werden lassen«.

- Auch wir liegen oft erstarrt »im Grab« von Selbstmitleid, Resignation, überhöhten Erwartungen, Perfektionsdrang oder Angst vor Fehlern oder... Der Karsamstag lädt ein, uns der eigenen Grabessituation zu stellen. Dabei sollten wir »den Glauben an die Auferstehung in unsere Angst hineinhalten«, damit wir »mitten in und aus unserer Schwäche aufstehen«.

- Das Leben hat uns neben vielen Freuden auch zahlreiche Enttäuschungen, Blamagen, Kränkungen, Versagenserfahrungen ... gebracht. Wunden, die vielleicht vernarbt, aber nicht geheilt sind, Schmerzen, die wir immer wieder spüren. Der Karsamstag lädt dazu ein, die eigene Lebensgeschichte zu betrachten, eine Wunde, eine Ersatzbefriedigung, eine Kränkung näher anzuschauen und sie »ins Grab legen... (und) von Christus heilen (zu) lassen.«

Wer den Karsamstag aushält, der kann den Aufbruch aus der Nacht des Grabes und Ostern feiern.

In dieser Nacht

In dieser Nacht
erwacht
das Leben
aus dem Tod.

Einer steht auf,
aufersteht
von den Toten,
tritt in das Leben hinaus.

Einer lebt über,
überlebt
den Tod,
steigt aus dem Grabe heraus.

In dieser Nacht
erwacht
das Leben
aus dem Tod.

Einer weist Weg,
Wegweiser
ins Leben,
führt aus dem Dunkeln ins Licht.

Zweiter Entlastungstag **oder Ostern**

Unser täglicher Weg heißt auferstehen

Täglich neu
auferstehen

1. lass dich festnageln
und bleib nicht unverbindlich

2. schrei laut
wenn man dich aufs kreuz gelegt hat
lass dich nicht totschweigen
nur laut und deutlich kannst du den
geist aushauchen
artikuliere den geist
in einer sprache
wie sie auf der straße
gesprochen wir
nur wer sich festnageln
und kreuzigen lässt
kann geist aushauchen
ausströmen
sturm entfachen
pfingststurm

3. lass dich begraben
aber lass dich nicht einbalsamieren
nicht mumifizieren
lass dich nicht sterilisieren
bleib lebendig
bewege dich
deine bewegungen werden andere
bewegungen auslösen
lass dich begraben
nur das weizenkorn das begraben wird
das in den dreck fällt
wird sich vermehren
wird auferstehn

4. steh auf
wenn dich etwas umgeworfen hat
steh auf
wenn ein anderer besser deinen
platz ausfüllt
auch das ist auferstehung
steh auf
gerade wenn du meinst
du könntest nicht aufstehen
der stein vor deinem grab
wird sich von selbst
fortbewegen
es wird dir ein stein vom herzen
fallen

5. fürchte dich nicht
es könnte nicht weitergehen
es wird weitergehen

6. geh mit dem kopf durch die wand
aber nicht bloß mit dem kopf
für uns wird es nie offene
türen geben
merk dir das besonders

7. zeige nie dass du Recht hast
verzichte darauf Recht gehabt
zu haben

8. dränge dich nicht auf als wissender
wissende gibt es sowieso nicht
in diesen fragen auf tod und leben
geh nach emmaus an den rand
unterwegs werden dir im gespräch
die augen aufgehen

Das neue Leben

»Wie lang ist das Leben und was kommt danach«, fragte der Schmetterling Gott.
»Was war davor? Warum weiß ich nichts davon?«
Viele, schwere Fragen an einem schönen Frühlingstag. Fragen an Gott und es gab doch keine Antwort. Oder? Träumte der Schmetterling?
Etwas oder jemand ließ ihn spüren, dass er nicht allein war.
»Du kannst dein ganzes Leben noch einmal erleben. Fliege ganz hoch, so hoch wie du kannst, und du wirst Augen haben, die alles sehen; Ohren, die alles hören und eine Seele, die alles fühlt.«

Der Schmetterling flog und flog. Er strengte sich an, höher und höher. Er gab seine ganze Kraft hin. Als er nicht mehr konnte, gab er auf und ließ sich fallen.
Aber er fiel nicht, er wurde gehalten, unsichtbar getragen. Er schwebte, spürte Licht um sich herum, hörte unbekannte Töne und sah plötzlich ein Bild vor sich. Es platzte auf wie eine Seifenblase.
Er sah einen Schmetterling, der an einen Busch flog, seine Eier ablegte und verschwand. Die Sonne kam, der Regen fiel und aus einem Ei schlüpfte eine Raupe, ganz klein und fast unsichtbar. Der Schmetterling spürte plötzlich in seiner Seele, das bin ich. Ich bin dieser kleine Wurm. Er staunt. Die kleine Raupe kletterte los, fraß von den Blättern, versteckte sich vor den Vögeln und Insekten. Sie lebte gut. Kein Tag war wie der andere. Manchmal hatte sie Angst, gefressen zu werden, und versteckt sich. Mal sonnte sie sich übermütig.
Sorgen kannte sie nicht und wuchs prächtig.
Sie wurde größer und dicker, träger und langsamer.
»Was soll aus der wohl werden«, fragte sich der Schmetterling »und ... wie bin ich schön geworden?«
Die Raupe suchte sich einen schönen, versteckten Platz. Sie streckte sich, hing an der Unterseite eines

kleinen Zweiges und spann sich ein. Langsam aber sicher war nicht mehr viel von ihr zu sehen.
»Stirbt die Raupe etwa?«, sorgte sich der Schmetterling. »Ja«, hörte er die Antwort, »sie stirbt und erwacht zu neuem Leben. Sie wechselt ihre äußere Hülle. Das Alte vergeht und das Neue wächst heran. Schau!«
Und er sah hinein in die Hülle, die Puppe.
Die Raupe war nicht mehr da, er erschrak. Feine Gliedmaßen entstanden, alles verwandelte sich. Der Schmetterling staunte. Ein Bild löste das andere ab. Beinah hätte er übersehen, wie die Puppe sich langsam unten öffnete. Ein kleines Loch entstand. Eine neue Gestalt kletterte, nein, schob sich langsam heraus und saß im Licht.

Die Sonne wärmte sie und sie atmete tief ein. Das neue Leben hatte begonnen. Die Gestalt breitete die zarten Flügel aus und erhob sich in die Luft.
»Das bin doch ich« dachte der Schmetterling. »Ich fliege dort«. Er sah noch einmal sein Leben bis zu seinem Flug, der ihn höher und höher trug.
»Ja, das bist du«, sagte Gott. »Du weißt nun, was vorher war und was nachher kommt. Sonst sieht jeder nur seinen Lebenszeitraum, seine Erfahrung. Er spürt nicht das neue Leben und auch nicht die Ankunft im Licht. Nur weil du dich fallen gelassen hast, weil du vertraut hast, konntest du mehr sehen«.

Rüdiger Maschwitz

**Ja sagen
zu meinem Weg**

*Ich schaue
in den Spiegel*

*ich lebe
nicht nur von dem
was der Spiegel
mir äußerlich zeigt*

*ich lebe
vor allem von dem,
was er mich
tiefer schauen läßt*

*Masken
Ängste
Unerledigtes
Wertvolles*

*Beziehungen
Sehnsüchte
Fähigkeiten
Grenzen*

*Hoffnung
Dankbarkeit
Vertrauen
Freude*

*Zeichen
der Verwandlung
die andeuten
die ermutigen*

*es macht Sinn
Leben zu spüren
Ja zu sagen
zu meinem Weg*

Peter Müller

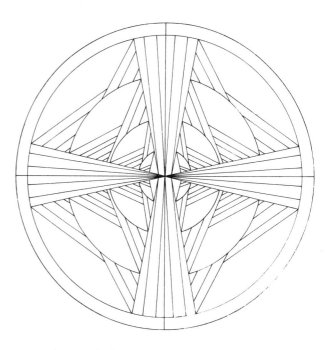

Sie sind eingeladen, entsprechend der Ihnen schon bekannten Mandalaübung Nr. 15 (3), Seite 169 das neue Leben, das mit »Ostern« begonnen hat, zu meditieren und in Farben auszudrücken. Ruhige und entspannende Musik und das Mandala auf dieser Seite unterstützen Sie dabei.

III. Teil
Fundgrube

Unterstützende Anregungen und Übungen

- zu einer »Fastenwoche«

  und für einen

- »Weg durch die Fastenzeit«

> »Wenn wir darauf Acht geben, wie wir mit uns selbst umgehen, dann brauchen wir nicht mehr darüber nachzudenken, wie wir sein sollen.«
>
> Moshé Feldenkrais

> »Sinnwerte erscheinen am attraktivsten, wenn sie verwirklicht sind.«
>
> Alfons Auer

Fastenzeit und Fasten – unterstützende Maßnahmen

Von Aschermittwoch bis Ostern einen Vorsatz durchzuhalten, auf etwas zu verzichten, auf ein Ziel hinzusteuern, sich täglich Zeit nehmen für sich... oder während einer Fastenwoche fester Nahrung zu entsagen und sich mit Leib, Geist und Seele auf ein ganzheitliches »Fasten für Gesunde« einzulassen, dazu bedarf es Mut, Geduld und Durchhaltevermögen. Der Entschluss für den langen Weg durch die Fastenzeit oder eine Fastenwoche ist häufig schnell gefasst, doch unterwegs können Fragen, Bedenken, Krisen oder auch das Bedürfnis aufzuhören auftauchen. Wie können Sie damit sachgerecht und ruhig umgehen? Was können Sie vorbeugend tun, damit dieses Bedürfnis oder größere Krisen kaum oder überhaupt nicht auftreten? Dafür gibt es eine Reihe von unterstützenden Maßnahmen, die in dieser »Fundgrube« gesammelt wurden.

Die »beste« unterstützende Maßnahme sind Partner/innen, die Sie in Ihrem Vorhaben unterstützen oder vielleicht selber mitmachen, sei es daheim oder in einer Gruppe, die sich regelmäßig während der Fastenzeit (1- bis 2-mal wöchentlich) oder einer Fastenwoche (täglich) zum Erfahrungsaustausch, zu Besinnung, Gespräch und Thema trifft. Gemeinsam lassen sich kleinere und größere Hindernisse leichter bewältigen. Hinzu kommen zusätzlich Anregungen und vor allem gegenseitige Ermutigungen, den begonnenen Weg fortzusetzen. Doch Sie selbst können allein auch wesentlich zum Gelingen Ihres Vorhabens beitragen.

Fasten – ob nun als Verzicht auf etwas oder als bewusste zielgerichtete Gestaltung der Fastenzeit oder als »Saftfasten für Gesunde«, ist ein ganzheitliches Geschehen, in das wir alle Dimensionen unserer Person einbeziehen und in dem wir Körper, Geist und Seele mit verschiedenen Maßnahmen und Übungen unterstützen können.

Fundgrube – das ist eine Sammlung von Übungen, Impulsen und Anleitungen mit folgenden Bausteinen:

- Bewegung und Körperbewusstsein
- Bewusst atmen
- Wege zur Ruhe, Wege zu sich selbst
- In den Spiegel schauen (Tages- und Wochenrückblick)
- Fasten und Essen

Die speziell für »Fasten für Gesunde« wichtigen Maßnahmen wie z.B. Trockenbürsten, Leberwickel zur Entgiftung, Kneipp-Anwendungen, werden ausführlich in jedem Fastenführer beschrieben. Daher verzichten wir hier auf eine Anleitung.

Fundgrube – das ist keine systematische Einführung in die genannten Bausteine bzw. Themenbereiche. Dazu gibt es genügend hilfreiche Literatur (vgl. Seite 180).

Fundgrube – hier finden Sie kurze Hinführungen und Übungsanleitungen. Einige Übungen sind integrierter Bestandteil des jeweiligen Themas bzw. des spirituellen Fastenbegleitmaterials (vgl. Hinweise an den einzelnen Tagen). Alle Übungen wollen Ihnen ergänzende und vertiefende Impulse für eine ganzheitliche Gestaltung während der Fastenzeit oder einer Fastenwoche geben. Sie können damit auch Erfahrungen sammeln, um später einzelne Übungen in Ihren Alltag einzubinden.

Fundgrube – die Übungen eignen sich für Anfänger/innen und Fortgeschrittene. Manchem erfahrenen Leser mögen die Anleitungen zu einfach sein oder er kennt sie in etwas anderer Form. Sie sind eingeladen, die vorgeschlagenen Übungen durch eigene zu ersetzen oder zu ergänzen. Manche Übungen, z.B. die zur Entspannung, enthalten auch Anleitungen zum bewussten Atmen oder ihnen gehen Bewegungsübungen voraus oder sie leiten an, sich zu besinnen. Auch diese Verbindungen stehen im Interesse eines ganzheitlichen Fastens. Die Übungen selbst sind je nach Schwerpunkt einem Themenbereich zugeordnet.

Nur wenige Übungen – für mich sehr hilfreiche und wichtige – habe ich aus meinem früheren Fastenbegleiter »Fasten – dem Leben Richtung geben« (1990) (vgl. Seite 180) übernommen und z.Teil ergänzt. Der größte Teil der Anregungen wurde für diesen Fastenbegleiter erarbeitet. Die Herkunft der Übungen ist nicht immer rekonstruierbar, zumal sie durch den Einsatz in Kursen immer wieder verändert und in der vorliegenden Form zu einem bestimmten Zeitpunkt festgehalten wurden.

Methodenbaustein:
Bewegung und Körperbewusstsein

Ein wesentlicher Risikofaktor unserer heutigen Zeit ist die Bewegungsarmut. Es gibt genügend Erfahrungswerte und wissenschaftliche Untersuchungen, die die Zusammenhänge zwischen Bewegungsarmut und Erkrankungen bzw. die fördernden Wirkungen von ausreichender Bewegung, z.B. auf Hirndurchblutung, Stoffwechsel, Wohlbefinden, Stressverarbeitung... aufzeigen.

»Bewegst du dich, so pflegst du dich«. Diese Aussage will ermutigen, über sich selbst als »tätig Unbewegter« nachzudenken, mit regelmäßigen Bewegungsübungen neu zu beginnen und so das oft taube Körperbewusstsein neu zu wecken. Doch was ist damit gemeint?

Gerade als Erwachsene konzentrieren wir unsere Energien vor allem auf den Kopf, berufliche Leistungen und die Anerkennung durch unsere Umwelt. Kontakte zum Körper – außer beim Sport, und oft unter dem Aspekt der Leistung – werden vernachlässigt oder auch tabuisiert.

Körperbewusstsein heißt zunächst, alle Aufmerksamkeit auf unseren Körper zu richten. Indem wir uns bewusst, z.B. in körperlichen Bewegungen erleben, unsere Aufmerksamkeit auf körperliche Verspannungen und Schmerzen, auf Gefühle und Bewegungsabläufe richten und so immer sensibler werden für die körperlichen Vorgänge, wächst unser Körperbewusstsein. Wenn wir lernen, die Sprache unseres Körpers besser zu verstehen, bleiben wir nicht mehr taub für seine Signale. Sie geben uns Hinweise auf körperliche und seelische Belastungen, die von der Verspannung über Bewegungsmangel und Kreislaufbeschwerden bis zu psychischen Krankheiten ein breites Spektrum an Schwierigkeiten umfassen können. Mit wachsendem Körperbewusstsein lernen wir somit immer mehr, auf die Bedürfnisse unseres Körpers zu achten und sie zu berücksichtigen.

Damit aber beginnen wir, das gestörte Gleichgewicht von Körper und Geist, Leib und Seele, neu auszurichten und deren Einheit wohltuend zu erleben. Das wiederum fördert unser Selbstvertrauen, das Gespür für Situationen, angemessene Reaktionen und die wirklich wichtigen Dinge unseres Lebens.

Körperbewusstsein bekommen Sie nicht geschenkt. Sie müssen es sich in einem längeren Prozess wieder erwerben. Der Weg durch die Fastenzeit bietet dazu ein Übungsfeld, in dem Bewegungen mit Impulsen zur Aufmerksamkeit für das Körperempfinden und mit Anregungen zu Vorstellungsbildern und Texten verknüpft werden. Bewegte Übungen stimmen uns ein, sie wecken neue Kräfte, wir können uns besser konzentrieren (Sauerstoff), wir fühlen uns gefühlsmäßig bewegter und werden aufmerksamer für die Mitmenschen und das Leben. Dies alles beginnt mit kleinen Übungen und hat große Wirkung auf etwas ganz anderes, d.h. auf uns als ganze Menschen mit Leib, Geist und Seele.

Beginnen Sie jetzt! Die dabei gesammelten Erfahrungen motivieren Sie vielleicht, anschließend regelmäßig Übungen in Ihren Lebensalltag zu integrieren.

Neben Spaziergängen und gezielten Körperübungen spielen bei der »Fastenwoche« auch körperliche Vorgänge (Entgiftung, Entschlackung, Erneuerung), Veränderungen und Körperpflege (bürsten, duschen ...) eine wichtige Rolle. Diese finden Sie in medizinischen Fastenführern näher beschrieben (vgl. Lützner).

1. Handübungen

Die Neurologie konnte nachweisen, dass Nervenzellen über Bewegungen entscheidend gefördert werden, sowohl in ihrer Funktionsfähigkeit als auch in ihrem Wachstum, wenn sie einige Zeit inaktiv waren bzw. sich zurückgebildet hatten. Aktivierende Handbewegungen fördern dabei unspezifisch, aber kontinuierlich die geistige Fitness. Dazu eine Auswahl an Übungen.

(a) Beide geöffneten Hände 1 Minute lang so schnell wie möglich hin- und herdrehen.

(b) Beide Hände so schnell wie möglich auf- und zumachen (1 Min. lang).

(c) Öffnen Sie die linke Hand, schließen Sie die rechte Hand. Nun öffnen und schließen Sie abwechselnd 1 Min. lang rechte und linke Hand.

(d) Zunächst beide Hände gleichzeitig zur Faust ballen und öffnen. Dann beim Schließen der Hände einmal rechts, dann links den Daumen in die Faust einschließen und dann wechseln (Konzentration! ca. 1 bis 2 Min. lang).

(e) Arme seitlich ausstrecken. Rechte Handfläche nach oben, linke nach unten. Dann drehen, damit die rechte nach unten und die linke nach oben zeigt. Und nun ca. 1 Min. ständig die Richtung der Handfläche wechseln. Dann Hände und Arme ausschütteln.

(f) Beide Hände fest gegeneinander reiben und Wärme erzeugen. Anschließend die Hände in den Nacken legen und der angenehmen Wärme bzw. dem Energiefluss nachspüren (3-mal). Oder nach dem Reibevorgang die Handinnenfläche auf die ermüdeten Augen und die Stirn legen und die entspannende Wärme genießen.

(g) Mit der linken Hand die Innenseite des rechten Ellenbogens intensiv reiben und dem angenehmen Wärmestrom nachspüren. Dann die Seite wechseln (mehrmals).

(h) Entspannt sitzen und dann mit der rechten Handfläche die rechte Kniekehle intensiv reiben und dem Wärmestrom im Bein nachspüren. Dann Seite wechseln (mehrmals).

(i) Der Daumen soll so schnell wie möglich den Zeigefinger, den Mittelfinger, den Ringfinger, den kleinen Finger, den Ringfinger, den Mittelfinger und Zeigefinger an der inneren Fingerspitze drücken. Versuchen Sie diese feinmotorische Übung zunächst mit der rechten Hand, dann mit der linken, dann mit beiden Händen gleichzeitig. Später können Sie die Übung an beiden Händen, aber je in umgekehrter Richtung durchführen. Geben Sie nicht auf. Die Übungen erscheinen leicht, doch Sie brauchen etwas Geduld und Konzentration.

(j) Arme leicht anwinkeln, Finger etwas spreizen und die Fingerspitzen beider Hände zusammenführen. Spüren Sie in diese Berührung hinein, dann verstärken Sie den Druck gegeneinander, lassen die Spannung wieder los und wechseln so zwischen Druck und leichter Berührung. Konzentrieren Sie sich auf die unterschiedlichen Empfindungen in beiden Händen.

(k) Meditative Handübung: aufrecht stehen, Arme anwinkeln, Hände nach vorne, sodass sie eine Schale bilden. Ruhig stehen bleiben und diese Haltung der Offenheit wahrnehmen: Wir halten Gott unsere leeren Hände und damit uns wie eine offene Schale hin. Mit Ihren Gedanken, Wünschen oder Sorgen, mit einem freien Gebet oder dem Psalm »du öffnest deine Hand und sättigst alles was lebt...« verbinden?

2. Einfache gymnastische Übungen

(a) Gelenke stärken

Zunächst dehnen und strecken Sie sich, wie es Ihnen angenehm ist. Dann stellen Sie sich mit leicht gespreizten Beinen hin, verlagern das Gewicht auf den linken Fuß und beginnen mit dem rechten Fußgelenk Kreisbewegungen. Zunächst nach innen, dann nach außen. Anschließend verlagern Sie das Gewicht auf den rechten Fuß und kreisen in gleicher Weise mit Ihrem anderen Fußgelenk. Ebenso abwechselnd mit einem Knie, dann Kreisen der Hüfte, der Schulter (nach vorn und hinten), der Arme und schließlich mit dem Kopf (Vorsicht: nicht zu schnell und lange).

(b) Arme schwingen

Linker Arm seitlich am Körper, rechten Arm gerade hochstrecken. Nun jeden Arm an der jeweiligen Körperseite im Kreis drehen. Zunächst Vorwärtsbewegung (1 Min.), dann Rückwärtsbewegung.

(c) Dehnen und Strecken

- Wie eine Katze nach einem Schlaf, beginnen Sie sich nach allen Richtungen zu dehnen und zu strecken, zu gähnen, anzuspannen und loszulassen. Anschließend 2 bis 3 Min. ruhig stehen und auf das Atmen achten.

- Sie stehen, Beine etwa 1 m auseinander. Linkes Bein bleibt gestreckt, mit dem rechten beugen Sie das Knie seitlich und verstärken mit der rechten Hand etwas den Druck. Dann loslassen und wechseln, linkes Bein beugen, rechts gestreckt. Wichtig: langsam wechseln und Druck verstärken.

- In die Hocke gehen und ausatmen. Beim Einatmen sich gleichzeitig aus der Hocke langsam erheben, Arme seitlich mitgehend bis Sie stehen und die Arme nach oben strecken. Dann sich in die Hocke fallen lassen, Atem ausstoßen, Arme baumeln lassen. Oder: Nach dem Strecken langsam (mindestens so lange wie beim Ausatmen) die gleiche Bewegung zurück (insgesamt 5- bis 8-mal die gesamte Übung).

- Auf dem Bauch liegen, Füße gestreckt, rechter Arm nach vorne gestreckt, linker Arm liegt gestreckt auf dem Rücken. Nun Kopf und Oberkörper leicht vom Boden heben (ca. 10 cm). Nun Wechsel der Arme links nach vorne, rechts auf Rücken, usw. (ca. 1 Min.).

(d) Rücken- und Bauchmuskeln

- Gehen Sie in Brückenhaltung, d.h. hinknien und sich nach vorne mit den Händen abstützen, damit Ihr Körper vom Gesäß bis zur Schulter eine Brücke bildet. Sie blicken geradeaus und schieben die »Brücke« nach vorne, verlagern damit den Druck auf die Arme und gehen wieder zurück, vor und zurück... (1 bis 2 Min.). *Variation:* In der »Brückenhaltung« Liegestützen zur Stärkung der Schultermuskeln.

- Auf den Rücken legen, Beine anwinkeln, Füße und Waden hoch im rechten Winkel zu den Knien. Nun fahren Sie Fahrrad. Zunächst langsam, dann etwas schneller. Pause, ruhig atmen und dann versuchen Sie, rückwärts zu fahren.

- Legen Sie sich auf den Rücken in der Nähe einer Wand oder der Tür, winkeln Sie die Beine an und stützen die Füße im rechten Winkel an der Wand ab. Nun stemmen Sie sich etwas von der Wand ab und verstärken den Druck auf Ihren Rücken. Nicht wegrutschen, nur anspannen. Sie wechseln zwischen Anspannen und Loslassen und nehmen dabei die verschiedenen Bereiche des Rückens bewusst wahr.

- Hände auf den Rücken und mit der rechten Hand das linke Handgelenk umfassen. Nun versuchen Sie, das linke Handgelenk so weit wie möglich nach unten zu ziehen und dabei einzuatmen; dann wieder loslassen und ausatmen. Nach 10-maliger Übung wechseln.

- Arme gestreckt auf den Rücken. Mit der rechten Hand linkes Handgelenk umfassen und nun bei gestrecktem Arm nach links ziehen. Dabei einatmen, dann wieder zurück in Ausgangsposition und ausatmen. Nach 10-maliger Übung wechseln.

3. Gleichgewichtsübungen

(a) Stehen, die Arme seitlich strecken, einen Punkt auf Augenhöhe fixieren und nun langsam nach rechts um die eigene Achse drehen. Wenn Schwindelgefühl auftritt, anhalten und Punkt fixieren, dann Richtung wechseln.

(b) Auf den Hacken stehen und auf einer gedachten Linie einen Fuß vor den anderen setzen. In dieser Weise auf Hacken 10 kleine Schritte vorwärts und dann die gleiche Zahl zurück. Später können Sie diese Übung auch mit geschlossenen Augen durchführen.

(c) Sie stehen auf dem rechten Bein, strecken das linke ca. 45° nach vorne, schließen die Augen und behalten diese Haltung ca. 15 Sekunden. Dann Wechsel der Beine; insgesamt jedes Bein 5-mal Standbein bzw. Streckbein.

(d) Stehen, rechtes Knie mit Hilfe der Hände an Brust heranziehen, 10 Sekunden stehen bleiben, dann Wechsel der Beine, 3- bis 5-mal wiederholen. Zusätzliche Möglichkeit: Augen schließen.

(e) Stehen, rechtes Bein gestreckt und leicht nach vorne heben. Nun damit eine liegende Acht (∞) in der Luft zeichnen (1 Min.).
Variation: Gleichzeitig mit dem rechten Bein und dem linken Arm eine liegende Acht (∞)

schreiben, dann wechseln zu linkem Bein und rechtem Arm.

(f) Linker Arm hängt seitlich, Stehen auf linkem Bein, Fuß des rechten Beines steht gewinkelt an der Innenseite des Standbeins, Kopf hängt etwas nach links, rechter Arm beugt sich seitlich über den Kopf. Dann Wechsel (3- bis 5-mal).

(g) Füße über Kreuz nebeneinander stellen, Finger ineinander verklammern und Hände verschränkt in den Nacken legen. Kopf und Oberkörper langsam nach vorne beugen, atmen und Gleichgewicht halten (1 Min.), dann kurz hochkommen, den Fuß wechseln, wieder beugen und halten (1 Min.). Nach wiederholtem Üben auch mit geschlossenen Augen probieren.

4. Gehirn-Gymnastik

(a) Stehen, die linke Hand liegt auf dem Bauch, die rechte auf dem Kopf. Nun beginnen Sie mit der rechten Hand auf dem Kopf zu kreisen und gleichzeitig mit der linken Hand auf den Bauch zu schlagen. Dann wechseln Sie: rechte Hand schlägt auf den Kopf, linke Hand kreist auf dem Bauch. Erneuter Wechsel, aber jetzt der Hände: linke auf den Kopf, rechte auf den Bauch. Nun wieder von vorne die gegensätzlichen Bewegungen und der Wechsel von Kreisen und Schlagen. Wenn Sie diese Übung beherrschen, können Sie dann noch als 3. Variante das abwechselnde Treten der Füße (von links nach rechts, von rechts nach links) hinzunehmen.

(b) Überkreuzbewegungen – das sind rhythmisch ausgeglichene Bewegungen, mit denen wir unsere rechte und linke Körperseite in Beziehung bringen. Die folgenden Übungen werden zunächst langsam, dann schneller durchgeführt:

- Stehen Sie gerade. Nun beginnen Sie, mit Armen und Beinen gegengleich zu schwingen, d.h. rechter Arm vor und linkes Bein vor, linker Arm vor, rechtes Bein vor. Nach einiger Zeit können Sie diese Übung auch im Gehen durchführen (Skilanglaufbewegung).

- Ruhig stehen und nun rechter Arm nach vorne und hoch und gleichzeitig linkes Knie hoch; dann linker Arm nach vorn und hoch, rechts Knie hoch. Diese Übung ist auch im Liegen möglich.

- Stehen und rechter Arm seitlich nach oben und gleichzeitig linkes Bein seitlich nach außen strecken.

- Stehen und die rechte Hand zur linken Fußspitze (dabei Bein gestreckt, aber ein Stück heben) und umgekehrt.
  Oder: Rechter Ellenbogen und linkes Knie bzw. umgekehrt zueinander führen.

(c) Liegende Achten (das Unendlichkeitssymbol) integrieren das rechte und linke Gesichtsfeld und unterstützen die Konzentration. Dazu einige Übungen:

- Rechten Arm seitlich nach oben strecken. Kopf auf die rechte Schulter legen und mit den Augen die rechte Handspitze fixieren. Nun mit dem gestreckten Arm bzw. der Hand eine liegende Acht (∞) zeichnen und dabei mit den Augen der Handspitze folgen. Nach einiger Zeit wechseln und mit dem linken Arm die gleiche Übung.

- Stehen, Arme nach vorne strecken und Hände zusammen. Mit den Augen die Handspitzen fixieren und nun wieder eine liegende Acht (∞) zeichnen. Beginnen Sie dabei links oben. Versuchen Sie auch, in einen Rhythmus von Bewegung und Atmung zu kommen.

- Stehen, mit dem rechten Arm beginnend eine kleine liegende Acht (∞) zeichnen, immer größere Achten und schließlich den ganzen Körper mit in den Schwung und Rhythmus bringen, dann wieder kleiner werden bis zum Stillstand. Rechten Arm ausschütteln, dann Wechsel zum linken Arm und gleiche Übung.

5. Den Körper wahrnehmen

(a) Den Körper aufwecken

Sie beginnen unten am rechten Bein und schlagen mit den flachen Händen von unten nach oben und rundherum. Rechtes Bein, linkes Bein, Bauch, Brustraum, Schultern, rechter Arm, linker Arm, Rücken, Gesäß und über die Oberschenkel wieder abwärts. Dann ruhig stehen bleiben, die Aufmerksamkeit auf den Körper richten und Empfindungen nachspüren.

(b) Mich selber spüren

Aufrecht mit gerader Wirbelsäule auf einem Stuhl sitzen, Hände liegen locker auf den Oberschenkeln, Füße stehen parallel mit etwas Abstand auf dem Boden.

⇨ Ich atme ein, balle langsam meine Fäuste, kralle meine Fußzehen und spanne an.

⇨ Ich atme aus, öffne die Faust und Fußzehen, lasse los und spüre, wie Anspannungen weichen (An- und Entspannen 3-mal)

⇨ Ich atme ein und ziehe die Schultern hoch. Halte an und atme hörbar aus, lasse die Schultern entspannt los (3-mal).

⇨ Langsam beuge ich den Oberkörper nach vorne, halte einen Moment, bewege ihn zurück zur Mitte und dann nach hinten, halte und wieder zurück zur Mitte. In gleicher, langsamer Weise beuge ich den Oberkörper nach rechts, dann nach links (sowohl vor und zurück, als auch rechts und links je 3-mal). Dann kreise ich mit meinem Oberkörper, erst etwas größere, dann immer kleinere Kreise, werde ruhig, finde meine Mitte, spüre meinem Atem nach und genieße mein ruhiges Sitzen.

⇨ Ich spüre meine Füße, ihre Verbindung mit dem Boden.

⇨ Ich lasse alle Gedanken los, schließe die Augen und schweige (ca. 3 bis 5 Min.).

⇨ Ich atme 3-mal tief durch. Dann beginne ich mich zu recken, zu dehnen und zu strecken.

(c) Abschütteln und auftanken

Sie stehen (Abstand der Füße etwa 30 cm) und beginnen von den Beinen aufwärts, den ganzen Körper zu schütteln: Beine, Arme, Hände, Schenkel, Po, Brust, Nacken, Kopf. Möglichst alles gleichzeitig und immer wieder auf neue Art: langsam, schnell und heftig. Auf diese Weise können wir Spannungen, Stress, Sorgen... auflockern und von uns abschütteln. Dann kurze Pause und wiederholen (2- bis 3-mal).
Zum Schluss bleiben Sie stehen und streifen mit Ihren Händen Ihren Körper ab, so als wollten Sie Wassertropfen wegstreifen. Hier können Sie sich vorstellen, sie wollten alles, was Sie stört und belastet, abstreifen, um neue Energien tanken zu können. Nach dieser anstrengenden Übung (ca. 5

Min.) bleiben Sie ruhig stehen (5 bis 6 Min.). Sie beobachten Ihren Atem, wie er sich langsam wieder normalisiert und spüren dem angenehmen Gefühl der Entspannung und Wärme in Ihrem Körper nach.
Stellen Sie sich vor: Neue Energie strömt mit jedem Einatmen in mich ein, Spannungen entweichen.

(d) Gesichts- und Kopfmassage

- Sie runzeln die Stirne, heben die Augenbrauen, ziehen die verschiedensten Grimassen, spannen die Lippen, lassen los, spannen an, gähnen... und lockern so Ihre Gesichtsmuskulatur.

- Sie legen beide Zeigefingerspitzen in Augenhöhe an die Naseninnenseite und streichen nun mit leichtem Druck die Nase herunter. Wiederholen Sie das ca. 30-mal und achten Sie auf Veränderungen.

- Massieren Sie mit den Fingerspitzen Ihr Gesicht. Erst die Stirne insgesamt, dann speziell oberhalb der Augenbrauen, nun die Augen, Nase, Backen, Schläfen, Kiefer, Kinn, Hals und Nacken. Entweder Kreisbewegungen oder von oben nach unten streichen.

- Massieren Sie die Schläfen mit den Spitzen von Zeige- und Mittelfinger (ca. 1 Min.).

- Spreizen Sie leicht die Finger und massieren Sie mit allen Fingerspitzen den Haarboden. Sie können auch abwechselnd leicht klopfen und massieren (ca. 1 bis 2 Min.).

Methodenbaustein:
Bewusst atmen

In der Bibel ist der Atem ein göttliches Geschenk. Aber auch in vielen Religionen gibt es eine enge Verbindung zwischen Atem und Geist, Atem und Leben.

Der Atem
ist der Atem
der Gnade Gottes,
und dieser
Atem ist es,
der die Seele
zum Leben erweckt.

Solange
die Seele nicht
von Bewusstsein belebt ist,
gleicht sie dem Vogel,
der noch nicht flügge ist.

Sufi-Weisheit

Ohne Atem kein Leben und Bewusstsein. Das gilt zunächst für die Hauptfunktion jeden Atems: Wir atmen Leben spendenden Sauerstoff ein, verteilen ihn über das Blut im ganzen Körper und atmen dann verbrauchte Luft wieder aus. Atmen ist auch ein bedeutendes und einflussreiches Bindeglied zwischen Körper, Geist und Seele. Die Atmung reagiert auf alles, was mit uns und in uns geschieht: auf Reize aus der Umwelt, auf das, was wir fühlen, denken und erleben. Physisches und psychisches Befinden werden davon beeinflusst, ob wir körperlich oder seelisch fühlen oder reagieren – die Atmung reagiert mit. Innen und außen sind über die Atmung wechselseitig verbunden.
Zu den wichtigsten Wirkungen richtigen Atmens gehören (außer seiner vitalen Hauptaufgabe):

- Das tiefe Atmen mit und in den Bauch massiert die Organe im Bauch- und Beckenraum und fördert damit deren Aktivität, z.B. Darm, Verdauung u.a.m. und damit wird die Entschlackung des Körpers intensiviert.

- Es erfolgt eine bessere Herztätigkeit und Durchblutung des ganzen Körpers.

- Tiefes und richtiges Atmen wirkt sich auf das körperliche Wohlbefinden und indirekt auf unsere seelische Konstitution aus. Wir werden ruhiger, entspannter und gelassener.

- Richtige und bewusste Tiefatmung, bei der wir uns auf uns konzentrieren, verbessert die Körperwahrnehmung, Konzentration und die geistigen Kräfte. Geduldig und regelmäßig geübt, können sich Verspannungen und negative Gemütszustände lösen.

- Bewusstes Atmen in seiner ausgeprägtesten Form, verbunden mit anderen Methoden, ist schließlich ein Weg zur Besinnung, Meditation und religiösen Erfahrung.

Richtig Atmen hat also Auswirkungen auf den ganzen Menschen und hilft ihm, seine innere Balance von Körper, Geist und Seele wieder neu zu spüren und zu leben.
Die folgenden Anregungen wollen Sie motivieren, richtiges Atmen zu üben und dabei Ihren Atem und Körper bewusst wahrzunehmen. Atmen Sie bei allen Übungen (so weit nicht anders angegeben) durch die Nase (Filterwirkung) ein und aus. Achten Sie auch darauf, nicht nur langsam und tief ein-, sondern auch lange auszuatmen, um verbrauchte Luft loszuwerden. Die meisten Übungen können

Sie liegend, sitzend oder stehend durchführen. Die bevorzugte Lage ergibt sich aus der Übungsanweisung.

Hilfreich ist, wenn Sie vorweg einige Dehn-, Streck- und Bewegungsübungen zur Lockerung Ihrer Muskeln machen (vgl. Anregungen 1-5, S. 157ff.).

6. Den Atem erspüren (stehend)

(a) Schlüsselbeinatmung

Einatmen: Die Hände auf den oberen Teil des Brustkorbs legen, ausatmen und nun langsam einatmen, sodass der Brustkorb sich leicht hebt.

Ausatmen: Darauf achten, dass beim langsamen Ausatmen die gesamte Luft ausströmen kann, damit frische, sauerstoffreiche Luft wieder eingeatmet werden kann.

Die Hände liegen passiv auf dem Brustkorb und spüren des Heben und Senken der Brust, während Sie die Übung 5- bis 10-mal wiederholen.

(b) Brustatmung

Einatmen: Zunächst die Hände beiderseits des Brustbeins auf die unteren Rippen legen, sodass die Fingerspitzen sich fast berühren. Nun normal ausatmen. Beim langsamen Einatmen können Sie nachspüren, wie sich die Rippen nach außen dehnen.

Ausatmen: Langsam ausatmen und spüren, wie sich die Rippen wieder zurückbilden.

Hände lassen und Übung 5- bis 10-mal wiederholen.

(c) Bauchatmung

Einatmen: Die Hände in Höhe des Nabels auf den Bauch legen. Zunächst ausatmen, und beim langsamen Einatmen hebt sich der Bauch, senkt sich das Zwerchfell und die unteren Lungenteile können sich mit Luft füllen.

Ausatmen: Beim langsamen Ausatmen wird der Bauch wieder flach, das Zwerchfell kehrt in seine Ausgangslage zurück. Die Hände heben sich bei jedem Einatmen und senken sich bei jedem Ausatmen. Auch diese Übung 5- bis 10-mal wiederholen.

(d) Das Fließen des Atems spüren

»Spüren« Sie zunächst Ihrem Atem nach, wenn Sie ein- und ausatmen. Konzentrieren Sie sich auf das Kommen und Gehen des Atmens. Versuchen Sie dabei bewusst, den Weg des Atems von oben nach unten durch Ihren Körper nachzuvollziehen. Wenn Gedanken Sie ablenken wollen, dann richten Sie Ihre Konzentration immer wieder auf den Weg Ihres Atems (ca. 5 bis 10 Min.).

Dann stellen Sie sich vor: »Ich bin ruhig und gelassen. Mit jedem Einatmen werde ich ruhiger, mit jedem Ausatmen weichen Spannungen«.

(e) Nasenatmung (liegend)

Richten Sie Ihre Aufmerksamkeit auf das Ein- und Ausatmen in Ihrer Nase. Spüren Sie, wie der Atem an den inneren Nasenwänden entlangzieht. Konzentrieren Sie sich abwechselnd auf einen bestimmten Punkt in Ihrer Nase und spüren Sie dort Ihren Atem (ca. 5 Min.).

Dann stellen Sie sich vor: »Ich atme ruhig und sammle Kraft mit jedem neuen Einatmen.«

7. Atem-Lockerungs-Übung (stehend)

Locker stehen, Füße etwa 30 cm auseinander, Arme und Hände seitlich hängend. Geradeaus schauen und langsam ein- und ausatmen (ca. 5-mal).

⇨ Beim nächsten Ausatmen die Luft leicht blasend durch den Mund ausströmen lassen und dabei den Kopf langsam nach rechts drehen, als wollten Sie sich über die Schultern schauen, Rücken und Nacken bleiben gerade, die Schultern bewegen sich nicht.

⇨ Nun wieder einatmen und den Kopf wieder langsam mit Blick nach vorne drehen.

⇨ Beim nächsten leichten Blasen den Kopf langsam nach links drehen, anhalten, dann

⇨ einatmen und den Kopf wieder langsam zur Mitte drehen.

Wiederholen Sie diese Übung auf jeder Seite ca. 5-mal.

8. Energie-Atmung

Sorgen Sie für die Voraussetzungen jeder Entspannung, d.h. bequeme Lage – in diesem Fall auf dem Rücken liegend –, frische Luft und wenig Reize von außen.

⇨ Richten Sie die Aufmerksamkeit auf das Ein- und Ausatmen, lassen Sie Ihren normalen Atem fließen (ca. 5 Min.).

⇨ Nun atmen Sie ein, halten den Atem ca. 5 Sekunden an und stellen sich vor, der Atem/Sauerstoff ströme in Hände, Füße und Kopf. Dann atmen Sie langsam – genauso lange wie beim Einatmen – durch den leicht geöffneten Mund aus. Wiederholen Sie diesen Vorgang 10- bis 15-mal. Lassen Sie Ein- und Ausatmen fließend ineinander übergehen.

⇨ Lenken Sie mit Ihrer Aufmerksamkeit bei jedem Einatmen den Atem an solche Stellen des Körpers, an denen Sie (Ver-)Spannungen spüren. Sie halten ca. 5 Sekunden mit dem Atmen inne und stellen

sich vor, beim Ausatmen fließen die Spannungen aus Ihrem Körper ab.
Sie können die Übung abschließen mit der Vorstellung: Ich atme Energie und bin konzentriert.

9. Rücken-Atmung (sitzend)

Sie sitzen aufrecht, am besten vorne auf der Stuhlkante, schließen die Augen und richten zunächst die Aufmerksamkeit auf das Ein- und Ausatmen. Beim nächsten, sehr langsamen Einatmen stellen Sie sich vor, der Atem fließt von unten nach oben durch das Rückgrat und versorgt das Rückenmark, in dem viele lebenswichtige Funktionen liegen und arbeiten mit frischem Sauerstoff. Beim langsamen Ausatmen führt der Weg des Atems wieder zurück zum untersten Punkt des Rückgrats. Ebenso können Sie in Ihrer Vorstellung beim Einatmen über den obersten Punkt des Rückgrats hinausgehen bis zum Scheitel. Führen Sie diese Übung ca. 8- bis 10-mal durch.
Stellen Sie sich vor: »Ich habe Rückgrat« oder »Aufrecht im Körper, aufrecht in der Seele«.

10. Kleiner Energie-Kreislauf

Diese Übung ist eine Weiterführung oder Variation der vorangegangenen Übung Nr. 9. Zunächst führen Sie diese Übung durch. Dann stellen Sie sich einen Atmungs-Energie-Kreislauf vor. Beginnend am unteren Ende des Rückgrats über die Wirbelsäule, den Scheitel, durchs Gehirn, das Gesicht, den Brustraum bis zum Beckenboden.
Während des Einatmens – so Ihre Vorstellung – fließt nun ein farbiger (Ihre Farbe?) Energiestrom von unten über das Rückgrat bis zum Scheitel, hält hier kurz an (3 bis 5 Sekunden) und fließt während des Ausatmens über Gesicht und Brust bis ins Becken und schließt so den Energiekreis. Hier beginnt wieder das Einatmen. Wiederholen Sie diese Übung 10- bis 15-mal.
Stellen Sie sich vor: »Lebensenergie strömt durch meinen Körper.«

Methodenbaustein:
Wege zur Ruhe, Wege zu sich selbst

Ruhe – lassen Sie dieses Wort auf sich wirken. Wiederholen Sie es mehrmals, spüren Sie seinem Klang nach. Vielleicht stellen Sie sich auch vor, Sie können ruhiger, entspannter und doch aufmerksam Ihr Leben gestalten. Sie kennen solch »ruhige Zeiten«, doch ebenso die Widerwärtigkeiten unseres Alltags und Handelns, die einem ausgeglichenen und sich gegenseitig unterstützenden Zustand von Ruhe und Tatendrang, Genießen und Lebensfreude, Entspannung und Spannung, entgegenwirken.

Wenn Sie einmal in einer »ruhigen Stunde« darüber nachsinnen, dann gibt es nur zwei Möglichkeiten, um Unruhe und Stress abzubauen oder gar zu beseitigen: Entweder Sie ändern die Bedingungen, die Stress und Unruhe bereiten, oder Sie ändern Ihre Art und Weise, wie Sie damit umgehen.

Stressige Lebensbedingungen zu ändern, das ist nicht einfach, oft auch nicht möglich – ja, manchmal bereitet solch eine Lösung oft noch mehr Stress. So bleibt nur die Möglichkeit, die Art und Weise zu verbessern bzw. zu ändern, wie Sie mit Ihren Lebensbedingungen umgehen. Auch diese Möglichkeit ist nicht einfach, doch es lohnt sich, auch hier aufzubrechen, sich auf den Weg zu machen, um selber zu mehr Ruhe und zu sich selbst zu kommen. Die auf den Seiten 157 bis 164 vorgestellten Körper- und Atemübungen sind ein erster Schritt dazu. Sie werden in diesem Methodenbaustein weitergeführt und integriert mit Übungen zur Entspannung, zur Ruhe- und Selbstfindung. Sie wirken sich gleichermaßen wohl tuend auf Körper, Geist und Seele aus, indem bei der...

- • *...körperlichen Entspannung*
unsere Atem- und Herzschlagfrequenz niedriger wird, Muskeln sich lockern, Verkrampfungen sich lösen, Ruhe und Ausgeglichenheit eintritt;

- • *...geistigen Entspannung*
die Gedankenflut und Ablenkungen reduziert, die Konzentration sowie ein klares und offenes Bewusstsein gefördert werden;

- • *...seelisch-psychischen Entspannung*
als eine Folge des körperlich-geistigen Entspanntseins manche Sorgen und Ängste weniger dramatisch erlebt, neu gesehen, bearbeitet oder losgelassen werden können, Ärger abgebaut wird und emotionales Wohlbefinden sich einstellt.

Um zur Entspannung zu gelangen, sollten Sie sich an die nebenstehenden Voraussetzungen erinnern und sie auf dem Weg zur Ruhe und zu sich selbst beachten. Entspannung, d.h. loslassen, sich öffnen für den Weg zu sich selbst. Vertiefend wird sie weitergeführt durch »meditatio« (lat.) = denken, sinnen, betrachten. Wir treffen heute auf vielfältige Meditationsangebote. Sie alle wollen den Menschen anregen und begleiten bei seiner Suche nach Besinnung, Stille, »Zu-sich-selbst-Kommen«. Sie bieten ihre jeweils spezifischen Wege an, auf denen wir mehr über uns selbst erfahren können, über unsere tief verborgenen Quellen des Lebens, über unsere kreativen Kräfte, über unsere Beziehungen zu Mensch, Umwelt und Gott. Überwindung der Ichbezogenheit, Freisetzung geistiger Kräfte und Engagement für andere sind wesentliche Folgen.

Die hier vorgestellten Übungen bieten einfache Impulse verschiedenster Art auf Ihrem Weg zur Ruhe und zu sich selbst.

11. Vorstellungsbild »RUHE«

1. Phase: Ich beginne mit einigen Bewegungs-, Dehn-, Streck- und Gleichgewichtsübungen, um die Muskeln zu lockern (vgl. S 158f.).

2. Phase: Ich suche mir eine bequeme Lage (sitzen oder liegen) und richte meine Aufmerksamkeit auf

- mein Ein- und Ausatmen...: langsam ein und aus... (mehrmals)
- die Körperteile, mit denen ich auf dem Boden aufliege oder auf dem Stuhl sitze, mich anlehne...
- zum Wort »Ruhe«, das ich in Gedanken auf eine weiße Wand schreibe, lasse ich einige Assoziationen kommen und gehen, z.B. gelassen, ausgeglichen, geborgen, still, konzentrieren, zufrieden, seelische Mitte... Nach einiger Zeit lasse ich diese Gedanken los und richte meine Aufmerksamkeit auf die nächste Phase.

3. Phase: Entspannung und »Ruhe«-Bild
Ich gehe nun gedanklich durch meinen Körper und seine Teile in folgendem Rhythmus (Beispiel: Gesicht):

- Ich richte die Aufmerksamkeit auf mein Gesicht. Ich lasse los. Es wird schwer – schwer – schwer...
- Es wird schön warm – warm – warm...
- Ruhe breitet sich aus in meinem Gesicht – mein Gesicht ist ruhig – ruhig – ruhig...

In gleicher Weise weiter mit:

- rechtem Arm, rechter Hand
- linkem Arm, linker Hand
- rechtem Bein, rechtem Fuß
- linkem Bein, linkem Fuß
- Rücken und Wirbelsäule
- Brust- und Bauchraum.

Zum Schluss stelle ich mir vor,

- mein ganzer Leib ist schwer – schwer – schwer...
- mein ganzer Leib ist warm – warm – warm...
- mein ganzer Leib ist ruhig – Ruhe strömt in mir – ich bin ganz ruhig, ich genieße die Ruhe...

4. Phase: Je nach Interesse und Ziel kann hier nun die Aufmerksamkeit auf ein Thema, z.B. Einstimmen in den Tag oder Rückblick oder gedankliches, vorbereitendes Durchspielen einer schwierigen Situation... eingeschoben werden. Oder Sie gehen gleich über zur

5. Phase: Ich richte meine Aufmerksamkeit auf meinen Atem, auf meine Körperteile, mit denen ich auf dem Boden liege bzw. die Sitzgelegenheit, die mich trägt, nehme einen tieferen Atemzug, bewege mich langsam, öffne die Augen, bin ganz wach und kann mich weiter auf meine Aufgabe konzentrieren.
Variation: Diese Vorstellungsübung kann auch mit anderen Begriffen durchgeführt werden, z.B. Gesundheit, Dankbarkeit, Offenheit, Mut, Freude...

12. Umschalten und Einstimmen

Suchen Sie sich einen Platz, an dem Sie in der nächsten Zeit nicht gestört werden. Legen oder setzen Sie sich bequem hin. Schreiben Sie sich das Thema des heutigen Tages (vgl. den Fastenbegleiter vorne) auf bzw. merken Sie es sich. Nun beginnen Sie umzuschalten und sich einzustimmen.
Heute, in der letzten Stunde oder in... war viel los. Schließen Sie die Augen und lassen Sie alles an sich vorüberziehen, was heute schon war. In der Familie..., im Beruf..., die Menschen, denen Sie begegnet sind..., die Gespräche..., Ihre Empfindungen... Was haben Sie vielleicht zu wenig beachtet, was überbewertet? Was war Ihnen angenehm, was unangenehm? Warum? Halten Sie Ihre Bilder und Gedan-

ken nicht fest, sondern lassen Sie diese kommen und gehen... Lösen Sie sich langsam davon und richten Sie die Aufmerksamkeit auf Ihren Atem... wie Sie ein- und ausatmen... wie mit jedem Ausatmen Spannungen entweichen und mit jedem Einatmen neue Energie in Sie hineinströmt... Sie spüren und genießen die angenehme Ruhe und Entspannung... Lassen Sie sich Zeit ..., langsam einatmen... kurz anhalten... langsam ausatmen... Wenn Sie ganz entspannt sind, erinnern Sie sich an das Tagesthema. Lassen Sie dazu Ihre Gedanken kommen und gehen, Erinnerungen und Fragen auftauchen und weiterziehen...

Nach einiger Zeit kommen Sie in dem Tempo, das Ihnen angenehm ist, aus der Entspannung zurück.

13. Mein Ort der Ruhe und Energie

Wenn wir Situationen belastend erleben, dann erinnern wir uns häufig an ähnlich belastende Erfahrungen oder unbewusst erwarten wir, dass wir diese Situation nicht gut bewältigen werden. In solchen Momenten wäre es hilfreicher, wir könnten aus einer angenehmen Erinnerung Ruhe und Energie schöpfen oder gar Fähigkeiten wachrufen, die – in Vergessenheit geraten – nun ganz nützlich wären. Solch einen Ort, eine Situation oder Fähigkeit kann jeder in Gedanken aufsuchen und als Ruhe- und Energiequelle für stressige und schwierige Situationen beleben. Beispielartig wird hier eine Situation ausgewählt.

1. Phase: Ich beginne mit einigen Bewegungsübungen, suche eine bequeme Sitz- oder Liegehaltung und entspanne mich (vgl. Nr. 11, 1. und 2. Phase, Seite 166)

2. Phase: Ich erinnere mich an drei Situationen meines Lebens, in denen ich mich körperlich, geistig und seelisch wohl gefühlt habe. Ich war »gut drauf«, alles stimmte. Ich stelle mir die jeweilige Situation vor und beobachte meine Gefühle.

3. Phase: Ich wähle von den drei Situationen diejenige aus, die mir im Moment am besten zusagt. Nun erlebe ich diese Situation nochmals gedanklich neu mit allen Sinnen:

- Was ich sehe: Bilder, Farben, Personen, Landschaft, Strukturen, Helligkeit ...

- Was ich höre: Geräusche, Töne, Musik, Worte, Klänge ...

- Was ich rieche oder schmecke ...

- Wie ich mich bewege, wie andere, was ich tue, meine Körperhaltung ...

- Was ich empfinde und fühle ...

Ich gehe die Sinne einzeln durch, spüre den Eindrücken nach, verbinde sie und genieße die Situation als Ganzes.

4. Phase: Ich wähle ein Wort, ein Geräusch, ein Symbol, eine Geste oder Bewegung aus, das/die mein Wohlbefinden bzw. die Ruhe und Kraft dieser Situation kennzeichnet.

Nun tauche ich mit meinen Gedanken und Empfindungen nochmals ganz in die Situation ein und verbinde sie mit meinem Kennzeichen. (Sie können dieses Signal auch äußerlich an Ihrem Körper orten, z.B. Sie drücken Ihre Daumen aufeinander oder drücken mit dem Mittelfinger der rechten Hand auf Ihren Oberschenkel. Das ist ein so genanntes »ankern« Ihres Empfindens und erinnert Sie – bei mehrfacher Übung – leichter an die ausgewählte und angenehme Situation.) Ich vergegenwärtige mir dabei, welche Ruhe und Energie aus der Erinnerung an diese Situation mir zuströmt (oder welche Fähigkeiten ich schon einmal hatte und gerne auch in schwierigen Situationen zur Verfügung hätte).

5. Phase: Ich löse mich langsam von meiner gewählten Erinnerungssituation, richte die Aufmerksamkeit auf meinen Atem, mein Sitzen oder Liegen, nehme bewusst Geräusche wahr und beginne, mich in meinem Tempo zu bewegen, zu dehnen und zu strecken.

6. Phase: Ich erinnere mich – als Verstärkung und Kontrolle – kurz an mein Kennzeichen (Wort, Symbol...) oder drücke mein äußeres Signal und wecke im »Schnellgang« meine gedanklichen und gefühlsmäßigen Erinnerungen an die frühere Situation. Dann lasse ich los und wende mich meiner nächsten Tagesaufgabe zu.

Hinweise:

- Die Übung kann auch nur mit der Wahl eines angenehmen Ortes (z.B. Strand, Berggipfel...) oder einer erfolgreichen Situation oder einer Situation, in der mir in Vergessenheit geratene Fähigkeiten zur Verfügung standen, durchgespielt werden.

- Es ist hilfreich, den gedanklichen oder äußerlichen Anker am 1. und 2. Tag 2- bis 3-mal zu wiederholen, um ihn zu verstärken.

14. Anspannen, entspannen, einstimmen

(1) Grundübung

Diese Übung ist unter der Bezeichnung »progressive Muskelentspannung« nach Jacobson bekannt. Sie wird hier in Kurzform beschrieben.
Setzen Sie sich auf einen Stuhl, nahe der Vorderkante. Nicht anlehnen, den Kopf leicht nach vorn, Hände und Arme auf die Oberschenkel.
Nun sollen Sie verschiedene Muskelgruppen nach folgendem Schema betätigen:

- kräftiges Anspannen (ca. 5 Sekunden anhalten) und Wahrnehmen des Gefühles dabei,

- loslassen und beobachten, wie die Spannung schwindet,

- schließlich völliges Entspannen und Genießen der angenehmen Wärme dieser Muskelpartie (10-15 Sekunden).

Beginnen Sie nun mit der rechten Hand (Faust ballen) und dem Unterarm, dann folgen: rechter Oberarm – linke Hand und Unterarm – linker Oberarm – Gesichtsmuskulatur – Nacken und Hals – Brust, Schulter und Rücken – Bauchmuskeln – rechter Oberschenkel – rechte Wade – rechter Fuß – linker Oberschenkel – linke Wade – linker Fuß.
Alle Muskeln sind nun entspannt und die Entspannung breitet sich über den ganzen Körper aus... Atmen Sie ruhig, gleichmäßig, und genießen Sie einige Zeit das angenehme Gefühl der Entspannung... Sie können hier nach einiger Zeit abschließen oder die Übung mit einer der folgenden Anregungen (2) oder (3) erweitern.
Danach kommen Sie langsam aus der Entspannung zurück..., bewegen langsam die Finger..., Hand..., Beine..., dehnen und strecken sich..., öffnen die Augen und sind ganz da.

(2) Spruchweisheit meditieren

Die Entspannungsphase können Sie ausdehnen, indem Sie sich assoziativ auf das Thema des heutigen Tages einstimmen oder in Gedanken das Gelingen einer schwierigen Situation vorweg durchspielen oder über einen Psalmvers oder eine Spruchweisheit nachsinnen bzw. meditieren...
Beispiele dafür zur Auswahl:
Du hast mich geschaffen mit Leib und Geist, mich zusammengefügt im Schoß meiner Mutter (Psalm 139,13)

Sei nicht schnell, dich zu ärgern, denn Ärger kommt aus dem Herzen des Toren (Prediger 7,9).

Ein fröhliches Herz ist die beste Arznei, ein betrübter Sinn aber dörrt den Leib aus (Sprüche 17, 22)

Viel schwerer als das Fassen, fällt uns oft das Lassen (Sprichwort).

Mit Schwierigkeiten geht man um wie Kinder mit Wasser: sie lernen schwimmen (Bert Hellinger).

Nichts ist dazu verurteilt, zu bleiben wie es ist (Ernst Bloch).

(3) Wiederkauen des Wortes Gottes

Eine weitere Variante, wie wir mit Spruchweisheiten und biblischen Aussagen meditieren können, erwähnt Anselm Grün in mehreren seiner Kleinschriften[25]. Es ist die »ruminatio«, d.h. das Wiederkauen des Wortes Gottes. Eine Grundform mönchischen Betens, die schon Pachomius († 347), der Begründer christlichen Klosterlebens, seinen Mönchen empfahl und die viele Jahrhunderte gepflegt wurde. Wiederkauen, d.h. ein Spruch, Psalm oder Vers wird wiederholend vor sich hin gemurmelt, während ich mich körperlich mit etwas anderem beschäftige. Diese Art von Wiederkauen des Wortes Gottes soll damit in Leib, Geist und Seele übergehen. Die Bedeutung dieser Methode liegt darin, in der Gegenwart des Gotteswortes zu verweilen und es wiederholend in sich aufzunehmen. In Anlehnung daran lade ich Sie zu folgenden Schritten ein:

1. Phase: Wählen Sie aus den Psalmen, dem Buch der Sprüche oder dem Neuen Testament eine Lebensweisheit oder Vers aus, der Sie im Moment anspricht und den Sie meditieren möchten. Sie schreiben ihn auf (Postkartengröße) und legen ihn vor sich hin.

2. Phase: Entspannen Sie sich wie in der Grundübung (1) angegeben.

3. Phase: Sprechen Sie sich das Wort, den Spruch mehrmals zu (eventuell Augen öffnen und lesen), lassen Sie Ihre Gedanken dazu kommen und gehen, während Sie das Wort immer wiederholen.

4. Phase: Lösen Sie sich aus der Entspannung und nehmen Sie den Spruch bzw. Vers mit in den Alltag: Zettel an wichtiger Stelle aufhängen und den Spruch bzw. Vers »wieder-kauend« sich im Lauf des Tages sagen, einen Moment dabei verweilen, mit der Arbeit fortfahren und ihn in meinen Alltag integrieren.

15. Mandala betrachten und mit Farben gestalten

Sie finden auf den Seiten 118, 152 ein graphisches Muster, ein so genanntes »Mandala«. Bevor wir uns damit beschäftigen, sollten Sie kurz wissen, woher Mandalas kommen, welche Bedeutung sie haben und wozu wir es hier verwenden.
»Mandala« ist ein altindisches Wort und bedeutet »Kreis«. In alten östlichen Traditionen ist es das Ursymbol für Anfang und Ende, damit aber auch für Ganzheit. In der westlichen Tradition finden wir es z.B. im Boden-Labyrinth der Kathedrale von Chartres, in den Fensterrosen der gotischen Kirchen, im Radbild des Bruders Klaus von der Flüe als Zeichen Gottes. Es besteht aus Figuren, Vierecken, Linien und Kreisen, Ringen...
G. u.R. Maschwitz[26] nennen vier Wesensmerkmale eines Mandalas:

- Die eindeutige Mitte, die Ziel und Ursprung des Bildes ist.
- Die Formen sind um die Mitte geordnet und/oder gehen von ihr strahlenförmig aus.
- Es verbindet die verschiedenen Formen wie Linien, Kreise, Quadrate.

169

- Es ist eine Fläche und Abbild eines Raums.

In seiner Konzentration auf die Mitte des Bildes versinnbildlicht es die Ganzheit des Menschen und verweist auf eine transzendentale Ordnung. Die Darstellung und Ausschmückung eines Mandalas ist zeit- und kulturabhängig, doch die Konzentration auf die Mitte bleibt.

Das Mandala hier im Buch lädt Sie ein, vom Alltag abzuschalten und sich dennoch zu konzentrieren, von der äußeren Aktivität loszulassen, innere Unruhe ausklingen zu lassen, still und ruhig, entspannt und geistig kreativ zu sein. Dazu folgende Anregungen:

(1) Betrachten und zentrieren

Nehmen Sie sich für das Mandala (S. 118) wenigstens 10 bis 15 Minuten Zeit. Setzen Sie sich bequem und entspannt auf einen Stuhl. Lassen Sie meditative oder ruhige klassische Musik leise als Hintergrund laufen. Betrachten Sie das Mandala und konzentrieren Sie sich auf das Zentrum der Figur, schauen Sie die verschiedenen Muster an. Sie sollen das Bild nicht erklären, sondern betrachtend erspüren. Fühlen Sie, welche Empfindungen das Muster bei Ihnen auslöst. Bei längerem Schauen wird das Muster verschwimmen, werden wechselnde Konturen sichtbar, manches verändert sich, doch alles konzentriert sich immer wieder auf die Mitte. Langsam werden Sie ruhiger, entspannter und zentrierter. Vielleicht werden Sie unruhig, weil Sie noch nicht abschalten konnten – das macht nichts. Vielleicht hilft Ihnen dann die ruhige Hintergrundmusik. Manchmal werden Sie das Mandala kürzere, manchmal längere Zeit ansehen. Finden Sie Ihre eigene Zeitspanne, Ihren Rhythmus: sehen und fühlen, anspannen und loslassen, konzentrieren und entspannen, wahrnehmen und sammeln.

(2) Mandala malen

Sie können nach der Zentrierung (vgl. oben 1) nun einfach beginnen, das Mandala auszumalen, so wie es Ihnen Spaß macht. Lassen Sie sich von Ihren kreativen Gestaltungsfähigkeiten überraschen. Gegen Ende betrachten Sie Ihr ausgemaltes Mandala und lassen die Farbgestaltung auf sich wirken, lassen den Gedanken freien Lauf. Wenn Sie das Gefühl haben, der folgende Text passt, dann lesen Sie ihn sich selbst langsam und laut vor.

Und die Weisheit spielt vor Gott

Und die Weisheit spielte vor Gott,
und erfüllte das ganze Weltall.

Sie spielte
in Formen und Farben,
in Liedern und Tönen,
in Gedanken und Schweigen,
in Tanz und Gebärde.

Und die Weisheit Gottes erklang in den Herzen
der Menschen.

Die Menschen erkannten die Wahrheit,
sie schmeckten die Echtheit des Lebens,
sie gestalteten die Zuversicht
sie schenkten ihren Träumen Aufmerksamkeit.

Die Weisheit spielte vor Gott
und erfüllt das ganze Weltall
füllt die Herzen
mit Eintracht, Staunen und Zärtlichkeit
mit Würde, Achtung und Liebe.

Gerda und Rüdiger Maschwitz

(3) Meditieren und malen

Als Beispiel können Sie jedes Mandala wählen. Entspannen Sie sich zunächst mit einer Ihnen geläufigen und angenehmen Atem- und Entspannungsübung. Schließen Sie die Augen und hören in sich hinein, wenn Sie sich ein thematisches Signalwort geben, aber auch Fragen oder Weisheitssprüche oder Psalmverse sind möglich. Lassen Sie die Gedanken dazukommen, spüren Sie Ihren Empfindungen nach.

Nach einiger Zeit öffnen Sie die Augen und beginnen, das Mandala auszumalen. Betrachten es anschließend, entdecken vielleicht Beziehungen zwischen Ihrem Thema, den Empfindungen und dem ausgemalten Mandala. Mit einem Text, Spruch oder freien Dankgebet können Sie diese Übung abschließen.

(4) Erfahrungen verarbeiten

Am Abend oder nach einer anstrengenden Situation oder intensiven Beschäftigung mit einem Thema still werden, sich eine gewisse Zeit einsammeln und Erfahrungen malend in einem Mandala ausdrücken. Entweder in einer Mandalavorlage oder einfach einem Kreis, den ich mandalagemäß mit Quadraten, Linien, Figuren... gestalte und ausmale. Mit einer stillen Betrachtung des farbigen Mandalas endet die Übung.

16. Was wäre, wenn...?
– Einladung zum Perspektivenwechsel –

Nicht selten verstricken wir uns in einem Netz von bedrückenden Gedanken und Gefühlen. Immer mehr zieht sich das Netz zusammen, nimmt uns gefangen, lässt immer nur die gleichen Fragen und Sichtweisen zu. Was können wir tun? Ein möglicher Weg ist ein Perspektivenwechsel mit Hilfe der Frage: Was wäre wenn...? Wie können Sie praktisch vorgehen?

Bevor Sie beginnen, legen Sie sich Papier und Schreibstift zurecht. Gehen wir einmal von folgendem Beispiel aus (viele andere wären auch möglich). Sie passen sich häufig der Meinung und den Vorstellungen der Ihnen nahe stehenden Menschen an. Immer wieder ärgern Sie sich über Ihren fehlenden Mut zu widerstehen und Ihre Angst, Sie könnten damit die Beziehung zerstören oder fürchten Konsequenzen. Immer mehr belastet Sie Ihr angepasstes Verhalten.

1. Phase: Körperliche und geistige Beweglichkeit beeinflussen sich gegenseitig. Daher lockere ich mich zunächst mit einigen Bewegungsübungen (vgl.Seite 158) und werde ruhiger mit Hilfe von Atemübungen.

2. Phase: Nun wechsele ich die Perspektive und frage: Was wäre, wenn ich weniger Angst hätte vor dem Urteil und Verhalten dieses/dieser Menschen? Ich nehme Papier und Schreibstift und lasse meine Gedanken einfach kommen Ich schreibe (ca. 10 Min.) jeden Satz, jeden positiven Gedanken – ob vollständig oder nicht – einfach nieder: z.B. Mir wäre leichter... Mein Atem ginge ruhiger... Ich wäre sachlicher... Ich würde mehr wagen... Ich wäre weniger aggressiv... Ich hätte weniger Vorurteile... Sie würden mich mehr mögen..., mir mehr vertrauen... Ich könnte besser schlafen... Mein Leben wäre angenehmer... Ich könnte leichter Verantwortung übernehmen... Andere würden mich anlächeln... Ich wäre frei... Ich hätte mehr Mut... usw.

3. Phase: Ich lese meine Gedankensammlung langsam durch und spüre dabei den Ideen und meinen Gefühlen nach. Was empfinde ich? Was ist anders? Ich notiere einige Beobachtungen.

4. Phase: Ich lese meine Sammlung noch einmal durch und kennzeichne farbig ca. 3 Aussagen, die mich besonders ermutigen. Dann wähle ich 1 oder 2 dieser Aussagen und sammle Möglichkeiten, diese im Alltag zu realisieren, mich immer wieder daran zu erinnern...

5. Phase: Ich schließe die Augen, entspanne mich und spreche mir die gewählte Aussage zu, z.B. »Ich bin liebenswert« oder »Ich wage es ...« und stelle mir eine oder mehrere Situationen vor, in denen es mir gelingt.

6. Phase: Ich schließe die Übung ab, indem ich mich von meiner Aussage verabschiede, sie als Erinnerung auf eine Karte schreibe und an einem für mich gut erkennbaren Ort zur Erinnerung aufhänge. Ich vertraue, dass mein Unbewusstes und meine Motivation mich unterstützen, in der konkreten Situation angstfreier zu handeln.

17. Innere Stabilität und Beweglichkeit

1. Phase: Ich lockere mich mit Hilfe von gymnastischen Übungen und entspanne mich sitzend oder liegend.

2. Phase: Ich stelle mir einen Baum in beachtlicher Größe vor. Er hat schon viele Jahre die Jahreszeiten mit Wind, Regen, Schnee, Wärme und Sonne erfolgreich überstanden und sich zu einer Persönlichkeit entwickelt... Ich schaue ihn an, nehme ihn wahr... erkenne seine Weite und seine Standhaftigkeit...

3. Phase: Beim nächsten Ausatmen lenke ich meine Aufmerksamkeit in seine Wurzeln und wünsche mir seine Kraft der Stabilität (Geduld, Durchsetzungsfähigkeit, Festigkeit...). Beim nächsten Einatmen lenke ich meine Aufmerksamkeit in den Stamm und hinaus in die obersten Äste und wünsche mir die Kraft der Beweglichkeit (Wendigkeit, Offenheit, Lust an Veränderung, Dynamik...).
Im Wechsel von langsamem Aus- und Einatmen richte ich meine Aufmerksamkeit immer neu auf die Wurzeln, dringe tiefer in die Erde... und gehe dann den Stamm hinauf in die Baumkrone, Äste, Zweige, Blätter und Früchte. Ich erlebe meinen Baum von den Wurzeln bis zur Krone in den verschiedenen Jahreszeiten und spüre seiner Vielfalt, im Spannungsfeld zwischen Stabilität und Beweglichkeit, nach. Jeder Atemzug bringt neue Gedanken... sie geben auch mir Kraft und Beweglichkeit.

4. Phase: Ich beende diese Übung, indem ich mich von meinem Baum verabschiede, meine Aufmerksamkeit auf mein Sitzen oder Liegen richte, tief ein- und ausatme und beginne, mich zu bewegen, zu dehnen und zu strecken. Wichtige Erfahrungen oder Gedanken notiere ich mir. Neu gestärkt und offen für Neues, gehe ich an meine Arbeit.

Weißt du, dass das Heute dein Leben ist? ... Lege jeden Augenblick auf die Waagschale, um herauszufinden, wie kostbar es ist.

Otto Betz

Methodenbaustein:
In den Spiegel schauen – Tages- und Wochenrückblick –

Jeder Tag, jede Woche, jedes Jahr laden ein, im Rhythmus des Lebens mitzugehen. Dazu gehören auch – während die Zeit weiterläuft – das Innehalten und der Blick zurück. Zurückschauen mit allen Sinnen – auf den Tag, die Woche, ein Erlebnis, einen Lebensabschnitt... – ist eine Einladung, sich zu erinnern und achtsam wahrzunehmen, was gerade dieser Tag, diese Woche, diese Begegnung... an Kostbarem gebracht hat. Wir haben es häufig vergessen oder nicht erfahren, wie befreiend und hilfreich ein Innehalten und Zurückblicken am Ende eines Tages sein kann. Oft steht auch unser persönliches Abendprogramm dem hinderlich im Wege.

Sich erinnern öffnet den Zugang zu unseren Erfahrungen; sie auszusprechen oder aufzuschreiben, kann entlasten, trösten oder ermutigen. Sie Gott hinzuhalten, erleichtert es mir, sie loszulassen; sie zu erkennen, hilft mir, manch »Früchte zu pflücken«, die in der Hetze und Routine des Alltags verloren gingen und die ich nicht aufmerksam als neue Erfahrungschancen erkannte. Der Blick in den Tages- oder Wochenspiegel bleibt daher nicht beim Rückblick stehen. Es geht nicht darum, zu bewerten und zu urteilen, um richtig oder falsch, sondern schlicht um aufmerksames Wahrnehmen, um dankbares Erkennen von Gelungenem und Geschenktem, um erneuerte Zuversicht für den nächsten Tag. Der Blick in den Spiegel lädt ein, sich rückblickend zu erinnern und vorausschauend zu öffnen für neue Erfahrungen und anstehende Entscheidungen.

18. Tages-Spiegel

Die folgende Vorgehensweise ist eine Möglichkeit, den Tag abzuschließen. Zunächst wird die Grundform eines »Tages-Spiegels« vorgestellt. Im Anschluss daran finden Sie noch Variationen, die Sie je nach Situation verwenden können.

1. Phase: Ich setze einen Anfang meines Tagesabschlusses. Er ist für mich gleichsam das Signal für den »Tages-Spiegel«. Beispiele: Ich wähle mir zu Beginn einen bestimmten Ort in meiner Wohnung (und behalte ihn bei), lege einen Handspiegel bereit, werde still, sammle mich, verneige mich und spreche: Ich schaue meinen Tag achtsam an. Weitere Möglichkeiten: Atemübung Nr. 7 (Seite 163) oder Umschalten und Einstimmen Nr. 12 (Seite 166) oder Anspannen und entspannen Nr.14 (Grundübung, Seite 168), wähle eine bestimmte Sitzhaltung, beginne mit einem Kreuzzeichen, konzentriere mich auf ein Mandala (vgl. Seite 118), höre jeweils die gleiche Hintergrundmusik...

2. Phase: Ich nehme den Spiegel und schaue mein Gesicht 3-5 Min. in aller Ruhe an: Ich habe Zeit mich anzusehen. Ich darf sein wie ich bin. Ich nehme mein Gesicht vor dem Hintergrund des Tages wahr. Ich schaue mir in die Augen. Ich bin einmalig und vor mir und Gott verantwortlich für das heute Erlebte.

3. Phase: Ich blicke in den Spiegel des Tages und erinnere mich an Begegnungen, Personen, Ereignisse, Verhaltensweisen, Gefühle... von heute.

• Was hat mich heute besonders bewegt?

• Wie habe mich heute erlebt?

- Konnte ich die »Anregungen zum Tag« in meinen Alltag mit hineinnehmen?
- Wofür bin ich dankbar?
- Was will ich in Zukunft bedenken, ändern, verbessern...?

4. Phase: Zum Abschluss halte ich meine beiden Hände wie eine Schale vor mich hin. Ich stelle mir vor: Ereignisse und Erfahrungen, meine Gedanken und Empfindungen lege ich in sie hinein. Ich schaue sie an, halte sie vor Gott hin und schließe mit einem Gebet ab, frei formuliert oder mit dem Text /dem Gebet vom jeweiligen Tages-Spiegel oder mit einem der folgenden Gebete:

Psalm 4,9

In Frieden leg' ich mich nieder und schlafe ein;
denn du allein, Herr,
lässt mich sorglos ruhen.

Abendgebet von Dietrich Bonhoeffer

Herr, mein Gott, ich danke dir,
dass du diesen Tag zu Ende gebracht hast.
Ich danke dir,
dass du Leib und Seele zur Ruhe kommen lässt.
Deine Hand war über mir
und hat mich behütet und bewahrt.
Vergib allen Kleinglauben
und alles Unrecht dieses Tages
und hilf, dass ich allen vergebe,
die mir unrecht getan haben.
Lass mich in Frieden
unter deinem Schutz schlafen
und bewahre mich
vor den Anfechtungen der Finsternis.
Ich befehle dir die Meinen,
ich befehle dir dieses Haus,
ich befehle dir meinen Leib
und meine Seele.
Gott, dein heiliger Name sei gelobt. Amen.

Variationen

(a) Nach einigen Tagen können Sie sich immer leichter zum Tagesabschluss sammeln und diese Phase kürzen.

(b) Sie können die 2. Phase auch ab und zu weglassen.

(c) Anstelle der 3. Phase können Sie auch folgendes Vorgehen ausprobieren: Sie schließen die Augen und lassen in Ihrer Erinnerung den Tag vom Aufwachen bis zum jetzigen Zeitpunkt vorüberziehen. Sie achten dabei auf Ihre Empfindungen und Gedanken, an welchen Situationen Sie verweilen, was Ihnen wichtig ist.

(d) Zwischen der 3. und 4. Phase können Sie das Ihnen Wichtige in Ihrem Tagebuch für diese Fastenzeit bzw. Fastenwoche notieren (vgl. Anregungen Seite 47f.).

19. Tages-Gebet-Besinnung

Den Tag zu beenden mit einer »Gebets-Besinnung«, diese Idee kam mir, als ich dem Abendgebet der »Kleinen Brüder von Charles de Foucauld« begegnete. Ursprünglich in der Wir-Form für die Gemeinschaft verfasst, stelle ich Ihnen hier diese Möglichkeit – erweitert um einige Aspekte – in der Ichform vor.

Setzen Sie einen Ihnen gemäßen Anfang: Stille-Übung, Verneigung, Kreuzzeichen, Atemübung... Nach jeder Frage sollten Sie einen Moment innehalten und sich besinnen.

Gott,
ich habe diesen Tag gelebt
und halte ihn vor dein Angesicht:

Habe ich die Möglichkeiten dieses Tages wahrgenommen und bin ich verantwortlich damit umgegangen?

War ich einfühlsam, geduldig und liebevoll mir gegenüber?

Habe ich jenen genug Zeit gegeben, denen ich begegnete und die zu mir kamen?

Habe ich ihre Hoffnung wahrgenommen, ihnen Antworten gegeben?

Habe ich sie getröstet, wenn sie weinten?

Habe ich sie ermutigt, damit sie wieder neu beginnen, erneut lachen konnten?

Konnte ich Enttäuschung und Hoffnung, Trauer und Mut, denen ich in mir und anderen begegnete, in den Alltag betend einbringen?

All das, was nicht so war,
Herr, verzeihe mir.
All das, was gelungen ist,
Herr, dafür danke ich.

Schwächen und Gelungenes,
bei Dir sind sie aufgehoben,
bei Dir fühl' ich mich geborgen,
ich kann voll Vertrauen
in diese Nacht hineingehen.

20. Wochen-Spiegel

»Erkenne dich selbst!« oder *»Werde, der du bist!«* – diese bekannten Sätze der alten griechischen Philosophie laden ein zur Nachmeditation der vergangenen Woche. Dazu folgende Anregungen:

1. Phase: Ich setze bewusst einen Anfang und wähle eine mir angenehme Übung um abzuschalten, um ruhig zu werden (vgl. Nr. 19, 1.Phase, Seite 174f.).

2. Phase: Ich schließe die Augen und gehe in Gedanken vom jetzigen Zeitpunkt und Tag rückwärts diese Woche durch. Ich beobachte meine Gefühle, achte darauf, an was ich mich erinnere, frage nach Veränderungen und den wichtigsten Erfahrungen dieser Woche. Diese notiere ich in meinem Tagebuch und überlege mir: Welchen Schwächen will ich in der kommenden Woche wie begegnen? Welche positiven Erfahrungen will ich wie verstärken?

Variation: Anstelle des gedanklichen Rückweges durch die Woche kann ich auch die Woche unter folgenden Fragestellungen betrachten:

- Wie konnte ich in dieser Woche meinen Tagesablauf gestalten? Was ist mir gelungen, wo zeigte ich Schwächen?

- Was hat mir Spaß gemacht? Was gibt mir ein Gefühl der Zufriedenheit?

- Was ist mir schwer gefallen?

- Was hat mir geholfen?

- Welche Einsichten habe ich gewonnen?

- Auf was will ich in den kommenden Tagen besonders achten?

- Welche Gedanken, Erfahrungen und Vorsätze will ich in mein Tagebuch notieren?

3. Phase: Stilles und freies Gebet, in das alle Gedanken und Empfindungen, Begegnungen und Erfahrungen, meine Arbeit und Selbsterkenntnis einfließen: Manchmal jedoch treten Zweifel auf; es fällt mir schwer, meine Gedanken zu ordnen; ich weiß nicht, ob und wie ich beten kann. Dann lese ich langsam und nach jeder Strophe mit einer »Nachdenk-Pause« den Text »Stellvertretend« oder »Zurückblicken« auf der nächsten Seite und beende damit meinen Wochen-Spiegel.

Variante: Sie können den Text von Nr. 19 »Tages-Gebet-Besinnung« (Seite 174) auch für eine Wochen-Besinnung verwenden.

Erforsche mich, Gott, und erkenne mein Herz,
auch, was mir selbst in mir verborgen ist,
damit ich nicht, ohne es zu wissen,
auf dem Wege ins Unheil bin.
Leite mich, dass ich mein Ziel finde,
jetzt und in Ewigkeit.

Psalm 139, 23f.
Nach Jörg Zink

Stellvertretend

manchmal
Gott
bin ich so
in mich verkrochen
dass ich mich dir
nicht stellen kann

manchmal
Gott
ist deine Größe
zu groß
für mich

manchmal
Gott
verliere ich den Mut
verlässt mich die Hoffnung
macht sich Verzweiflung
in mir breit

manchmal
Gott
holt mich das Dunkel
die Einsamkeit ein
und ich weiß nicht mehr weiter

wenn ich mich schon
nicht mehr stellen kann
möge zumindest
mein Gebet
vor dich hintreten

Andrea Schwarz

Zurückblicken

Wieder liegt
eine Woche hinter dir.
Einiges ist dir an Schönem gelungen,
anderes blieb ein leeres Bemühen,
manche Erwartung wurde enttäuscht.
Am Ende aber richtet sich dein Blick
nur auf das,
was dir misslungen ist,
und das Gefühl,
dass wieder einmal alles vergeblich war,
macht sich breit und erstickt
Freude und Frohsinn in dir.

Ich wünsche dir,
dass du dein Wirken und Tun
in einem anderen Licht sehen kannst,
dass all deine kleinen Erfolge
sich in dir zu der Gewissheit verdichten,
dass du die Welt
um einen Schritt zum Guten hin
verändert hast.

Christa Spilling-Nöker

Methodenbaustein:
Fasten und Essen

Wer das Essen nicht ehrt, ist des Fastens nicht wert (N. Brantschen). Diese Umformulierung eines bekannten Sprichwortes warnt vor der Idealisierung des Fastens und gibt ihm neben dem Essen, Trinken und Feiern seinen Platz im menschlichen Leben. Auch im Neuen Testament dient beides dem Menschen und der Ehre Gottes, wenn es heißt: »... das Reich Gottes ist nicht Essen und Trinken« (Römer 14,17); aber auch: Man möge nicht Fasten »so lange der Bräutigam unter den Hochzeitsgästen weilt« (vgl. Matthäus 9,15). Bedenkt, »ob ihr also esst oder trinkt oder etwas anderes tut: Tut es zur Verherrlichung Gottes.« (1 Korinther 10,31). Fasten und Essen schließen sich nicht aus, sondern gehören beide zur menschlichen Natur und Lebensweise.

Die »Fastenwoche« und der »Weg durch die Fastenzeit« sind beides Möglichkeiten, diesen Zusammenhang neu zu erkennen, bewusster zu werden für gesunde Ernährung, aufmerksam seine Sinne zu nutzen und die eigenen Essgewohnheiten zu reflektieren. Für ein »Fasten für Gesunde« gelten während einer Fastenwoche »Ernährungsregeln« (vgl. Lützner), die unbedingt beachtet werden sollten. Doch auch in dieser Zeit können wir uns anregen lassen, mit den Sinnen, z.B. dem Geruchssinn, aufmerksamer umzugehen. Auch eine Gemüsebrühe kann bewusster wahrgenommen und genossen werden. Vor allem aber sollten wir uns informieren und nachdenken, wie wir nach dem Fasten unsere Ernährungsweise verbessern können.

Während des »Weges durch die Fastenzeit« nehmen wir ja feste Nahrung zu uns. Doch auch in dieser Zeit können wir unsere Sinne neu entdecken, können auf bestimmte »Genussmittel« verzichten, das gemeinsame Essen ab und zu neu gestalten oder so genannte »Entlastungstage« einlegen, an denen ich bewusst weniger und anders esse.

Die ganze Fastenzeit ist eine Chance, sich wieder um eine bewusste und gesunde Ernährung zu bemühen: z.B. frische Salate vor dem Essen, Umsteigen auf Vollkornprodukte, besser Pflanzenöle statt tierischer Fette verwenden. Dazu gehören aber auch Essensregeln, wie z.B. täglich auf etwas verzichten, Essen genießen statt verschlingen, langsam und häufiger kauen, Durst löschen mit Wasser und/oder Kräutertee, mehr trinken – auch gegen den Hunger usw.

Die wenigen, hier ausgewählten Anregungen sind für beide Fasten-Vorschläge gedacht, wobei alle Vorschläge mit fester Nahrung während einer Fastenwoche tabu sind und nur für die Entlastungstage oder danach gelten.

21. Entlastungstage

Solche Tage muss ich vorweg planen, z.B. jede Woche am Freitag entlaste ich meinen Körper durch einen Obst-, Reis- oder Milchtag. Mit der körperlichen Entlastung kann ich weitere Möglichkeiten auf dem Weg zu einer bewussteren Wahrnehmung meiner selbst verbinden: längerer Spaziergang, Musik hören, Tiefenentspannung, ausführlicher Tagesrückblick, lesen, Krankenbesuch, kreative Tätigkeit... All das ist auch an anderen Tagen möglich. Im Folgenden nun einige Anregungen zur Ernährung während eines Entlastungstages von *Dr. Lützner*[27] aus der Kurpark-Klinik in Überlingen.

(1) Reistag

Morgens: 1 Apfel oder 1 Grapefruit.
Für *mittags* und *abends:* 100 g Reis, am besten Naturreis, in 200 g Wasser ohne Salz dünsten.
Mittags: die Hälfte davon mit 2 gedünsteten Tomaten, gewürzt mit Kräutern.
Abends: die zweite Hälfte als Reis-Obst-Salat oder mit Apfelmus (ohne Zucker).

(2) Obsttag

3 Pfund Obst/Beerenobst, auf 3 Mahlzeiten verteilen. Gut kauen!

(3) Frischkosttag

Morgens: Obst, Obstsalat oder kleines Birchermüsli mit hohem Obstanteil.
Mittags: Rohkostplatte (+ 1 Schalenkartoffel): Blattsalate, geraspelte Wurzelgemüse, Sauerkraut – mit Öl, Zitrone und Gewürzen, nicht Mayonnaise.
Abends: kleine Rohkostplatte mit einigen Nüssen und Rosinen. Gut kauen!

(4) Safttag

1 l Obst- oder Gemüsesaft, mit 1/2 l Wasser oder Mineralwasser vermischen, auf 5 Mahlzeiten aufteilen.

(5) Milchtag

1 l Milch oder 1 l Buttermilch oder 1 l Molke »dry«. Eventuell »würzen« mit Fruchtsaft – in 5 Portionen aufteilen.

Andere Form: 5-mal Joghurt oder Dickmilch (mit Sanddorn, ungesüßt).

(6) Kartoffeltag

Morgens: 1 Stück Obst.
Mittags: 300 g Kartoffeln in der Schale, gewürzt mit Kümmel und Majoran, ohne Salz, mit 2 Tomaten, 1 Gurke oder Blattsalat. Eventuell 50 g Hüttenkäse.
Abends: 300 g Backkartoffeln (ohne Fett) mit 2 frischen Tomaten, geschnitten mit Zwiebeln. Eventuell 50 g Magerquark.

(7) Sauerkrauttag

1 kg Sauerkraut ohne Salz (Reformhaus), in 3 Portionen geteilt, angemacht mit etwas Öl und Zwiebeln oder Wacholderbeeren.

(8) Fischtag (z.B. am Freitag)

Morgens: 1 Stück Obst.
Mittags: 200 g Fisch, gegrillt oder gekocht, mit 150 g Gemüse, Salat oder Kartoffeln.
Abends: dasselbe wie mittags, jedoch immer ohne Salz, Fett, Zucker oder Mehl, gewürzt mit Zitrone.

Anregungen zum Tischsegen

Segne alle, denen ich dieses Mahl verdanke, von der Aussaat über die Ernte bis zur Zubereitung.

Lass mich Freude erleben

- *an diesem Essen*
- *an unserem Zusammensein*
- *an dem Gedanken, du bist bei uns.*

Im Anschluss daran wünschen wir uns auf entsprechende Weise oder Tradition einen »guten Appetit« und beginnen langsam mit dem Essen. Lieber weniger, aber langsam kauen, bewusst den Geruch und Geschmack wahrnehmen, Pausen machen und sich am Gespräch beteiligen, Wahrnehmungen der Köchin/dem Koch lobend mitteilen, ... seien Sie bei dem, was, wie und mit wem Sie gerade essen.

Vor dir verwandelt sich alles

Gott
Vor dir verwandelt sich alles in Kraft und Leben
das Brot, das wir essen
der Wein, den wir trinken

Wir danken Dir
für das Geheimnis der Wandlung
die sich im Essen und Trinken vollzieht
für das Brot
das sich wandelt in neue Kraft

für den Wein
der sich wandelt in neues Leben

Sei gegenwärtig in allem, was wir tun
damit alles sich wandelt in Kraft und Leben

Anton Rotzetter

Lass uns dein Segen sein

Herr, segne uns,
lass uns dir dankbar sein,
lass uns dich loben,
solange wir leben,
und mit den Gaben,
die du uns gegeben,
wollen wir tätig sein.

Herr, sende uns,
lass uns dein Segen sein,
lass uns versuchen,
zu helfen, zu heilen
und unser Leben
wie das Brot zu teilen,
lass uns dein Segen sein.

Lothar Zenetti

Du öffnest deine Hand

Mein Gott, ich will dich rühmen.
Ich will dich preisen
Tag für Tag, deinen Namen
loben immer und ewig.
Der Herr ist barmherzig.
Der Herr ist gütig zu allen.
Aller Augen warten auf dich,
und du gibst ihnen Speise
zur rechten Zeit.
Du öffnest deine Hand
und sättigst alles,
was lebt, mit Gefallen.
Mein Mund verkünde
das Lob des Herrn.
Alles, was lebt,
preise seinen heiligen Namen.

Aus Psalm 145

Ausgewählte Literatur und Hinweise zur praktischen Wegbegleitung

Fasten

Grün, Anselm, Fasten – Beten mit Leib und Seele, Münsterschwarzach 1984.

Lützner, Hellmut, Wie neugeboren durch Fasten, München. Überarbeitete Neuausgabe 5/1998

Lützner, Hellmut / Million, Helmut, Richtig essen nach dem Fasten, München 1984.

Müller, Peter, Fasten – dem Leben Richtung geben. Handreichung für Fastengruppenleiter, München 1990.

Zur Weiterführung einzelner Themen eine kurze Auswahl:

Behringer, Hans Gerhard: Die Heilkraft der Feste. Der Jahreskreis als Lebenshilfe, München ²1998.

Grün, Anselm: Exerzitien für den Alltag, Münsterschwarzach 1997.

Ders.: Geborgenheit finden, Rituale feiern, Stuttgart 1997.

Jaschke, Helmut: Der Heiler. Psychotherapie aus dem Neuen Testament, Freiburg 1993.

Kreppold, Guido: Krisen – Wendezeiten des Lebens, Münsterschwarzach 1997.

Lukas, Elisabeth: Wie Leben gelingen kann. 30 Geschichten mit logotherapeutischer Heilkraft, Stuttgart 1996.

Schmeisser, Martin (Hrsg): Gesegneter Tag. Eschbach 1996

Stutz, Pierre: Alltagsrituale. Wege zur inneren Quelle, München ³1998.

Wöller, Hildegunde: Herzens Tore. Zwölf Wege zum inneren Leben, München 1997.

Fundgrube

Friebel, Volker: Ein Zauber liegt in allen Dingen, München 1997.

Maschwitz, Gerda und Rüdiger: Gemeinsam Stille entdecken. Übungen für Kinder und Erwachsene, München ²1997.

Müller, Else: Insel der Ruhe, München 1994.

Wilson, Paul: Wege der Ruhe, Reinbek bei Hamburg 1996.

Zemach-Bersin, David und Kaethe / Reese, Mark: Gesundheit und Beweglichkeit. 10 Feldenkrais-Lektionen, München 1992.

Hinweise auf geeignete Musik

Musik, bei der Sie entspannen können, gibt es heute sehr viel auf dem Markt. In der Regel eignet sich dazu auch klassische Musik, zum Beispiel von Beethoven, Händel, Mozart, Vivaldi... Entsprechende Cassetten oder CD's sind leicht zu finden. Zur Entspannungsmusik soll hier nur auf wenige, leichter zugängliche Musikcassetten und CD's hingewiesen werden:

Kitaro: Silk Road, MC 051/052

Stein, Arnd: Musik zum Entspannen und Träumen. Verschiedene MC's und CD's zu Themen wie »Traumreise«, »Sonnenlicht«, »Horizonte«, »Frühlingsmorgen« u.a.m.

Ausbildung als FastengruppenleiterIn

Das Katholische Bildungswerk Kreis Rottweil bietet seit 10 Jahren eine Ausbildung mit 3 Bausteinen (Fastenerfahrungswoche, Grundseminar »Fasten«, Ganzheitliches Lernen und Lehren) für FastengruppenleiterInnen an. InteressentInnen an diesem qualifizierten Fortbildungsangebot der Diözese Rottenburg-Stuttgart können ein ausführliches Programm anfordern oder sich wenden an: Katholisches Bildungswerk Kreis Rottweil e.V., Cornelia Heinemann oder Peter Müller, Königstr. 47, D-78628 Rottweil, Telefon 0741/246-119, Fax: 0741/15638.

Anmerkungen

1 Viktor E. Frankl: Psychotherapie für den Alltag, Freiburg 5/1992, S. 22
2 Alfred Längle: Sinnvoll leben. Angewandte
   Existenzanalyse, St. Pölten-Wien 4/1994, S. 44
3 Die Ursprungsidee zu diesem Traum fand ich
   bei Uwe Böschemeyer und habe sie verändert:
   Zu den Quellen des Lebens, Lahr 1995, Ka-
   lenderblatt 1. Januar
4 Niklaus Brantschen: Fasten – Gesundheitlich,
   Religiös, Sozial, Lausanne 1987, S.66
5 A.a.O., S. 68
6 Otto Buchinger im Vorwort zu P.R. Régamy:
   Wiederentdeckung des Fastens, Wien/Mün-
   chen 1963, S. 12
7 A.a.O., S. 12
8 Otto Buchinger in: Franz Schmal, Kirche und
   Konsumgesellschaft, Goldach A., S. 78
9 A.a.O., S. 76
10 Anselm Grün: Exerzitien für den Alltag, Münsterschwarzach 1997, S. 18
11 Vgl. dazu Anselm Grün: Spiritualität von unten, Münsterschwarzach 1994
12 Vgl. dazu: Hans Gerhard Behringer: Die Heilkraft der Feste. Der Jahreskreis als Lebenshilfe.
   München ²1998, S. 18-28; Anselm Grün/Mi-
   chael Reepen: Heilendes Kirchenjahr, Münsterschwarzach 1985, S. 7-22.
13 Vgl. Peter Müller, Fasten – dem Leben Richtung geben, München 1990, S.30, 85-121
14 Vgl. dazu: Sind Gläubige gesünder? Die positiven Wirkungen der Religion, in: Psychologie
   heute, 6/97, S. 21-27
15 Vgl. dazu: George F. Simons: Religiöse Erfahrung. Anleitung zum Tagebuchschreiben I,
   Münsterschwarzach 1993, S. 44ff.

16 Anselm Grün, Bilder der Verwandlung, Münsterschwarzach 1993, S. 19
17 Aus: Karl Rahner, Rechenschaft des Glaubens;
   gekürzt zitiert nach: Christlicher Glaube in
   moderner Gesellschaft, Bd. 37, Freiburg 1984,
   S. 227 ff.
18 Idee entnommen und abgeändert aus: Christiane Bundschuh-Schramm, Weil du mich
   siehst, Ostfildern 1997, S. 16
   Pierre Stutz: Du hast mir Raum geschaffen,
   Psalmgebete, München 3/1997, S. 11
19 Hermann Hesse: Lektüre für Minuten, Frankfurt a.M. 1971, S. 70
20 Nach A. Grün: 50 Engel für das Jahr, Freiburg
   1998, S. 33
21 Nach einer Idee – entnommen und verändert –,
   von Christiane Bundschuh-Schramm, a.a.O.,
   S. 18
22 Vgl. in: das Thema 29, Seite 103
23 Aus: J. Keller: Etwas für heute. Paul Pattloch
   Verlag, Aschaffenburg 1954
24 Gefunden und geringfügig verändert in Josef
   Danke: Fasten, Augsburg 1996
25 Anselm Grün / Michael Reepen: Heilendes
   Kirchenjahr, a.a.O., S. 52; und vgl. zum Folgenden 53-58; aber auch Hans Gerhard Behringer: Die Heilkraft der Feste, a.a.O., S. 185-
   196
26 Vgl. z. B.: Fidelis Ruppert / Anselm Grün: Bete
   und Arbeite, Münsterschwarzach 1982, S. 30
27 Vgl. Gerda und Rüdiger Maschwitz: Aus der
   Mitte malen – heilsame Mandalas, München
   ⁶1998, S. 8
28 Hellmut Lützner, Überlingen

Textquellenverzeichnis

S. 11 Thomas Merton, Sinfonie für einen Seevogel, Patmos Verlag, Düsseldorf [3]1991 - S. 16 Gertrude/Thomas Sartory, Lebenshilfe aus der Wüste, HB 763, Verlag Herder, Freiburg [6]1992 - S. 18 Hans Küng, Niederschrift eines Vortrages zum Thema »Vom Sinn des Lebens«, gehalten auf dem Kongress für Radioonkologie in Baden-Baden am 18.11.1995 - S. 19 Gertrude/Thomas Sartory, Lebenshilfe aus der Wüste, Quelle s. S. 16 - S. 27 Hans A. Pestalozzi (Quelle unbekannt) - S. 64 l. (l = links) Bertolt Brecht, Gesammelte Werke. © Suhrkamp Verlag, Frankfurt am Main 1967 - S. 64 r. (r = rechts) Willi Hoffsümmer, Kurzgeschichten I, Matthias-Grünewald-Verlag, Mainz, [14]/1993 - S. 69 Khalil Gibran, Der Narr, © Walter Verlag, Zürich/Düsseldorf 1975 - S. 72 l. H.-K. Fleming (Quelle unbekannt) - S. 72 r. Dom Helder Camara, In deine Hände, Herr!, Verlag Neue Stadt, München [3]1991 - S. 74 l. Kurt Bucher, Wegmarken, vergr. - S. 74 r. Khalil Gibran, Worte wie Morgenröte, Verlag Herder, Freiburg 91997 - S. 75 l. Uwe Böschemeyer, Zu den Quellen des Lebens, SKV-Edition, Lahr 1995 - S. 75 r. Max Feigenwinter, Wage zu leben - trotz allem, Noah-Verlag, Oberegg [2]1993 - S. 76 Martin Buber, Die Erzählungen der Chassidim, Manesse Verlag, Zürich 1949 - S. 78 Elie Wiesel, Worte wie Licht in der Nacht, Verlag Herder, Freiburg [3]1991 - S. 79 Max Feigenwinter, Dieser Tag ist dir geschenkt. Eine Wegbegleitung, © Verlag am Eschbach [2]1998 - S. 82 Otto Betz (Quelle unbekannt) - S. 84 Paul Roth, Dir gehört der Tag, Verlag Styria, Graz/Wien/Köln 1998 - S. 85 Lied: Worauf es ankommt, wenn ER kommt (50756), Text: Alois Albrecht. Musik: Ludger Edelkötter. Aus: Worauf es ankommt, wenn ER kommt (IMP 1011). Don Bosco (IMP 1028), Wir sind Kinder dieser Erde (IMP 1045), Weißt Du wo der Himmel ist (IMP 3001). Alle Rechte Impulse Musikverlag Ludger Edelkötter, 48317 Drensteinfurt - S. 91 Hilde Domin, Nicht müde werden. Aus: dies., Gesammelte Gedichte. © S. Fischer Verlag GmbH, Frankfurt/M 1987 - S. 95 Hans Wallhof, Limburg - S. 97 Aus: H. F. Kaeffer, Aktion und Feier der Buße, Verlag Herder, Freiburg 1981 - S. 103 Martin Luther (Quelle unbekannt) - S. 104 Anselm Grün/Andrea Schwarz, Und alles lassen, weil Er mich nicht lässt, Verlag Herder, Freiburg [4]1997 - S. 112 Pierre Stutz, Du hast mir Raum geschaffen, Claudius Verlag, München [3]1997 - S. 116 Max Feigenwinter, Miteinander wachsen, Noah-Verlag, Oberegg 1991 - S. 117 l. Gertrude/Thomas Sartory, Lebenshilfe aus der Wüste, Quelle s. S. 16 - S. 117 r. Pierre Stutz, Alltagsrituale, Kösel-Verlag, München [3]1998 - S. 121 l. Pierre Stutz, Alltagsrituale, Quelle s. S. 117 - S. 121 r. Uwe Böschemeyer, Gespräche des Mutes, SKV-Edition, Lahr 1995 - S. 122 Andrea Penzlin, aus: ferment 2/85 - S. 124 Aus: J. Kornfield/C. Feldmann, Geschichten, die der Seele gut tun, Verlag Herder, Freiburg 1998 - S. 125 Zweifel. Aus: Erich Fried, Gegengift, Verlag Klaus Wagenbach, Berlin 1974 - S. 126 Emmy Grund, aus ferment 4/98 - S. 129 Helder Camara, Mach aus mir einen Regenbogen, Pendo-Verlag, Zürich - S. 130 Gertrud von Le Fort (Quelle unbekannt) - S. 131 Hans Wallhof, Limburg - S. 132 Almut Haneberg, aus: ferment 1/97 - S. 136 Uwe Böschemeyer, Gespräche der Freude, SKV-Edition, Lahr 1994 - S. 140 Elli Michler, aus: ferment 1/94 - S. 141 Pierre Stutz, Alltagsrituale, Quelle s. S. 117 - S. 144 Sigmunda May/Christina Mülling, Von Gott geheilt, Don Bosco Verlag, München 1996 - S. 145 Pierre Stutz, Alltagsrituale, Quelle s. S. 117 - S. 146 Wilhelm Willms, neu und älter als gedacht, Verlag Butzon & Bercker, Kevelaer 1984 - S. 147 Christa Peikert-Flaspöhler, Unsere Hoffnung wirft die Netze aus,

Verlag Himmerod-Drucke, Großlittgen 1987 - S. 149. Aus: Equipe 52. Zeitschrift der Kim-Bewegung (weitere Quellenangaben unbekannt) - S. 150. Erwin Anderegg, Auf Tod und Leben, Verlag Friedrich Reinhardt, Basel - S. 151 Aus: Peter Musall, Den Himmel erzählen, Burckhardthaus-Laetare Verlag, Offenbach/Freiburg 1984 - S. 162 Gefunden bei: Marietta Till, Die Heilkraft des Atems, Goldmann Verlag, München 1988 - S. 170 Gerda und Rüdiger Maschwitz, Aus der Mitte malen - heilsame Mandalas, Kösel-Verlag, Mün-chen [4]1997 - S. 174 Aus: Dietrich Bonhoeffer, Widerstand und Ergebung (KT 100), Chr. Kaiser/Gütersloher Verlagshaus, Güterlsoh[16]1997 - S. 176 l. Aus: Anselm Grün/Andrea Schwarz, Und alles lassen, weil Er mich nicht lässt, Quelle s. S. 104 - S. 176 r. Aus: Monika und Andreas Schmeißer, Laß meine Seele aufatmen, Verlag am Eschbach, Eschbach 1992 - S. 179 Anton Rotzetter, Gott, der mich atmen lässt, Verlag Herder, Freiburg [14]1998 - S. 179 Lothar Zenetti, Frankfurt

Bildquellenverzeichnis

S. 22, 37, 52, 81, 88, 118, 138, 151, 152 Peter Müller, Rottweil - nach S. 72 © Sieger Köder, Masken - S. 96 (188/Es ward die Flamm') Sigmunda May, Kloster Sießen - nach S. 104 Marc Chagall, Der brennende Dornbusch. © VG Bild-Kunst, Bonn 1998 - S. 116. (80/Deine Hand, o Herr) Sigmunda May, Kloster Sießen - S. 127 (29/Der sinkende Petrus) Sigmunda May, Kloster Sießen - S. 143 (263/Du hast meine Fesseln gelöst) Sigmunda May, Kloster Sießen - nach S. 144 Roland Peter Litzenburger, Sterbend erwächst dem Menschen der Baum seines Lebens, Tuschaquarell 1981/82 - S. 152 Aus Gerda und Rüdiger Maschwitz, Aus der Mitte malen – heilsame Mandalas, Kösel-Verlag München [4]1997, Nr. 17

Für Körper, Geist und Seele

Pierre Stutz
ALLTAGSRITUALE
Wege zur inneren Quelle
Mit einem Vorwort von
Pater Anselm Grün
158 S. Kart.
ISBN 3-466-36494-9

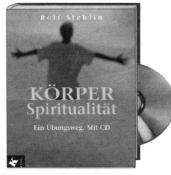

Rolf Stehlin
KÖRPERSPIRITUALITÄT
Ein Übungsweg
143 S. z. T. farb. Abb.
Mit integrierter CD
(Laufzeit 70 Min.) Geb.
ISBN 3-466-36509-0

Anne Granda, u.a.
EXERZITIEN IM ALLTAG
Geistliche Übungen für Advent,
Fastenzeit und andere Anlässe im Jahr
Hrsg. v. G. Lohr
212 S. Zahlr. Abb. Klappenbr.
ISBN 3-466-20432-1

Das motivierende Praxisbuch für Einzelne und Gruppen: eine sensible Begleitung auf dem inneren Weg mit neuen Ritualen und konkreten Impulsen für Spiritualität mitten im Alltag.

Körperspiritualität – ein neuartiger Übungsweg, der die verborgene und zugleich beglückende Einheit von Körper und Seele wieder entdecken lässt.

Ein klar strukturiertes, überkonfessionelles Angebot für das ganze Jahr mit meditativen Übungen für Einzelne, Gruppen und GruppenbegleiterInnen.

Kösel-Verlag München, online: www.koesel.de